本书为贺州学院博士科研启动基金课题项目《"互联网+"O2O商业模式接受行为及决策博弈研究》（项目编号HZUBS201803）阶段性成果。

O2O

商业模式接受行为及决策博弈研究

王 东 著

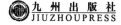

九州出版社
JIUZHOUPRESS

图书在版编目（CIP）数据

O2O 商业模式接受行为及决策博弈研究／王东著．--

北京：九州出版社，2020.8

ISBN 978－7－5108－9443－5

Ⅰ.①O… Ⅱ.①王… Ⅲ.①网络营销—商业模式—

研究 Ⅳ.①F713.365.2

中国版本图书馆 CIP 数据核字（2020）第 158396 号

O2O 商业模式接受行为及决策博弈研究

作　　者	王东　著	
出版发行	九州出版社	
地　　址	北京市西城区阜外大街甲 35 号（100037）	
发行电话	（010）68992190/3/5/6	
网　　址	www. jiuzhoupress. com	
电子信箱	jiuzhou@ jiuzhoupress. com	
印　　刷	三河市华东印刷有限公司	
开　　本	710 毫米×1000 毫米　16 开	
印　　张	17	
字　　数	295 千字	
版　　次	2020 年 9 月第 1 版	
印　　次	2020 年 9 月第 1 次印刷	
书　　号	ISBN 978－7－5108－9443－5	
定　　价	75.00 元	

前　言

在"互联网改变一切传统行业"之后,既有的产业格局与界线已被打破。B2B、B2C、C2C 还没完全熟悉就已成"旧名词",O2O 商业模式、共享经济模式、App 平台、线上线下融合等已成为虚拟空间与物理市场的一条新的生存之道。未来的竞争不再是产品与渠道的竞争,而是资源整合与终端消费者的竞争。谁能持有更多的资源,更多的消费者用户,无论销售什么产品和服务,都能立于不败之地。由此可见,要做好 O2O 经营必须研究消费者的行为。

本书在已有学者研究的基础上,以中国 O2O 商业模式发展为背景,试图从消费者对 O2O 商业模式接受行为及决策博弈进行实证研究。通过以中国珠江三角洲 9 个城市 O2O 企业网络平台的消费者为研究对象,从消费者行为的角度出发,重点研究线上线下互动感知对消费者接受行为的关键因素影响,以及拓展到消费者、商家、O2O 企业网络平台三方的行为决策博弈均衡,并由此提出了三个研究问题,设立了四个研究目的。

本书首先通过文献研究、访谈法与解释结构模型化等定性研究方法归纳整理出 O2O 商业模式接受行为的理论模型,结合理论模型实际情况设计问卷进行问卷调查;其次对形成的接受行为理论模型进行演绎应用,通过对问卷收集的数据进行各类统计分析与结构方程分析等定量研究方法进行验证,从一般到个别去解释接受行为结构模型;最后运用定性与定量结合的博弈论研究方法,构成行为决策博弈模型,最终对整个研究结果进行总结和解释,并得出研究发现与结论。

研究结论表明:1. 高学历、中产阶级、青年消费者为接受使用 O2O 商业模式的主力军。2. 消费者名义类型的基础情况无差异,而顺序类型的基础情况有差异,且差异性主要表现在行为态度与知觉行为控制。3. 使用行为是在其自身行为意向的影响下发生的,但有意向并不代表一定会接受使用。4. 消费者习惯和适应 O2O 购物及消费者个人能力与 O2O 技术功能相一致性等需求(任务技术匹配需求)高于优惠补贴需求,且通过有用性层面更加强对行为意向的影响。5.消费者的个人行为态度要强于他人行为评价的主观规范,且主观规范对消费者接受使用O2O的行为意向影响效果不显著。6.易用感知是消费者所感受到在使用O2O可以掌控的情况下对于行为意向才体现出易用性,感知风险是消费者所感受到在使用O2O无法掌控(失控)的情况下对于行为意向才会有风险。7.O2O平台优惠补贴会成为长期的竞争手段,并且O2O会改变消费者对生活服务类等商务的消费理念与习惯,O2O是商家在线上与线下抢占的最后一块市场。8.商家存在给O2O消费者的商品、服务差于传统消费的同等商品、服务,且消费者通过给差评也未能起到作用,但商家通过长期演化后会改善。

最后围绕着研究发现和结论对O2O企业运营管理提供六点建议:1.采用大数据化构架下的O2O运营管理。2.采用个性化定制理念下的O2O运营管理。3.采用新技术匹配概念下的O2O运营管理。4.采用优惠补贴平衡下的O2O运营管理。5.采用综合评价体系下的O2O运营管理。6.采用监管机制下的O2O运营管理。并对研究贡献、研究不足与展望做出交代。

学海无涯,求知的道路永无止境,由于本人能力和水平有限,文中的纰漏和不妥之处在所难免,还望同行指正,这也是我今后继续努力的方向。

术语表

术语	释义
行为态度	是指个人对该项行为所持的正面或负面的感觉,亦指由个人对此特定行为的评价经过概念化之后所形成的态度。
主观规范	是指个人对于是否采取某项特定行为所感受到的社会压力,亦指在预测他人的行为时,那些对个人的行为决策具有影响力的个人或团体对其是否采取某项特定行为所发挥的影响作用。
知觉行为控制	是指个人预期在采取某一特定的行为时自己所感受到可以控制(或掌握)的程度,常反映个人过去的经验或二手信息或预期的阻碍。
行为意向	是指个人对于采取某项特定行为的主观机率的判定,它反映了个人对于某一项特定行为的实行意愿。
使用行为	是指个人实际采取行动的行为。任何能够干扰行为的因素均是通过行为意愿倾向来间接作用于行为的实施。
有用感知	是指个人对于使用信息技术所花费努力的程度。
易用感知	是指个人在使用特定信息技术提高工作的表现的主观认定。
任务技术匹配	是指通过描述认知心理和行为来揭示信息技术如何作用于个人的使用行为与任务绩效,反映了信息技术和任务需求之间存在的逻辑关系。
优惠补贴	是指消费者在使用特定 O2O 商业模式时对其消费给予金额上的优惠与补贴力度。

符号及缩略词表

符号/缩略词	全称	释义
O2O	Online to Offline	线上与线下电子商务商业模式
BAT	Baidu、Alibaba、Tencent	百度、阿里巴巴、腾讯三家公司的首字母缩写
ISM	Interpretative Structural Modeling Method	解释结构模型化
MATLAB	Matrix Laboratory	矩阵实验室数学软件
SPSS	Statistical Product and Service Solutions	统计产品与服务解决方案软件
AMOS	Analysis of Moment Structures	结构方程模型分析软件
CMB	Common Method Bias	共同方法偏差
B2B	Business – to – Business	企业与企业电子商务商业模式
B2C	Business – to – Customer	企业与顾客电子商务商业模式
C2C	Customer – to – Customer	个人与个人电子商务商业模式
G2B	Government to Business	政府与企业电子政务商业模式
G2C	Government to Citizen	政府与公众电子政务商业模式
App	Application	手机应用程序
TRA	Theory of Reasoned Action	理性行为理论
TPB	Theory of Planned Behavior	计划行为理论
TAM	Technology Acceptance Model	技术接受模型

符号/缩略词	全　称	释　义
TAM2	Extension of Technology Acceptance Model	扩展技术接受模型
TAM3	Technology Acceptance Model 3	进一步扩展技术接受模型
C－TAM－TPB	Combined TAM and TPB	整合计划行为与技术接受模型
UTAUT	Unified Theory of Acceptance and Use of Technology	技术接受与利用整合模型
TTF	Task—Technology Fit	任务技术匹配模型
VR	Virtual Reality	虚拟现实技术
AR	Augmented Reality	增强现实技术
ANOVA	Analysis of Variance	方差分析
XT1－XT5		分别代表行为态度 5 个题项
ZG1－ZG4		分别代表主观规范 4 个题项
ZK1－ZK5		分别代表知觉行为控制 5 个题项
YG1－YG6		分别代表易用感知 6 个题项
YZ1－YZ5		分别代表有用感知 5 个题项
RP1－RP4		分别代表任务技术匹配 4 个题项
GF1－GF7		分别代表感知风险 7 个题项
YB1－YB4		分别代表优惠补助 4 个题项
XY1－XY4		分别代表行为意向 4 个题项
SX1－SX4		分别代表使用行为 4 个题项
KMO	Kaiser－Meyer－Olkin	用于比较变量间简单相关系数和偏相关系数的指标
CBD	Central Business District	中央商务区
SEM	Structural Equation Modeling	结构方程模型
CR	Composite Reliability	组成信度
AVE	Average Variance Extracted	平均变异萃取量
CFA	confirmative factor analysis	验证性因子分析
MI	Modification indices	修正指标

目　录
CONTENTS

第一章 绪 论

1.1 研究背景及问题

1.1.1 互联网经济时代背景

经济全球化和知识经济已成为 21 世纪初世界经济发展趋势,以信息技术、互联网技术为主导的高新技术发展日益快速化、综合化、深入化和广度化,使互联和信息技术成为经济发展的一种关键资源。随着移动互联、物联网、大数据、共享经济、区块链等技术的加速应用,数字化商业基础设施加速形成,它不仅带来了生产方式的变化,随之带来的生活消费方式、社会组成结构和资源分配方式也会产生深刻的变化(王若军,2016)。

根据中国互联网信息中心(CNNIC)发布的《第 44 次中国互联网络发展状况统计报告》显示,截止到 2019 年 6 月,中国网民用户规模达到 8.54 亿人,较 2018 年底增长 2598 万,互联网普及率为 61.2%,较 2018 年底提升 1.6 个百分点;智能手机网民用户规模达到 8.47 亿人,网民中使用手机上网的人群比例由 2018 年 98.6% 提升至 99.1%,数据报告如下图 1 所示①:

---

① 数据源于中国互联网信息中心.《第 44 次中国互联网络发展状况统计报告》. 2019 年 6 月. 15 – 16

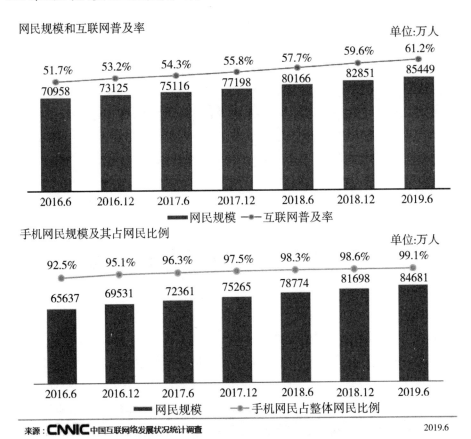

图1　中国互联网网民与手机上网规模和占比统计数据

　　2019 年上半年,网络购物市场保持较快发展,下沉市场(指国内三线及以下中小城市,以及乡镇农村地区)、跨境电商、模式创新为网络购物市场提供了新的增长动能,截至 2019 年 6 月,我国网络购物用户规模达到 6.39 亿,相较 2018 年底增长 2871 万,占网民总体比例达到 74.8%。手机网络购物用户规模达到 6.22 亿,相较 2018 年底增长 2989 万,占手机网民使用比例达到 73.4%,数据报告如下图 2 所示①:

---

　　① 数据源于中国互联网信息中心.《第 44 次中国互联网络发展状况统计报告》.2019 年 6 月.30 – 31

2016.6—2019.6网络购物用户规模及使用率
单位:万人

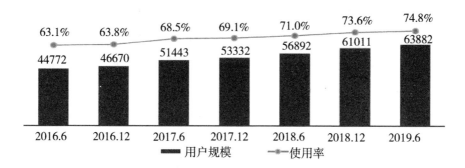

2016.6—2019.6手机网络购物用户规模及使用率
单位:万人

来源：CNNIC中国互联网络发展状况统计调查
2019.6

图2 互联网团购/手机团购用户规模及使用率

互联网经济时代的每一天都在发生巨变,组织代表稳定,这些变化又与组织之间存在天然的矛盾。传统行业时代,行业与行业之间,企业与企业之间泾渭分明,而互联网时代,由于互联网整合效能的发挥和新科技的发展,互联网把一切都连接在一起,很多行业的边界由此变得模糊不清,产业边界无形中也被打破,新的商业模式转变才是今天互联网经济时代对传统行业挑战的本质。"互联网＋"是创新2.0下互联网发展的新业态,是知识社会创新2.0推动下的互联网形态演进及其催生的经济社会发展新形态(李碧武,2015)。通俗来说,"互联网＋"就是"互联网＋各个传统行业",它代表一种新的社会形态,即充分发挥互联网在社会资源分配中的优化和集成作用,将互联网的创新成果深度融合于经济、社会各个领域之中,提升全社会的创新力和生产力,形成更广泛的以互联网为基础设施和实现工具的经济发展新形态(杨枫,2016)。

3

1.1.2 O2O 商业模式发展背景

在第十二届全国人大三次会议上,李克强总理在政府工作报告①中首次提出"互联网 +"行动计划,这个战略方向意味着传统企业要全面转型升级或创新做"互联网 +"。李克强总理提道:"把以互联网为载体、线上线下互动的新兴消费搞得红红火火。"这个线上线下的新兴消费其实就是指 O2O;同时他又提出:"制定'互联网 +'行动计划,推动移动互联网、云计算、大数据、物联网等与现代制造业结合,促进电子商务、工业互联网和互联网金融健康发展,引导互联网企业拓展国际市场。"而 O2O 恰好能够将电子商务、移动互联网、物联网、大数据和互联网金融等有效地融合在一起,这正是"互联网 +"行动计划落地的最佳方法。

O2O 的雏形源于 2006 年沃尔玛提出的 Site to Store 的 B2C 模式,即通过 B2C 完成订单的汇总及线上支付,然后顾客到 4000 多家连锁店取货。直到 2010 年 8 月 O2O 这个概念才被美国 Trial Pay 服务商的创始人 Alex Rampell 提出,Alex Rampell 在分析了 Groupon、OpenTable、Restaurant. com 和 SpaFinder 公司时,发现了他们之间的共同点:它们促进了线上—线下商务的发展,然后 Alex Rampell 借鉴电商 B2B、B2C 等常用的命名方式,将该模式定为线上—线下商务即 Online to Offline,简称为 O2O,这样命名可以同其他电子商务术语一致。Alex Rampell 认为 O2O 商业模式的核心是在网上寻找消费者,然后将他们带到现实的商店中,将支付模式和线下门店客流量结合,实现线下购买②。即在线上搜寻顾客线下实体消费,将支付模式和线下门店客流量结合在一起。目前,尽管 O2O 的概念已经脱离了 Alex Rampell 最原始的仅仅是线上—线下定义,增加了更多的线上—线下运营方式,但是 O2O 的商务本身是面向生活消费领域,由于生活消费的移动互联网化,O2O 将直接改变每个人作为消费者对生活服务类等商务的消费理念,从而使作为消费者的每个人的生活方式从"为产品而消费"改变至"为生活而消费",从这点上来讲,O2O 已经影响到我们社会生活的最基本单元——消费行为。

中国 O2O 商业模式发展起源于网络团购模式的出现,2010 年,中国网络购物

---

① 数据源于人民网. 第十二届全国人大三次会议政府工作报告. http://he. people. com. cn/n/2015/0317/c192235 – 24177313. html. 2015 年 3 月
② 数据源于 Rampell, A. (2010). Why Online2Offline Commerce is a trillion dollar opportunity. techcrunch. com, (available online at http://techcrunch. com/2010/08/07/why – online2offline – commerce – is – a – trillion – dollaropportunity/). 2010 年 8 月

市场最畅销的网购模式是"团购",是以效仿美国 Groupon 网站的营销方式出现在中国的网购市场,之后团购网站形成了井喷的局面。中国团购网站在 2010 年 7 月总数有 400 多家,2011 年前后出现数量剧增的局面,直到 2011 年 5 月份团购网站总数被刷新至 5058 家,在 10 个月以 10 倍的速度规模迅速壮大。由于媒体的持续关注,资本市场大量资金注入网络团购市场,各大型团购网站将业务覆盖至了所有的一二线城市,三四线城市也相继出现了为数众多的小型团购网站。然而,这种火热之后仅仅维持不到两个季度,多家大型团购网站在尝试了几个月后纷纷裁撤当地分站。由于风投资金链断裂和营收有限,因此团购网站不得不相继裁员,所幸的是,洗尽铅华的团购网站的竞争上升到了更高的层面,随着 BAT(百度 Baidu、阿里巴巴 Alibaba、腾讯 Tencent)为首的互联网巨头公司的涌入,团购的竞争已经变成了巨头之间布局 O2O 的角力,这一发展的经过也就是后世所称的"千团大战"。据艾瑞咨询《中国本地生活 O2O 行业研究报告》数据显示:2011 年中国 O2O 市场规模(到店规模 + 到家规模)为 562.3 亿元,2012 年为 1522.6 亿元,2014 年达到 3093.4 亿元,整体市场规模比 2011 年翻了 3 倍以上;到了 2015 年,O2O 在中国遭遇了资本寒冬,市场规模的增速有所放缓,规模也达到了 4436.4 亿元;2016 年持续增长达到 7620.5 亿元,目前,O2O 商业模式仍然备受众多传统企业和消费者欢迎,O2O 市场总体上仍将持续扩大,预计 2019 年整年的 O2O 市场规模将突破 1.4 万亿元,达到 14702.1 亿元。统计数据报告如下图 3 所示①:

2012—2019年中国本地生活O2O行业市场规模

图 3　2012—2019 年中国 O2O 市场规模及增长率

O2O 商业模式被引入中国之后,涉足餐饮、家政、出行、教育、医疗、金融等诸

---

① 数据源于艾媒咨询集团.《2017 年中国本地生活 O2O 行业研究报告》.2017 年 7 月

多领域。据速途研究院 2015 年分析报告显示,在细分 O2O 领域中,餐饮 O2O 占比最高,达到 14.1%,餐饮 O2O 一直以来都是 BAT 巨头们"烧钱"的重要战场,其次小区 O2O、出行 O2O、美妆 O2O、汽车服务 O2O 分别占比 7.5%、6.5%、6.2%、6.2%,统计数据报告如下图 4 所示①:

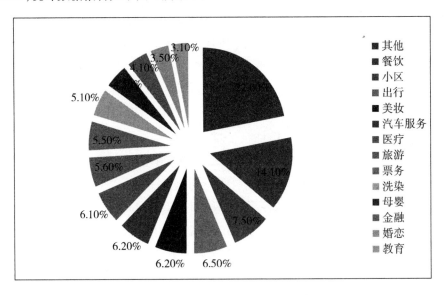

图 4　中国 O2O 企业细分领域分布

值得一提的是,很多 O2O 细分领域由于创业较晚,当前市场份额并不大,然而随着 O2O 商业模式快速席卷中国,细分领域中的市场争夺也愈激烈,从 2015 年开始,中国 O2O 的发展进入黄金时期,数年来延续了 40% 以上的高增长态势,主要归因于以下几点:首先,智能设备与移动支付的普及为 O2O 提供了必要的发展环境;其次,O2O 对用户生活服务场景的覆盖不断提升,满足了生活节奏不断加快的居民更便捷的消费需求;此外,众多现象级产品的出现以及大规模补贴的投入培养了用户习惯,用户使用频率不断上升。据相关餐饮行业统计,2018 年仅餐饮一个细分领域市场规模就超过 4 万亿。但截至 2018 年底,O2O 在整个本地生活市场中的渗透率仍不足 15%,处于较低水平,对于大部分厂商而言,市场拓展期远未结束,所有变革较慢的行业都出现了新的 O2O 经济增长点,而行业的垂直细分领域也是创业者们的主要发力点,O2O 开始覆盖生活中每个领域。

---

① 数据源于速途研究院.《2015 中国 O2O 百强风云人物》.2015 年 8 月

1.1.3 O2O 学术研究背景

现今对于致力发展 O2O 商业模式或类似 O2O 商业模式的电子商务的学术研究来讲,在该领域还没有形成比较成熟的学术研究体系,针对哪些因素是 O2O 商业模式发展的关键点还没有统一的结论,各国的学者也把该领域看作实践研究的新兴主题和理论创新点。近年来,对 O2O 商业模式的主题研究是从 2011 年之后才引起学者的广泛关注,从中国知网(CNKI)学术趋势搜索中可以看出,O2O 学术关注度从 2011 年之后逐年上升,特别是近几年呈现快速增长的趋势,O2O 用户关注度在 2015—2016 年之间较为波动,2017 年 10 月与 2017 年 12 月分别为用户关注度最高峰。统计数据报告如下图 5 所示①:

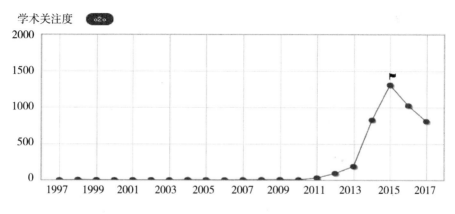

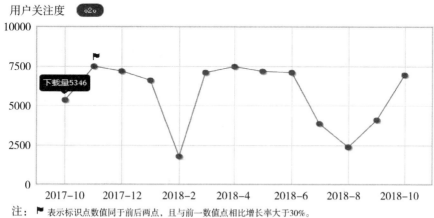

注: 🚩 表示标识点数值同于前后两点,且与前一数值点相比增长率大于30%。

图 5 中国知网 O2O 学术与用户关注度趋势

① 数据源于中国知网.《学术趋势搜索》.2019 年 1 月

目前对 O2O 商业模式的研究是把一些已经发展并站稳脚跟的 O2O 成功企业案例作为调研对象,从万方数据知识服务平台提供的知识脉络分析中可以看出 O2O 研究热词分别为:"电子商务""MOOCS""大数据""移动互联网""商业模式"等,统计数据报告如下图 6 所示①:

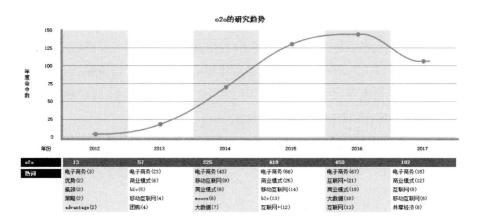

图6　万方数据 O2O 研究趋势及热词

其中的 O2O 商业模式不单是 O2O 网络平台一家孤立运作的,它是消费者与商家通过线上线下的网络平台互动产生的。消费者在进行线上购物时,通过与线上网站的互动,与在线下商家的互动,以及与其他消费者、线下商家的互动,可以在线上线下完整的体验过程中形成自身的体验接受价值与意愿,从而影响消费者产生相应的接受行为,消费者的行为决策又与商家入驻的行为决策、O2O 企业网络平台运营的行为决策之间产生一种博弈,以期达到一种博弈的均衡。从对国内外相关文献的综述中可以看出,虽然现已有一些文献研究探讨了 O2O 商业模式使用意愿、再惠顾意愿、从众行为等的影响因素;从消费价值、理性与计划行为理论,消费者与商家互动行为、体验价值理论,社会角色、认知失衡与归因理论等视角出发研究,得出一些理论与实际的意义,但目前仍很少有针对 O2O 商业模式下消费者的接受行为及决策博弈的研究。因此,研究 O2O 商业模式的接受行为及决策博弈,作为工商管理学科学术范畴内一个重要议题研究能真实有效为 O2O 企业未来发展提供一个新的视角去解读,开辟一个新的路径去尝试。

———————————

① 数据源于万方数据知识服务平台.《知识脉络分析》.2019 年 1 月

1.1.4 问题的提出

O2O 商业模式被引入中国之后,已经涉及衣食住行的各个方面,然而风光和火热的背后,O2O 企业却不得不面对如何变现的问题,众多的 O2O 企业在 2015 年初开始面临巨大的困境,几乎每个行业都有倒闭的 O2O 企业。其中外卖、洗车、旅游等领域首当其冲,而餐饮 O2O 则是重灾区。据艾媒咨询报告统计显示,在 2015 年下半年,已经有超过 300 家、涉及 16 个领域的 O2O 企业平台相继倒闭。面对数量如此之多的使用群体和市场规模,大批涌现的 O2O 企业平台必定会像团购概念兴起时一样,在经历一番激烈的商战之后,留下几个类似于 BAT 的巨头企业。而这些巨头背后也有几个势均力敌的资本巨鳄在支撑着,他们在其十几年的发展过程中,形成了信息流、资金流和物流三者之间的有效死循环,比如腾讯做社交,仅信息流和资金流结合好就行;百度的信息流做得比较好,信息流就和物流结合在一起;阿里巴巴做电商平台,信息流、资金流和物流都结合得较好,一般的企业资金流是走网银渠道,但阿里巴巴可以直接采用支付宝第三方支付的方式运作。所以无论是信息流、资金流还是物流,线上线下的结合其实已经做得非常成熟了,消费者需要哪一家的服务,其选择成本都很低。另外,还有一种导流的形式,就是第三方服务登陆,一个账号可以用遍互联网。这种模式导致消费者的流动性非常大,商家被撬走客户的风险因此提高,消费者表现出了非常不忠诚的态度。不可否认资金流、信息流和物流对 O2O 企业的价值,不过在此之外,中国 O2O 企业经营失败还是有诸多问题值得探讨。O2O 企业并不是像传统企业卖产品一样模式清晰就可以,O2O 在布局的过程中更重要的是营销方式,很多 O2O 企业在完成平台搭建之后就不知道该如何发展,找不到着力点,主要是由于目前很多 O2O 企业没有把营销运营的重心放在消费者接受行为的基础上去构建符合自身商业的本质,来明确产品或服务的受众群体和用户对该类型产品服务的个性化需求,以此作为依据来修改该项产品或服务的样式、功能、安全、便利、价格等诸多满足消费者需求的方式,并通过合理行使 O2O 企业网络平台的行为决策,以期达到消费者、商家、O2O 企业网络平台三方的行为决策博弈均衡,形成一个良性循环的 O2O 商业模式体系。为消费者创造出更大的客户价值,树立起本地商家的诚信服务体系,这样才能实现 O2O 多方共赢。在此本研究试图从消费者对 O2O 商业模式的接受行为及决策博弈出发,研究影响 O2O 商业模式下消费者接受行为的关键因素,消费者、商家、O2O 企业网络平台三方的行为决策博弈均衡,探究 O2O 企业经

营失败的原因。综上所述,由此提出以下问题来展开本次研究:

问题一:消费者对 O2O 商业模式接受行为受哪些关键因素影响?

问题二:这些关键因素之间的关系是怎样的?

问题三:消费者接受的行为决策与商家入驻的行为决策、O2O 企业网络平台运营的行为决策最终如何达成一个博弈的均衡?

1.2　研究意义及目的

1.2.1　研究意义

本研究将在已有学者研究的基础上,以中国 O2O 发展为背景,从消费者对 O2O 商业模式的接受行为及决策博弈进行实证研究。以中国珠江三角洲 9 个城市 O2O 企业网络平台的消费者为研究对象,从消费者行为的角度出发,重点研究线上线下互动感知对消费者接受行为的关键因素影响,以及拓展到消费者、商家、O2O 企业网络平台三方的行为决策博弈均衡。从理论上,丰富了在 O2O 商业模式下消费者接受行为及行为决策博弈理论体系,弥补了中国 O2O 商业模式领域研究的不足,将接受行为的影响关键因素在行为决策过程中进行归纳与演绎结合,形成接受行为结构模型与行为决策博弈模型,用动态博弈的视角看待研究问题。从实践上,首先便于消费者获取丰富、全面的商家及其服务的内容信息,商家同时获取消费者数据,对各互动阶段实施精准营销,提升老客户的维护效果,提高潜在客户营销效果,实现消费者与商家的良性互动;其次有助于 O2O 企业网络平台创造良好的消费者体验以增强消费者的再惠顾意愿;最后降低了买卖双方交易成本,优胜劣汰,提高商家信誉与服务质量,推动 O2O 商业模式健康繁荣发展。因此,以消费者对 O2O 商业模式的接受行为及决策博弈的研究,不仅具有理论意义,并且有解决实际问题的指导意义。

1.2.2　研究目的

本文通过理论研究与实证研究以期达到以下研究目的:

(1)为丰富 O2O 商业模式下消费者接受行为及决策博弈体系提供理论的支撑和依据。

（2）构建O2O商业模式下消费者接受行为的关键因素与结构模型,提出适合O2O企业运营发展的新模式。

（3）分析O2O商业模式下消费者、商家、O2O企业网络平台三方的行为决策博弈过程与结论,为O2O企业走出面临的困境提供一个正确的路径。

（4）总结以上理论研究和实证研究,为O2O企业运营管理提供建议。

1.3　研究方法及思路

1.3.1　研究方法

研究方法是一种发现问题的方法,包含了学习有关社会的新事物,为了达到这个目标,需要进行逻辑的思考,遵从规则,并且不断重复这些步骤。研究者运用自己的想象力和创造力,以一种系统的方法,将理论与事实结合起来（Neuman,2011）。研究方法根据研究目的的不同,可以分为"数据收集方法"和"数据分析方法";根据研究手段的不同,可以分为"定性"和"定量"研究方法（Babbie,2001）。定性研究依赖于解释性或批判性的社会科学,应用超验的观点与遵循非线性的实践逻辑研究路径,对个案和情景语言进行表述;定量研究依赖于实证主义取向的社会科学,运用技术主导的观点,应用构架逻辑遵循线性的研究路径,对变量和假设语言进行表述（Neuman,2011）。本研究通过主要收集一手数据,且以二手数据为辅的方式,运用所学相关知识理论,以中国O2O企业商业模式下的消费者为研究对象,从消费者的接受行为与消费者、商家、O2O企业网络平台三方行为决策博弈角度出发,进行定性与定量结合的分析和研究。本研究所主要使用的研究方法如表1所示：

表1　研究方法及工具一览表

研究方法		数据收集方法	数据分析方法
定性方法	文献研究法	文献搜集法	搜集、鉴别、整理
	访谈法 解释结构模型化 德尔菲法	半结构访谈	解释结构模型化、德尔菲法

研究方法		数据收集方法	数据分析方法
定量方法	各类统计分析	问卷调查	描述性统计分析、信度效度分析 探索性因素分析、方差分析
	结构方程模型	问卷调查	验证性因素分析 结构方程模型路径分析
定量与定性结合方法	博弈论	半结构访谈 结构方程模型路径系数	纳什均衡分析

（1）定性研究方法

文献研究法。文献研究法是指通过搜集、鉴别、整理对文献的研究形成对事实的科学认识的方法。文献研究法是根据一定的研究目的，通过调查文献方式来获得资料，从而全面地、正确地了解掌握所要研究问题的一种方法，其作用是能了解有关问题的历史和现状，帮助确定研究课题；能形成关于研究对象的一般印象，有助于观察和访问；能得到现实数据的比较数据；有助于了解事物的全貌。

访谈法。访谈法又称晤谈法，是指通过访问员和受访者面对面的交谈来了解受访者的心理和行为的心理学基本研究方法。根据受访者的答复搜集客观的、不带偏见的事实材料，以准确地说明样本所要代表的总体的一种方式（张伟，2013）。

解释结构模型化。解释结构模型化（Interpretative Structural Modeling Method，简称 ISM）是指通过各种创造性技术，提取问题的构成因素，利用有向图、矩阵等工具和计算器技术，对因素及其相互关系等信息进行处理，将系统构造成一个多级递阶的结构模型，最后用文字加以解释，明确问题的层次和整体结构，提高对问题的认识和理解程度（黄敏，于凤娥 & 邵良杉，2015；谭跃进，2010）。

德尔菲法。德尔菲法又名专家意见法或专家函询调查法，是指依据系统的程序，采用匿名发表意见的方式，即团队成员之间不得互相讨论，不发生横向联系，只能与调查人员发生关系，反复填写问卷，以集结问卷填写人的共识及搜集各方意见，可用来构造团队沟通流程，应对复杂任务难题的管理技术（吴俊杰 & 张锴，2011）。

（2）定量研究方法

描述性统计分析。描述性统计是指利用获得的数据，绘制统计图（直方图、条形图、饼图等），并计算一些数字特征（均值、方差、中位数、标准偏差、峰度、偏度等),根据这些统计图可以比较直观地对研究对象有一个大体的粗略认识,通过数字特征值则可以从数据的集中趋势、分散程度、偏态情况等方面对研究对象的存在和演变规律有一个基本的了解(李金林、赵中秋、马宝龙,2011)。

信度、效度分析。信度分析是一种使用统计手法进行问卷评价的方法,用于检验其稳定性、等值性、一致性等,从而为后面的分析提供依据;效度分析是一种测度综合评价体系是否具有准确性和有效性的分析手法,目的是检验其结构是否合理。

方差分析。方差分析又称 F 检验,用于检验多个独立总体的均值是否相等的分析方法。主要是分析不同因素变异大小对总体值贡献的大小,从而确定可控因素对研究结果影响力的大小(张尧 & 杨樱,2014)。

结构方程模型。结构方程模型是指验证性因素分析、路径分析等统计概念整合,结合计算器的分析技术,提出结构方程模型的初步概念,进一步发展矩阵模式的分析技术来处理共变结构的分析问题,提出测量模型与结构方程模型的概念(张尧 & 杨樱,2014)。结构方程模型弥补了传统统计方法的不足,成为有效处理、检验显变量和潜变量,潜变量和潜变量之间关系的一种多元数据分析的重要工具。

(3)定性与定量结合研究方法

博弈论。博弈论是指研究决策主体的行为发生直接相互作用的时候的决策以及这种决策的均衡组合,使得每个参与者的决策是对其他参与者决策的最优反映问题的一种研究方法,它包括博弈的参与者、参与者可供选择的全部行为决策、博弈的次序、博弈参与者的得益、博弈参与者的纳什均衡五个方面,其中可供选择的全部行为决策与博弈次序侧重于定性,博弈参与者的得益与博弈参与者的纳什均衡侧重于定量,是一种定性与定量相结合的研究方法(谢识予,2006)。

(4)研究方法的校正

本论文采用定性、定量与定性定量结合的研究方法,刚好可以形成社会研究方法的一种三角校正(Triangulation)。在混合研究方法中最普遍使用的是三角校正法,三角校正的目的在于针对同一主题获取不同但可互补的资料,因而更能了解研究问题。使用三角校正的可以结合定性研究和定量研究,互补彼此的优缺点。使用三角校正的时机为当研究者想要直接比较对照量化统计结果与定性发现,或者以定性资料来证实或者发展定量结果(Bazeley,2010)。正是因为三角校正法具有增进效度和拓展认知的优势。根据 Denzin 的经典分类,三角校正法有四种不同的形式,包括研究理论的三角校正、研究方法的三角校正、观察者与研究者的三角校正、资料的三角校正(Denzin,1970;沈晖,2010)。本文采用的是研究方法的三角校正,如图 7 所示,分别采用了定性(文献研究、访谈法、解释结构模型化、德尔菲法)、定量(描述性统计、方差分析、结构方程模型)、定性定量结合(博弈论),刚好形成一个牢固的研究方法铁三角。每种单一的研究方法都有其特定的优点和缺陷,结合使用不同的研究方法可以均衡他们之间的优缺点(Denzin,2009;孙进,2006)。

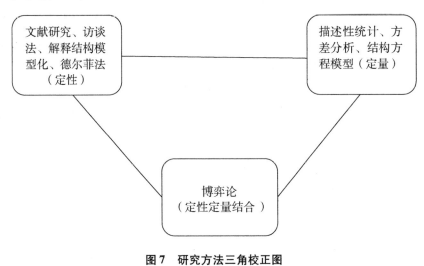

图 7　研究方法三角校正图

1.3.2　研究思路

本文研究的首要目的是以中国珠江三角洲 9 个城市的 O2O 商业模式消费者为对象,探讨消费者对 O2O 商业模式的接受行为及决策博弈实证研究。在参考周国强(2015)教授研究方法授课后,经过整理把归纳法与演绎法的定性定量结合研究方法进行研究思路绘制,如图 8 所示①:

归纳法的推理是从个别出发以达到一般性,从一系列特定的观察中,发现一种模式,在一定的程序上代表所有给定事件的秩序;演绎法的推理是从一般到个别,从逻辑或理论上预期的模式到观察检验预期的模式是否确实存在(Babbie,2001)。整个研究思路框架分为以下几个部分:首先是把个案的现象通过一系列特定的观察归纳成一般的理论与规律,通过文献研究、访谈法与解释结构模型化

―――――――――

① 资料参考来源于澳门城市大学周国强教授授课课件.《研究方法》.2015 年 5 月

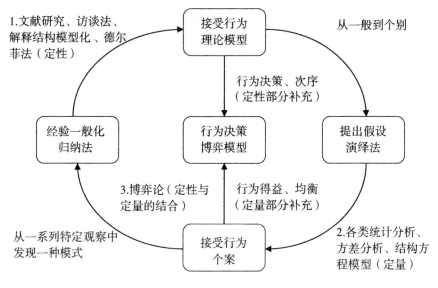

1.文献研究、访谈法、
解释结构模型化、德尔
菲法（定性）

接受行为
理论模型

从一般到个别

行为决策、次序
（定性部分补充）

经验一般化
归纳法

行为决策
博弈模型

提出假设
演绎法

3.博弈论（定性与
定量的结合）

行为得益、均衡
（定量部分补充）

从一系列特定观察中
发现一种模式

接受行为
个案

2.各类统计分析、
方差分析、结构方
程模型（定量）

图8　研究思路框架图

等定性研究方法对中国 O2O 企业网络平台商业模式进行研究,归纳整理出关键的变量设计形成 O2O 商业模式下消费者接受行为的理论模型,结合理论模型实际情况设计调查问卷对中国珠江三角洲 9 个城市的 O2O 商业模式消费者进行问卷调查,并采用德尔菲法对调查问卷的题项及题项文字语言进行修改和完善;其次对形成的接受行为理论模型进行演绎应用,通过对调查问卷收集的一手数据进行各类统计分析与结构方程分析等定量研究方法进行验证,从一般到个别去解释接受行为理论模型;最后由定性部分的研究去补充 O2O 商业模式下消费者、商家、网络平台三方行为决策的方案与次序,由定量部分的研究去补充三方行为决策的得益与均衡,运用定性与定量结合的博弈论研究方法,构成行为决策博弈模型,最终对整个研究结果进行总结和解释,并提出相关的结论与意见。

1.4　研究内容及框架

1.4.1　研究内容

本文研究的重点是从消费者对 O2O 商业模式的接受行为与消费者、商家、O2O 企业网络平台三方行为决策博弈入手,根据研究问题和研究目的,以理性行为、计划行为、接受行为与行为决策等理论为基础,并针对O2O商业模式下消费者的接受行为影响关键因素与决策博弈提出结论和建议,期望为今后O2O商业模式的发展与创新提供有价值的观点。

本文共分五章:

第一章是绪论,主要阐明本文的研究背景、研究问题,界定了研究意义与目的,对论文主要内容、研究框架、研究思路和相关研究方法进行了系统的阐述,提出了研究预期的创新和限制,并制订了研究的工作计划。

第二章是文献评述,主要是对国内外电子商务及O2O商业模式的定义、构成、分类、特点以及运营方式进行详细的介绍,分析实证研究涉及的消费者行为脉络、理性与计划行为、技术接受行为、行为决策等结构理论发展状况、研究范畴及应用,以探讨本文研究的重要性,为后文的应用奠定了理论基础和架构。

第三章是研究方法与设计,主要是理清研究步骤,对所提出的研究方法进一步的解释和对比,归纳整理出关键的研究变量以作为问卷设计的参考,提出O2O商业模式下消费者接受行为及三方行为决策博弈相关研究假设,结合本文的理论基础构建接受行为结构理论模型与决策博弈理论模型。此外本章包含访谈设计、解释结构模型化设计、问卷设计、抽样设计、结构方程模型与博弈论设计等相关内容。

第四章是资料整理分析与讨论,主要是根据所收集数据进行整理,并采用各类统计方法、消费者接受行为结构方程模型与决策博弈模型加以分析,对分析结果予以讨论及提出合理的解释。

第五章是研究结论与建议,主要是根据所得实证研究结果提出结论与合理化建议,讨论本文研究的目的及解释研究问题,并对本文的贡献与不足进行探讨和对研究前景进行展望。

1.4.2 研究框架

本文在研究内容的基础上,提出了总体的研究流程框架,如图9所示,计划通过文献综述,提出消费者对O2O商业模式接受行为及决策博弈的相关理论依据;在定性研究过程中采用访谈法、解释结构模型化、德尔菲法构建消费者接受行为及决策博弈理论模型,并在此基础上编制调查问卷获取题项,从中国O2O企业网络平台的消费者中抽取被试者发放调查问卷获取数据进行研究;在定量研究过程中根据问卷数据采用描述性统计、信度效度分析、方程分析、结构方程模型得出消费者接受行为结构模型,并在此基础上运用定性与定量研究部分的数据和结论数据,采用定性定量结合的博弈论法得出消费者、商家、O2O 企业网络平台三方行为决策博弈模型。研究工具使用 MATLAB、SPSS、AMOS 等计算器软件对数据进行分析,得出消费者接受行为及决策博弈最终模型,并对结论进行解释和提出建议。

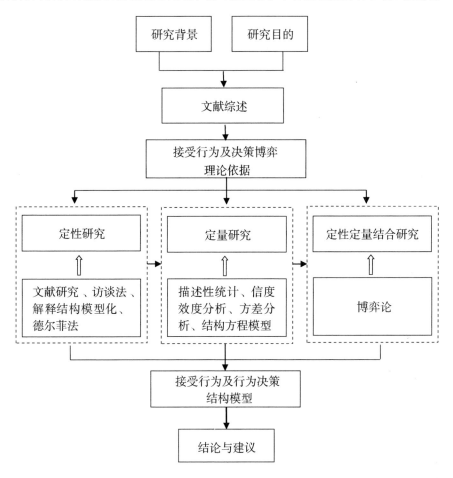

图 9 总体研究流程框架图

1.5　研究创新及限制

1.5.1　研究创新

(1)研究视角的创新

本文采用博弈论方法,从行为博弈的研究视角出发,以中国 O2O 企业网络平台下的消费者、商家为例,用定性部分的研究补充 O2O 商业模式下消费者、商家、网络平台三方行为决策的方案与次序,用定量部分的研究去补充三方行为决策的得益与均衡,运用定性与定量结合的博弈论研究方法,研究行为决策博弈理论,具有一定程度的研究视角创新性。

(2)研究方法的创新

本文研究采用了定性研究方法(文献研究、访谈法、解释结构模型化、德尔菲法)予以归纳,采用定量研究方法(描述性统计、信度效度分析、方程分析、结构方程模型)进行演绎,采用定性定量结合(博弈论)研究完成归纳演绎统一的三角校正方法,形成一个牢固的研究方法铁三角,完成一个整体的研究循环,具有一定程度的研究方法创新性。

(3)研究工具的创新

本文在研究设计上尝试将半结构访谈、解释结构模型化和德尔菲法应用理念相结合,用于数据信息的收集和补充,问卷题项修改和完善,理论模型的构造和创建;将结构方程模型和博弈论应用理念相结合,用于数理模型的分析和解释。综合以上的连环交替应用,具有一定程度的研究工具创新性。

1.5.2　研究限制

本研究有以下几点限制:

(1)取样代表性的限制

由于人力、时间等方面因素的局限,仅以珠江三角洲 9 个城市的 O2O 商业模式消费者群体作为研究对象,研究结果并不能推断到其他的群体。本研究的取样过程中也没有涉及对来源地区和文化差异等指标,这一定程度上限制了本研究所构建模型的实用程度。希望以后的研究中可以考虑进一步扩大取样区域至全国,增加样本的多样性,使样本更具有代表性和普遍性。

(2)数据类型的限制

消费者对 O2O 商业模式接受行为及决策博弈的影响作用是一个连续变化的过程,面对这样复杂多变的研究主题,需要采用多样性数据类型来研究。然而由于时间与条件的限制,本文采用的结构方程模型等定量研究方法的数据来源是依据调查问卷获取的横截面数据,在实证分析中不足以反映相关因素的动态变化。此外,在受访者填答问卷过程时,同一份调查问卷由受访者个体独立填写,这就可能产生共同方法偏差(Common Method Bias,CMB),导致测量的数据产生系统性误差,最终对研究结果产生影响(D. H. Doty & W. H. Glick,1998;P. M. Podsakoff,S. B. Mackenzie,J. Y. Lee & N. P. Podsakoff,2003)。

(3)调查方法的限制

本研究中调查方法主要是采用问卷调查法,要求受访者根据测验题项的表述与自己的实际表现的符合程度进行自评,这种方法的优点是容易操作,研究人员可以在较短时间内获得评分结果。但是这类问卷容易导致受访者根据社会期许来作答,因而存在社会称许性偏见效应。在问卷调查研究设计和操作中,对社会称许性偏见效应既没有在理论上给予充分的分析,在实践中也没能很好地控制,无论采用何种抽样方法都不可避免测量的偏差,由于它涉及研究结果的外推性即研究的外部效度问题(韩振华 & 任剑峰,2002)。在本研究中,为尽量减少社会称许效应的影响,在测验的指导语中对测验的目的进行了详细说明;同时,测验采取无记名的形式,以使受访者能够更加开放、真实地反映自己的真实情况。

1.6 本章小结

本章对研究背景及问题、研究意义及目的、研究方法及思路、研究内容及框架、研究创新及限制等方面都做出了全面概括性的阐述。通过以中国珠江三角洲9 个城市 O2O 企业网络平台的消费者为研究对象,从消费者行为的角度出发,重点研究线上线下互动感知对消费者接受行为的关键因素影响,以及拓展到消费者、商家、O2O 企业网络平台三方的行为决策博弈均衡。从而引出研究的范畴、性质与重点,以便围绕消费者对 O2O 商业模式的接受行为及决策博弈这个研究主题开展系统性统筹研究。

第二章　文献评述

2.1　电子商务概述

2.1.1　电子商务定义

早在 20 世纪 70 年代,一些大的国际公司之间由于业务发展的需要,就开始尝试通过计算器网络实现彼此的信息共享,加强其商业合作伙伴关系,由此产生了最早的电子数据交换。在这之后,伴随着计算器技术、计算器网络,特别是互联网技术不断发展,利用电子信息技术实现企业内部、企业之间、企业与政府、企业与消费者、消费者与消费者之间的商业活动,成为越来越多机构和人员的需求,并逐渐发展成一个相对独立、全新的商务领域,从此"电子商务"(Electronic commerce 或 E-commerce)一词被正式应用到商务领域,并受到全球的瞩目。

世界贸易组织认为电子商务是通过电子进行货物和服务的生产、销售、买卖和传递,这一定义奠定了审查和贸易有关的电子商务基础,也就是继承关贸总协议的多边贸易体系框架(高铁山,2003;杨庆,2005)。《中国电子商务蓝皮书:2001 年度》认为,电子商务是指通过互联网完成的商务交易,交易的内容可分为商品和服务的交易,交易是指货币和商品的易位,交易要有信息流、资金流和物流的支持(曾强,2001;肖学文,2010)。美国政府在其《全球电子商务纲要》中笼统指出:电子商务是指通过互联网进行各项商务活动,包括广告、交易、支付、服务等活动,未来电子商务将会涉及全世界各国(House,1997;高铁山,2003)。欧洲经济贸易委员会在比利时首都布鲁塞尔举办了全球信息社会标准大会,会上明确提出了电子商务的定义:电子商务是各参与方之间以电子方式而不是物理交换或直接物理接触方式完成的任何形式的业务交易。这里的电子方式包括电子数据交换、电子支付手段、电子订货系统、电子邮件、传真、网络、电子公告系统、条形码、图像处理、智能卡等(王学颖,2006;肖学文,2010)。

上述定义对网上进行电子商务活动的理解大同小异,狭义的理解是电子商务就是指在网上进行交易,而广义的理解是电子商务是指利用信息技术使整个商务活动电子化,不仅包括了企业商务活动中面向外部的业务流程,如网络营销、电子支付、物流配送等,还包括了企业内部的业务流程,如企业资源计划、客户关系、供应链、人力资源、生产、研发及财务等管理的内容(岳修志,2011)。所以用一句话来概括电子商务的定义:电子商务是指利用现代网络信息技术实现商务活动电子化和网络化的一种新型商务形式(黎雪微,2013)。

2.1.2　电子商务构成要素

由于电子商务的诞生以信息电子化的手段,优化了原有商务效率低下与成本高昂的劣势。商家可以通过一系列电子化的手段,在大幅降低人力与物力的同时,以更加低廉的成本,更加高效的方式搜寻目标客户并即刻迅速地完成交易,并且这一过程在一定程度上不受地域空间的限制,因而极大程度上更好地实现了资源的有效配置,为企业带来更加广阔的市场空间与投资机会(张炜一,2013)。与此同时,电子商务也给消费者带来极大的便利性,使得消费者能够更加高效便捷地找到所需商品与服务,享受足不出户,送货到户的服务体验(张炜一,2013)。因此,从根本上说电子商务也是一种商务活动,决定了它的构成要素也具有普通商务活动的特点,又有虚拟空间体验的商务特点,使人们可以在任何时间、任何地点进行各种商贸活动,实现随时随地、线上线下的购物与交易、线上电子支付以及各种交易活动、商务活动、金融活动和相关的综合服务活动的特点,简单地说可以概括为商城、商家、消费者、商品、第三方服务机构、物流等基本要素。

(1)商城

商城即电子商务能够运营的一个最基本要素,它是商务活动得以开展的一个基础,包括财务、员工以及相应的网络技术平台等支持系统(孙悦 & 郭醒,2014;王莎莎,2015)。首先,任何一种活动得以维持都离不开财务的支撑,作为电子商务活动虽然它的资金回收期很短,但是电子商务活动得以进行离不开前期的网络技术平台的建设以及相关技术人才的支撑以及支持服务机构的相关服务,这些都需要资金流,这是一个商城得以建设和维护的血液;其次,在财务支撑的基础上,商务活动得以进行也离不开公司运营各个环节员工的分工合作,最重要的包括技术人才和管理人才;最后,电子商务活动的开展需要相应的网络技术平台的支撑,正是在这个平台上,商品提供者在这里提供商品的信息,消费者在网上进行商品和服务的筛选,从而实现商务活动的迅速扩大,即实现三方共赢的一个信息分享平台(王莎莎,2015)。

(2)商家

电子商务商家也称为电子商务中的卖家,包括生产厂商、贸易商、服务商、个人等。对于商家来说,竞争变得更加透明,国内与国际的竞争不再有明显区别,同类商品在互联网上展开激烈的竞争,商品质量、价格和服务等各种信息将会毫无保留,传统营销中的批发零售等中间环节可能会被网络逐步取代,消费者和采购商将更多地直接从网络上采购(黎雪微,2013)。同时电子商务为商家带来了更多的宣传和展示机会,也可以通过消费者的支付情况掌握客户信息,通过数据挖掘可分析消费者行为、预测购买趋势,便于实现精确营销(吴芝新,2012)。

(3)消费者

在电子商务活动中,消费者作为整个商务活动的需求者,决定着电子商务活动的成败,只有能够准确把握消费者的偏好,电子商务活动才能得以发展(王莎莎,2015)。但是在当前的电子商务活动中,很多企业却一味地注重如何利用电子手段把自己的商品和服务的信息传递给更多的人,反而忽略了最重要的提供的商品或服务的质量,这种本末倒置的做法也是导致当前很多电商企业不能长久发展的重要原因(王莎莎,2015;姚国章,2009)。同时,从当前发展比较好的商城也可以看出,那些注重商品和服务质量、能够敏锐把握消费者偏好的商城相对发展得比较好。

(4)商品

商品是电子商务构成要素的价值基础,其交易的商品就是商家所提供的产品、服务、信息和技术等,因为从最初的物物交换到当前的电子商务活动,其实质都是商品之间的交换,只是其传递信息和交换的手段在不断变化而已(Du,Yu,Fang & Wang,2012)。在当前的电子商务模式下,商品不仅仅包括原始的实物产品,同时包括服务、信息和技术等,比如一些电商网站提供的就业信息、房屋租赁信息、机票信息、金融分析信息,O2O 平台提供的线下商品和服务以及一些金融企业提供的网上服务系统。

（5）第三方服务机构

电子商务的第三方服务机构是完成电子商务活动中不可缺少的辅助机构，提供包括金融支付、认证、信用服务等服务（王珏辉，2007）。第三方提供商是以第三方的角色向消费者、商家和商城运营商提供专业性服务的厂商，第三方服务商主要包括金融支付、信用认证和信用服务提供商等服务机构（吴芝新，2012）。例如信任认证提供商给商户提供资质认证，金融支付提供商为商家、消费者提供第三方支付中介平台保证，阿里巴巴公司的"支付宝"作为一个金融支付中介就很好地为商家和消费者提供支付平台保证，协助消费者对服务满意后再付款，有效地提升消费者对商家的信任。

（6）物流

传统的实体店的消费，是消费者到相应的实体店进行相应的实物购买和服务体验并进行线下支付的形式，而在电子商务活动中，消费者面对的是全球的商品服务供应者，同时供货商面对的也是全球的消费者，这样在消费选择范围扩大的基础上也决定了消费者和供应者不能一手交钱一手交货，甚至不在同一个国家，那么就需要物流系统的支持（王莎莎，2015）。物流是电子商务活动中重要的关联部分，同时物流的速度和服务质量也反过来影响电子商务的扩展。

2.1.3 电子商务商业模式分类

商业模式一词源于英文"Business Model"，该术语在中文中有多种翻译方法，如商务模式、运营模式、业务模式等，或者最简单的方法是就称之为"模式"。翻译方法的不同，其实反映了对于该词的不同理解。以现在查阅和掌握的文献来看，即使在英文中都使用"Business Model"的学者，对其理解也是各式各样的。本文将统称为"商业模式"。

由于商业模式概念可能包括多个角度，因此，基于对其内涵中不同角度的关注不同，学者们形成了不同的观点。从运营的角度来看，一些学者把商业模式划归为侧重运营模式的商业模式，把商业模式定义为对企业如何运转的描述和归纳，是对公司、供货商、候补者和客户之间交易运作方式的描述，强调能使交易得以顺利进行的产品、资源、参与者结构以及交易机制的概念，指出商业模式的构成要素包括组织形式、商业流程、公司管理、价值流、资源系统等（Ledley，2015；Markides & Charitou，2004；成文，王迎军，高嘉勇 & 张敬伟，2014）。从盈利的角度来看，商业模式是企业获得并保持收益流的逻辑总结，是企业为顾客创造比竞争对手更多的价值以赚取利润的方法,是企业构造成本和收入流的方式,成本和收入决定着企业的生存与发展,应包括定价模式、收入模式、成本结构、最优产量等构成要素(Afuah & Tucci,2001;Huizingh,2002;成文 et al.,2014)。从战略的角度来看,企业战略的核心是定位,企业的定位有基于种类的定位、基于需求的定位与基于接触途径的定位。企业就是要寻找到一种独特有利的定位,从而设计一套与之相适应的与众不同的运营活动。企业定位的本质其实就是企业的价值主张,即企业用什么样的产品或服务为哪些顾客提供什么样的价值,商业模式应该向目标顾客表明价值主张,这是技术商业化必须解决的问题(Horsti,2006;Ross,2002;成文 et al.,2014)。

随着 IT 技术与电子商务的迅猛发展,商业模式创新成为理论和实践界的热门话题。Economist Intelligence Unit 的一项调查显示,超过 50% 的高层管理者认为,对于企业的成功与否,商业模式创新比产品和服务创新显得更为重要(Johnson,Christensen & Kagermann,2008;魏江,刘洋 & 应瑛,2012)。相对于商业实践,对商业模式的理论研究相对滞后,从概念演化的视角来看,早期多集中于电子商务领域(Morris,Schindehutte & Allen,2005)。自 21 世纪"电子商务商业模式热"以来,许多商业模式研究者一直试图找到一套具有一般性、基础性的商业模式理论模型,设想用它作为通用工具去解释企业创造价值的一般机制,以消除商业模式分析中长期存在的随意性和盲目性,从而有效解决商业模式辨识和设计问题(Pisano,Pironti & Rieple,2015;程愚 & 孙建国,2013)。

电子商务的商业模式是指通过一系列基于电子商务相关操作技术与流程的可分类、可标准化的商务运作方式与流程,即电子商务模式就是企业如何通过相关电子化技术与流程进行销售并取得收入的整套方式(赵卫东 & 黄丽华,2007)。关于电子商务商业模式的分类,麦肯锡公司曾认为电子商务商业模式有三种,分类主要依据是实际主导角色:第一种为销售方主导的商业模式,即销售方通过互联网发布相关销售信息,并促成交易;第二种为购买方主导的商业模式,即大批量购买者通过互联网相关平台发布采购信息达成交易目的;最后一种为中间商主导商业模式,即第三方掌握购买者相关需求信息,也拥有销售者相关信息,通过某些方式撮合购买者与销售者达成交易(王珏辉,2007)。(张婷婷 & 原磊,2008)认为商业模式是企业对运营结构和战略方向等变量进行定位和整合的概念性工具,指出企业通过对价值网络、价值主张、价值维护和价值实现四个方面因素的设计,可以为企业、合作伙伴以及消费者等利益相关者创造价值。

电子商务模式即在电子信息技术的基础上进行商务活动的运作方式和盈利模式,根据不同分类标准可以有不同的电子商务模式,比如按照贸易类型可以分为水平型、垂直型以及综合性电子商务模式,按照贸易类型可以分为一对多商城形式、多对多平台模式、企业对政府、政府对消费者、消费者对消费以及平台中介模式等,可以说企业为实现最终的盈利目标而选择的适合自身的运营模式都可以说是一种电子商务模式。在这里按照通常的分类标准,即按照参与对象的不同可以分为 B2B、B2C、C2C、G2B、G2C 以及 O2O 等商业模式。

(1)B2B 商业模式

B2B 商业模式是一种企业对企业的电子商务商业模式,指的是通过互联网或者私有网络,以电子化方式在企业间进行的交易。这种交易可能在企业自己建立的平台,也可能与供应链成员之间或在中介平台上进行,是不同的企业通过电子系统分享其产品和服务信息,从而降低中介费用,实现互补性增长的一种商务模式(黎雪微,2013)。

(2)B2C 商业模式

B2C 商业模式是按交易划分的一种电子商务商业模式,是指以互联网为手段,由商家或企业通过网站向消费者提供商品和服务的一种模式,相当于是传统卖场与商场模式的在线版,在此模式下商家可以节省开设实体商店以及场地带来的相关费用,同时无限度地拓宽了消费者接受范围,消费者也可以对同类商品进行对比和选择等功能(王莎莎,2015)。B2C 商业模式当前包括复合型的商城、单一品牌的商城以及品牌引导型的商城等。

(3)C2C 商业模式

C2C 商业模式是消费者与消费者之间通过互联网进行的个人交易,在此模式下,每一个消费者都能变成产品的供给者,即消费者可以将自己不再需要的商品放在网上公开拍卖,有需求的消费者可以在平台中选择合适自己的商品,并和拍卖者进行议价,从而达成最终交易的一种模式。可以说在 C2C 模式中,充分利用了不同商品的使用价值,商品可以在不同的消费者之间进行流动,从而一方面避免了不再使用者报废商品的情况,也为新的需求者降低了购买成本,而电商平台也可以通过买卖差价赢得利润(Zhang & Deng,2014)。

(4)G2B 商业模式

G2B 商业模式是企业和政府之间通过电子网络完成彼此之间商务活动的一种方式,比如网上报税和政府采购,网上报税可以提高政府部门的办事效率,同时也可以降低企业去税务局报税的时间成本和管理成本,当然政府也可以通过建立网上信息平台,使企业能够及时了解政府的工作动态,减少监督和通知的成本;同时在 G2B 模式中政府也可以作为消费者的角色出现,即政府采购商品时可以通过电商系统公开招标,从而选择最合适的供货商,降低采购成本(王莎莎,2015)。

(5)G2C 商业模式

G2C 商业模式是政府对消费者的一种电子商务模式,主要指的是政府通过网上电子系统向大众提供信息的一种模式,可以起到向社会公众迅速传递政府公务和服务信息的作用,同时也期望达到公众参与政府政务的目的。在 G2C 模式下政府主要提供一些就业信息、服务信息、政策信息以及税收信息等。

通过以上表述可以看出,电子商务主要是根据参与对象的不同而形成了不同的商业模式,但是其共同点都是网上电子系统对线下实体业务的冲击,因此造成了目前 95%的商务活动仍徘徊在电子商务领域之外,为了将更多的实体企业纳入电子商务系统之内,产生了 O2O 模式,即将线上线下相结合的一种商业模式。

2.2　O2O 商业模式概述

2.2.1　O2O 商业模式界定

随着互联网经济发展越来越快,各种类型的电商模式得到越来越多的关注目光,由于诚信体系不完善、线上推广成本日益提升、物流配送覆盖有限等问题出现,导致电商模式无法对传统线下销售形成颠覆性改变,这就导致业界中出现了线上交易与线下交易的结合,即 O2O 商业模式。这样既可以通过互联网平台整合分类线下商铺的各种繁缛的信息,又可以通过网络把线上的消费者与线下的实体商铺进行融合,实体店商家还可以通过网络渠道与消费者进行信息或需求的互通,消费者也能够更方便更有效率地去体验整个消费过程(邓根华,2016)。在中国电子商务发展的历史中,O2O 并不是完全陌生的东西。实际上很早之前就有O2O 雏形模式,早在 2010 年以前,以携程网为代表的票务网站收购线下的旅游公司,用线上信息吸引游客,提供线上预订和购买,让游客到线下的公司接受旅游服务,这是国内最早的 O2O 商业模式(姜奇平,2011;闫聪,2016)。

O2O 商业模式是在企业品牌和用户定位的基础上,利用移动互联,营销传媒、大数据等技术,融合线上线下循环(线上做展示、传播+交易,线下做体验、服务+交易+共享),通过数据信息的收集、分析、计算和应用,为顾客提供更加精准的服务与优质的消费体验,实现消费者与品牌之间的信任连接,并加强和保持线上线下合作互惠互利的一种可持续商业模式(张波,2013;赵桂珺,2013)。O2O在企业品牌和用户定位的基础上,融合线上和线下的全渠道、全接触点,利用社交媒体、移动互联、物联网和大数据等技术,推动大会员小区化和内部资源电子化,随时随地为消费者提供极致和死循环的客户体验,有效提升品牌的社会资本,实现消费者与品牌之间的信任连接的一种商业设计(叶开,2015)。营销、交易、共享和消费体验是商业模式中最活跃的基本商务行为,那么用这四个行为坐标来界定O2O,可以得出以下五种商业模式:

(1)Online to Offline(线上商家交易—线下消费体验)

最常见的O2O商业运营模式就是线上商家交易—线下消费体验的模式,这种O2O商业运营模式最早出现是在团购网站,即线上完成购买商品或者服务后,线下获得其消费体验的模式。生活服务类团购网站就是这种模式之一,团购网站是利用团购网络组织平台,借助互联网来聚集人气和资金,以便获取线下商家更优惠的商品和服务,消费者通过网络或移动终端App登录线上的团购网站,获取线下优惠信息,再通过网络挑选商品或服务并进行支付,在线下实体店可以获取商品或享受服务的形式(孙悦,郭醒,& 徐欣欣,2013)。美国著名的团购网站Groupon就是这种模式,团购网站也是中国O2O商业模式发展的初始阶段。现今的O2O企业平台是借助线上来聚集人气,吸引商家前来提供商品与服务,消费者通过PC终端网络或移动终端App登录O2O平台,挑选产品、服务并支付交易,线下通过交易凭证获取产品、享受服务(马青,芮胜利,赵静 & 延玉莲,2014)。例如综合类主要是以美团、口碑、百度糯米等App平台为代表,旅游出行类以携程、飞猪为代表,外卖类以美团外卖、饿了么外卖为代表,这些都是属于App平台线上交易—线下消费体验类,O2O平台实际上是在线上帮助商家推广产品与服务,在推广的同时是要按产品与服务的浏览量、点击率等收取费用,商家通过平台卖出的产品与服务也是要按价格比例提取佣金。总的来说,商家卖出了更多的商品,相当于减少了广告营销费用,所以愿意把更多的优惠补贴给消费者,O2O平台为了促进销售、吸引流量,也会对消费者进行优惠补贴,双重的优惠补贴促进下,使得消费者享受到了比平时更为廉价的产品与服务。

（2）Offline to Online（线下商家营销—线上交易下单）

线下商家营销—线上交易下单模式是指商家在线下采用可供手机添加扫描的资源信息平台,如扫描二维码、关注公众号等方式,消费者在通过线上购买或者关注线上商家的产品和服务的模式,运作顺序上与线上商家交易—线下消费体验模式刚好相反(赵军伟 & 薛凌云,2012)。以往通过手机获取信息时,必须采用输入文字或网址的方式,但随着二维码与公众号等方式的普及,商家为消费者提供了扫描的资源信息平台。目前,只要使用手机去扫描二维码,省去了输入网址的不便,实现了从线下到线上的便捷接入,"扫一扫",几秒钟就能获得想要购买的产品与服务内容。二维码具有识读速度快、信息容量大、占用空间小、可靠性高等优势,在手机支付、数据下载、电子凭证等中都能见到它大显身手。例如全球知名的连锁超市乐购(Tesco)在韩国(当地更名为 Homeplus)就在各大地铁站以刊登广告的方式,将商品图像排成如同货架一般的二维码商店,让同时在等车或过往的旅客能够直接通过智能手机扫二维码了解感兴趣的商品以及直接可以用手机下单(张宏裕 & 林淑琼,2013)。

（3）Offline to Online Synchronize（线上线下同步）

线上线下同步模式是指知名的电商品牌企业将原先线上产品和服务形式扩展到线下实体店经营,或者知名的品牌实体店企业把线下的产品与服务拓展到线上网络,两种方式都是实现线上线下同步发展的商业模式(孙悦 et al. ,2013)。由于电子商务对传统实体经济的巨大冲击,特别是在品牌服装行业,很多服装品的专卖店沦为网店的试衣间。因此,实体商家开始思考"后电商时代"的发展模式,实行线上线下同价,线上线下同价能够真正使零售业日常促销的常态化,促进零售运营从价格导向的促销向顾客经营导向的服务转变,引导消费者关注商品综合价值而非价格和促销,消费者则会在购买前省去比价带来的不便(马青 et al. ,2014)。例如京东开设京东专卖店在线下进行实体销售,实现线上线下价格同步;苏宁电器在网上拓展苏宁易购,实行线上线下价格同步;华为手机也在线上有华为商城和线下专卖店。还有一种形式是在线下实体店中摆放的商品也可以通过手机扫描付款等方式支付交易,如阿里巴巴的盒马鲜生以及各类型的无人店,均采用线上线下同步价格支付方式。线上线下同步模式可以实现全渠道零售,无论是线上渠道还是线下的不同渠道代理,不同渠道的接触点上不再以价格作为主要武器,统一打造客户服务与体验,在不同渠道进行推广,也容易被渠道接受。同时也可避免不同渠道的利益冲突,可以利用客户归属和考核双计等方法,实现线下渠道与线上电商的利益平衡,而且也可以实现线上下单线下按分配原则进行派单,线上线下移动无缝跳转,信息公开透明,这样也就实现线上线下 O2O 同步融合。

(4) Online to Offline to Online (先线上后线下再线上)

先线上后线下再线上模式就是先搭建起线上平台进行营销,再将线上商业流导入线下让使用者享受服务体验,然后再让用户到线上进行交易或消费体验(黎冲森,2014;王志军 & 王智慧,2015)。在现实中,很多团购、电商等企业都采用了这种 O2O 模式,比如京东商城,京东的 O2O 生态链条是:先自建线上京东商城,以其为平台进行营销,线下自营物流系统与实体店企业合作,让使用者享受其线下服务体验,再让使用者到线上京东商城进行交易。

(5) Solidarity Economy(线上共享交易—线下使用体验)

线上共享交易—线下使用体验的模式指的是共享经济模式,目的是整合闲散物品、劳动力、服务等各类资源,通过互联网线上进行共享交易,消费者线下进行使用体验。该模式即存在供给方与需求方,供给方让渡物品的使用权或提供服务,需求方通过租、借等共享使用物品,O2O 平台在过程当中就发挥中介与再中介的作用。所以我们也可以理解共享经济模式实际就是一种 O2O 商业运营模式,因为本质上共享经济模式离不开互联网,也就是线上与线上的一种融合,也可以理解为 O2O 商业运营模式包含了共享经济模式。共享经济模式可以简单分为两类:第一类是商家通过线上提供共享产品或服务并在线上交易,让消费者在线下使用体验,例如共享出行的以共享单车、共享汽车为代表,共享服务的以共享充电宝、共享纸巾等为代表;第二类是个人把闲散资源通过线上共享交易,让其他消费者在线下使用体验,例如共享出行的以 Uber、滴滴出行为代表,共享出租房屋的以 Airbnb 为代表。

2.2.2　O2O 商业模式业务元素

考虑到现今的移动互联时代背景,O2O 商业模式业务元素通常是根据企业自身业务需求,依据 O2O 平台实际运营状况,通过对 O2O 商业模式的总结与消费者不同的场景、视角的体验进行了进一步筛选和优化,以突出 O2O 平台消费体验的互动化、过程化和个性化过程。本文将 O2O 平台应用的业务元素进行梳理,涉及企业供应链的信息化、营销、技术支持、客户关系等方面(例如营销是企划行为,包括优惠折扣、会员积分等;技术支持是保障行为,包括交易支付、安全体系;客户关系是体验行为,包括评价口碑、上门服务等),并对每个方面的元素进行了分类和界定,可以得出以下七种 O2O 商业模式业务元素:

(1)优惠折扣

优惠折扣是典型的吸引流量和潜在客户的业务元素,O2O 平台通过线上的限时抢购、预售、爆款、打折和线下的促销等,可以在短时间内吸引大量的流量,因此以团购为代表的优惠券、折扣券、促销信息以及线下扫街的促销海报等成为 O2O 平台营销的主要业务元素之一。

(2)评价口碑

评价口碑是一种信息分享和互动的业务元素,在消费者第一次到店消费之前,其他消费者的评价和推荐对消费者打消疑虑很关键,因此大众的评价、点评等成为消费体验的入口,口碑紧接着评价作为一种更强关系的推荐动作,O2O 平台的老客户在朋友之间的口碑传播、分享和邀约的消费,成为转化率最高的一种传播媒介。

(3)交易支付

交易支付是 O2O 平台交易环节的关键业务元素,当前交易支付入口一般常用第三方支付的方式来交易,例如采用支付宝、微信支付等方式,用户快速、便捷地支付消费金额。当然也经常用到对传统支付进行改造的支付,例如将收款机改造成云收银或云 POS,实现跨渠道的数字钱包账户供消费者使用。

(4)安全体系

安全体系是作为消费者购物的最基本保障业务元素,O2O 新兴的网络购物平台与传统的电子商务环境一样存在着安全问题,主要集中在用户身份伪造、交易抵赖及非法数据修改、交易信息泄露等方面。安全保障手段包括防火墙、加解密、基于 PKI/CA 的数字证书、打造端到端的身份认证及业务鉴权环境等,这些是 O2O 平台可信交易环境安全体系的组成部分,需要从计算机与网络安全、O2O 交易中数据安全两方面着手搭建安全体系(霍要峰 & 张啸雄,2012)。

(5)会员积分

会员积分是一种增加消费者黏性和重复消费的业务元素,在 O2O 平台采用会员与积分制度,通过电子化的会员卡和积分,与平台上的账号直接绑定,实现消费者会员特权与优惠,积分的抵现与兑换礼品等功能,最终达到线上线下有机的融合。

（6）上门服务

上门服务是 O2O 平台根据实时地理位置进行派单,安排就近服务人员对消费者上门服务的业务元素,上门服务可将社会分散的服务能力集中起来,强化、细分领域的优势。O2O 平台尝试用更便捷的方式聚拢行业资源,替代线下分散的中介,消费者和服务者可以摆脱线下门店的限制,大规模、有组织消费的形式也变得更加自由。只需在手机 App 下个订单,洗衣、外卖、保洁、洗车等服务都可上门进行,许多被闲置的传统服务资源可被充分展示、调度和优化分配,从而充分启动社会的线上线下资源(许丽萍,2015)。

（7）地图导航

地图导航是辅助消费者线上购买之后,到线下寻找商家消费的定位业务元素,地图导航常用于餐饮、出行、旅游等相关领域,提供餐饮、酒店、打车、零售等消费,一般带有典型的商圈固定位置的特点,这时候基于位置的导航成为消费者的刚性需求,例如提供百度地图、高德地图等为消费者查询到相关地理位置,消费者通过地图导航定位快速被引导到店。

2.2.3　O2O 商业模式运营方式

随着电子商务的高速发展与渐趋成熟,一方面消费者网上支付的消费习惯逐渐被培养起来,另一方面 B2C、C2C 等电子商务模式市场已经处于较为饱和的状态,BAT 等大型电子商务企业占据较大份额的市场,企业进入门槛越来越高,但仍然有百分之九十以上的传统市场徘徊在电子商务之外。因此,自 O2O 商业模式引进中国以来,这种新兴电子商务模式产生与发展带来的机遇与空间,使传统实体企业销售渠道及销售方式得到了拓展,O2O 商业模式迅速在各个实体领域快速扩张,成为互联网新的经济形态(王祺,2014)。其中 O2O 商业模式的运营一定是聚焦客户,基于大数据的算法和精准推广,更确切地说是基于商业客户自身的数据库 + 平台用户数据库打通的 CRM 管理体系下,完成的 O2O 大数据转化,简单地说就是营销打通、数据打通、应用打通、支付打通、评价打通等等,如何让整体闭环更加符合互联网运营思维,让客户获得更好的体验,这才是运营的根本。在参考了韦荷琳、张超、李思敏和李家漫提出的 O2O 团购三种运营模式(韦荷琳,张超,李思敏,& 李家漫,2016),结合以上五种 O2O 商业模式类型,归纳为以下三种 O2O 运营模式:

(1)常规循环运营模式

常规循环模式是基于线上商家交易—线下消费体验 O2O 商业模式类型最常见的一种运营模式,也是 O2O 商业模式下最简单的模式。该模式将无法通过快递送达的有形产品,通过线上交易方式引导客流,推广本地生活服务,为商家进行线上营销(王语睿 & 马晓梅,2014)。消费者通过线上筛选商家支付交易取得凭证,进店后享受消费实际体验并确认支付,最终线上进行口碑评价,反馈给平台、商家及其他消费者。这一整个单向的常规循环运营过程当中,如果商家能够提供高质量的产品和优质的服务,让消费者在实体店中享受到愉悦的消费体验,那么消费者给出的良好口碑评价可以带来其他消费者消费以及增强消费者黏性,促进再次消费,整体形成一个循环回路(韦荷琳 et al.,2016)。如图 10 所示:

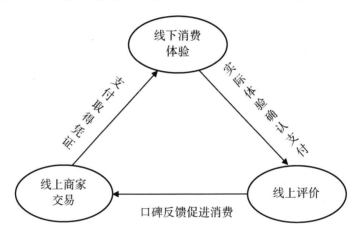

图10　常规循环运营模式

线上的推广、线下体验促进实体店的进一步发展,倘若实际体验与产品预期产生巨大的差距,则会影响店家信誉或是阻碍 O2O 商业模式的下一步运转,可见,没有好的口碑评价,O2O 商业模式的发展将受到极大的阻碍(林丹霞,2013)。常规循环运营模式简明阐述出 O2O 商业模式的运作机制,但该模式仅考虑到正向流动运作机制,而消费者线下消费到店体验对于消费者阅览线上展示产品筛选交易起到的逆向推进作用,并未能在常规循环运营模式中体现(韦荷琳 et al.,2016)。因此,如何促使消费者在消费回馈后更多地进行线上进一步的筛选交易和线下直接消费,以及线下消费体验后进行再一次的线上筛选交易活动,都值得作进一步探讨。

（2）双向循环运营模式

双向循环运营模式实际是在常规循环模式的基础上,利用O2O平台功能整合线上的需求与线下的价值之间的双向传递,在模式中,O2O平台是作为桥梁连接消费者、O2O平台、线下商家,整个业务流程既可正向需求传递也可反向价值传递,所以称为双向循环,可对应线下商家营销—线上交易下单O2O商业模式类型与线上线下同步类型的运营方式,O2O平台本身还有营销推广的作用(吕丽莉,2014)。该模式最为突出的作用是实时掌握消费者的口碑评价与资源分享,根据评价与分享的建议,可及时反馈需求与解决问题,从而整体上有效地控制与改善O2O平台运营模式(韦荷琳 et al. ,2016)。如图11所示:

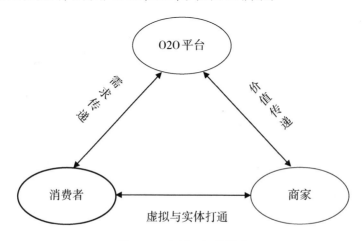

图11 双向循环运营模式

将来的O2O商业模式将深刻地影响企业经营的各方面:从前期规划筹建到后期服务质量的监督与把控,从前台对顾客关怀细节到后台运营支持系统架构,O2O商业模式将得到更进一步的完善(吕丽莉,2014)。O2O商业模式双向循环运营模式展示出O2O商业模式的外部作用机制,线下消费者需求传递体现在O2O应用中。因此将来的O2O商业模式运营需要探索双向循环运营模式中O2O应用部分的外部运作机理以及内部的运作流程。

（3）共享双向循环运营模式

共享双向循环运营模式实际是对应O2O共享经济模式。是在双向循环运营模式的基础上,以O2O共享平台为作用点,打通需求与供给,将线上需求方(消费者)的需求与线下闲散资源供给者(个人、商家)结合在一起,形成互联网聚合线下闲散资源,消费者线上筛选进行支付,实现O2O平台的资源共享。其核心理念是将线上需求方(消费者)的消费需求及时提供给 O2O 共享平台,O2O 共享平台再筛选信息推送给闲散资源供给者,顺序也可相反,所以是双向循环(楼永俊, 2014)。如图 12 所示:

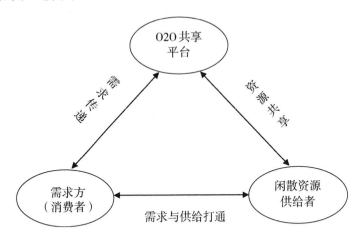

图 12 共享双向循环运营模式

目前,多家互联网巨头企业尝试进入 O2O 市场,在潜力巨大的共享经济模式与 O2O 平台市场中占据一席之地,这是由于 O2O 商业模式下的平台与商家可以借助共享经济扩大知名度,提高经营效率(余思琴,王明宇 & 刘淑贞,2013),也为消费者带来更为便捷的支付方式、更多折扣以及更便于消费者对闲散资源供给者提供的产品进行比较筛选,为 O2O 商业模式运营的研究提供了新的基点,为进一步研究以 O2O 平台为基点,消费者以及商家等供需多角关系的运营方式开辟了新的思路(李小斌,2013)。

2.3   消费者行为理论脉络

现代市场营销观念强调以消费者为中心,消费者行为作为一种客观存在的现象,在互联网经济时代背景下对电子商务运营起着重要影响因素的作用。在 O2O 商业模式下消费者行为转变的过程,如同其他行为科学一样,有其特有的活动方式和内在运行规律。因此加强消费者行为理论的研究对于 O2O 商业模式开展营销活动具有极为重要的现实意义。

消费者行为研究是在 20 世纪 60 年代中后期兴起的一个相对较新的领域,从心理学、社会学、人类学、经济学和管理学等多门学科借鉴理论概念,从而形成一门市场营销范畴内的管理学科。消费者行为学是以消费者在消费活动中的心理和行为现象作为研究对象的,研究其特点及规律,以便适应、引导和优化消费行为的一门科学管理学科。消费者心理是指消费者在处理与消费有关的问题时所发生的心理活动,即消费者在寻找、选择、购买、使用、评估和处置相关产品和服务时所发生的心理活动;消费者行为是指消费者在处理与消费有关问题时所表现出的行为,是指消费者为获取、使用和处置产品或服务过程中所表现出来的行为过程,以及实现决定这些行动的决策过程(肖立,2011)。

在消费行为学发展过程中,消费者行为研究中人性假定经历了"经济人""社会人""自我实现人"与"复杂人"的转换,先后形成了两大研究范式,可以归为实证与非实证主义(晏国祥,2008)。范式为研究者们研究什么与怎样研究做出一系列假定,范式包含了众多研究视角(Kuhn,2012)。消费者行为所形成的两大范式孕育众多研究视角。实证主义范式包括理性视角、行为视角、认知视角、动机视角、社会视角、特质视角、态度视角、情境视角。非实证主义范式包括诠释主义和后现代主义两个基本视角。如图 13 所示:

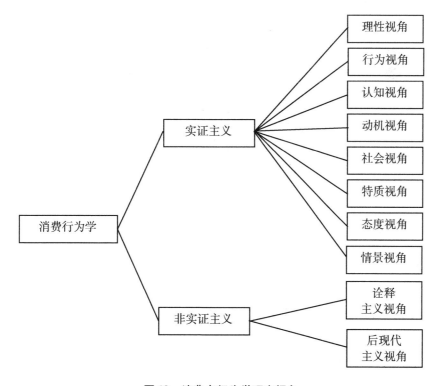

图13 消费者行为学研究视角

　　实证主义范式转变为非实证主义范式正是消费者行为理论的历史发展脉络,从本质上说,实证主义范式与非实证主义范式是相互补充,而非对立关系(晏国祥,2008)。其中非实证主义范式研究的视角颇受争议,最大的问题就是脱离行为实践关系,而从抽象层面进行消费的问题研究,不具有可操作性(晏国祥,2008)。由于 O2O 为新兴电子商务商业模式,在初级阶段以实证角度研究较为合适,所以基于可操作性和实证角度的想法,本文采取实证主义范式研究视角去探讨研究。

　　消费者在购买产品和服务的过程中,他们的意愿和行动都会受到理性、认知、动机、社会等行为因素的影响,这些因素综合在一起形成了反映消费者行为意愿到决策制定的一个研究基本框架,框架内容包括影响消费者行为的外部因素、内部因素、自我概念与生活方式和消费者决策过程(安圣慧,2011)。如图 14 所示:

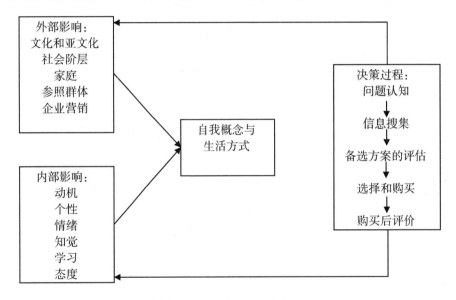

图 14　消费者行为研究基本框架

　　以此框架来描述消费者行为的一般结构与过程,它反映了对消费者行为性质的信念和认识,消费者在内外部因素的影响下形成自我概念和生活方式,其中内部因素主要为生理和心理方面,包括动机、个性、情绪、知觉、学习和态度等;外部因素主要指社会、人文等方面,包括文化、社会阶层、家庭、参照群体、企业营销等(徐亮,2015)。消费者自我概念与生活方式将导致与预期一致的需要和欲望的产生,大部分需要和欲望以消费的方式获得满足。一旦消费者面临相应的情境,消费者将会进入决策过程,这一过程随之而来的获取和经验会对消费者内部特征和

外部环境产生影响,从而最终导致其自我概念和生活方式的调整和变化(Haw-
kins,Mothersbaugh & Best,2013)。

2.4　消费者理性与计划行为

2.4.1　理性行为理论

理性行为理论(Theory of Reasoned Action,简称 TRA)是 20 世纪 70 年代中期
提出的,(Icek Ajzen & Fishbein,1980)经过创新性的研究提出用于对个人行为进
行预测的理性行为理论。研究认为个人的行为是在自身行为意向的影响下发生
的,将人类认知过程的行为态度与主观规范作为研究的主要关注点。该理论认为
行为意向和行为是理性的,在做任何事或者任何决定之前都会将这件事或者这个
决策的影响因素考虑进来,然后再判断是否能做以及该怎么做,行为意向的程度
代表了实际行为发生的可能性(徐亮,2015)。

理性行为理论的主要架构认为个人是否会执行特定行为会受人对于该行为
的意向所影响,而行为意向则又由行为态度和主观规范所决定,即行为态度与主
观规范共同作用于行为意向,而行为意向决定行为,行为态度受信念与评价的影
响,属个人因素;信念是个人预期从事某特定行为所产生的主观想法;评价是对从
事该特定行为产生结果的个人评价;主观规范的前置影响因素是规范信念与顺从
动机,属社会因素(刘洪国,2015)。整体模型构架如图 15 所示:

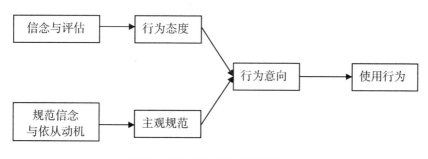

图 15　理性行为理论模型(TRA)

(1)行为态度。个人对该行为喜欢或不喜欢的评价,其中包括工具性的评价
(如:有利的、不利的)、经验性的评价(如:愉快的、不愉快的)、整体性的评价(如:

好的、坏的)。当个人对于行为的态度越正向,则行为意向越高;反之,当个人对于行为的态度越负向,则行为意向越低。对于某特定行为态度的衡量,是由个人的行为信念及结果的评价的乘积函数总和所构成;行为信念是指个人对从事某特定行为所可能导致的重要结果;结果的评价是指该行为所产生的重要结果对个人的重要程度(Icek Ajzen & Fishbein,1980)。呈现方式如以下函数式所示:

$$ATT \propto \sum_{i=1}^{n_b} bb_i oe_i \tag{2.1}$$

其中,ATT = 行为态度

bb_i　= 行为信念

oe_i　= 结果评价

n_b　= 行为信念个数

(2)主观规范。个人在采取某行为时,所感受到的社会压力,而这些社会压力主要来自个人认为对他而言是重要的人,例如:父母配偶、亲朋好友、领导同事等。当主观规范愈高,表示感受到的社会压力倾向于支持个人从事某行为的程度愈高,亦即服从动机愈高,则从事该行为的意向则愈高;反之,当主观规范愈低,行为意向则愈低。主观规范的衡量,是由个人的规范信念及依从动机的乘积函数总和所构成。规范信念是指个人知觉到重要的他人或团体认为他是否应该采取某项特定行为的压力;依从动机是指个人在是否采取某项特定行为时,对于这些重要的他人或团体所持有意见的依从程度。呈现方式如以下函数式所示:

$$SN \propto \sum_{i=1}^{n_o} nb_i mc_i \tag{2.2}$$

其中,SN = 主观规范

nb_i　= 规范信念

mc_i　= 依从动机

n_o　= 规范信念个数

(3)行为意向。可以定义为是某个行动发生的可能性(Fishbein & Belief,2010)。行为意向是一种行为过程的解释,是任何行为发生的必要程序,也是行为显现前的决定,当行为意向愈高,从事该行为的可能性愈大;反之,当行为意向愈低,愈不可能从事该行为(I. Ajzen & Driver,1992)。(Baker & Crompton,2000)认为消费者的行为通过他们的行为意向进行预测,表现为顾客追寻自己偏好品牌的动机。

理性行为理论适用范围非常广泛,是相对成熟和经常使用的理论,它认为个人行为受到外界因素的影响,而这些因素不能直接作用于行为,只能通过人的行为态度和主观规范影响行为意向,进而影响其行为,是间接的影响关系,这样做的好处就是人们对自己的行为是经过深思熟虑的,有很清楚的认识,因此很少会出现意外(徐亮,2015)。当然,任何理论都有限制条件,该理论的限制条件就是人有自己控制自己的能力。现实生活中,个人行为还会受到外界的干预以及周围环境的影响等,所以,运用该理论的时候,应该引用相关的局部变量,例如环境变量、自我控制变量等。故而此理论仅仅作为研究消费者行为产生最基础的理论,为后续的消费者行为研究奠定基础。

2.4.2　计划行为理论

由于个人行为并非在完全自主意愿的情况下实施的,而是在各种外界和内部因素的控制之中表现出来的,理性行为理论对不完全有个人意志所能控制的行为无法做出更好的解释,为了改善原有的理论,(Icek Ajzen,1985)对理性行为理论加以了延伸,提出了计划行为理论(Theory of Planned Behavior,简称TPB)。在影响行为意愿的因素中加入了知觉行为控制,知觉行为控制表示个人在采取行为时,对于所需要的机会与资源的控制能力,或者反映出其所感受到外部或内部对行为的限制。当个人感觉自身拥有的资源及机会越多,则其预期的阻力就越小,对行为的控制也就越强(李丹,2013)。

计划行为理论模型在理性行为理论模型架构的基础上加入知觉行为控制变量,作为个人对于特定情况下的事件执行所感受到的难易程度,它不仅能够对行为意向产生直接影响,同时它在一定程度上反映了实际控制条件的状况,因而能够间接预测个体最终的实际行动(段文婷 & 江光荣,2008)。整体模型构架如图16所示:

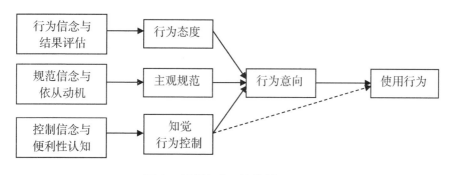

图16　计划行为理论模型(TPB)

(1)知觉行为控制。即个人预期在采取某一特定的行为时自己所感受到可以控制(或掌握)的程度,常反映个人过去的经验或二手信息或预期的阻碍。基本上,知觉行为控制是包括了内在控制因素,如个人的缺点、技术、能力或情绪等,以及外在控制因素,如信息、机会、对他人的依赖性或阻碍等(Notani,1998)。而其影响的方式有两种,一是对行为意向具有动机上的含义;二是能直接预测行为。因此,可能促进或阻碍行为表现的因素是个人能力主观评估和这些因素重要性考虑的便利性认知的积和(王静,杨屹,傅灵菲 & 顾沈兵,2011;张锦 & 郑全全,2012)。控制信念是指个体主观认为自己目前的能力或资源会促进或阻碍其从事该行为的信念。便利性认知是指个体主观认为影响其对技术使用的支持种类和程度会促进或阻碍其从事该行为的认知,便利性的概念与外在控制的因素概念十分相似(Bagozzi & Kimmel,1995),呈如下函数式所示:

$$PBC \propto \sum_{i=1}^{n_i} cb_i cf_i \qquad (2.3)$$

其中, PBC ＝ 知觉行为控制

cb_i ＝ 控制信念

cf_i ＝ 便利性认知

n_k ＝ 控制信念个数

(2)使用行为。是指个人实际采取行动的行为。任何能够干扰行为的因素均是通过行为意愿倾向来间接作用于行为的实施。但又存在某些原因对行为意愿倾向产生作用,一是因为个人自身的行为态度,是指针对该项行为的持有的决策倾向;二是因为外部的主观规范,即对个人实施一些行为的压力和制约;三是因为知觉行为控制,也就是人依据经验和估测对行为实施的判断控制(王静 et al.,2011)。

在计划行为理论中,知觉行为控制是真实存在的,能够在一定范围内帮助理解个体改变自身行为的模式,但由于现实生活中对于真实行为控制评估很难实现,并且该理论框架在各行业实际应用时仍旧相对模糊,并不能够很好地展现出清晰可操作的研究流程与方式。因此,模型中的认知行为控制代替真实的行为控制,从而导致了该模型存在一定的局限性。总体而言,计划行为理论为个体行为的研究提供了框架和思路,在不同的领域得到广泛的应用,尤其在信息技术的研究领域具有较强实用性。

2.4.3　电子商务下消费者理性与计划行为的应用

理性与计划行为理论为研究繁杂的电子商务消费者个体行为提供了一个解

释性比较强的理论模型。国内外的学者发现行为态度、主观规范、知觉行为控制等变量可以很好地预测行为意向,以致可以大部分地解释消费者的使用行为。

(Limayem & Khalifa,2000)在计划行为理论的基础上,提出了一个解释不同因素对电子商务消费者网络购物行为意向和使用行为的模型,该模型对消费者经验进行纵向研究与调查,从消费者中收集的数据分析研究主观规范,行为态度和信念,讨论了消费者网上购物理论与实践的影响效果。

(Ramayah & Aafaqi,2005)采用理性行为理论,在某家公立高等院校的工商管理硕士课程学生中预测电子商务网站上经营状况,在学生中使用方便的抽样技术和结构化的问卷调查。研究结果表明理性行为理论是一种有效的消费者网上购物意向预测模型,消费者的行为态度和主观规范都正向影响行为意向。

(Hansen,2008)以分层的价值观和行为态度的方法,实证检验了电子商务下消费者个人价值观、行为态度、主观规范、知觉行为控制和网上购买意愿,数据收集来自瑞典的消费者在线问卷调查,研究电子商务下消费者个人的价值观对网上购买的行为态度的影响作用。

(Liu,2015)采用理性与计划行为理论和技术接受模型,以风险感知、成本感知、外部影响、社会影响、创新、亲和力、兼容性等对大学生的电子商务移动智能手机购物意图影响建立了模型,并用主观规范作为中介变量,对该理论模型和假设进行了检验,根据研究表明感知有用性、感知易用性、社会影响、主观规范、创新和兼容性将正向影响大学生移动购物的意愿,而感知成本会负向影响购物的意愿。

(尹世久,吴林海 & 杜丽丽,2008)利用山东省济南、青岛、淄博、日照等城市样本数据,通过计划行为理论,构建了网上购物意愿的 Logit 模型,并对样本数据进行 Logit 回归处理,研究了影响电子商务消费者网上购物意愿的主要因素和影响程度。

(陈彦如,杨进广 & 蒋阳升,2014)以计划行为理论、风险感知理论及前景理论为基础,构建经验、风险感知、风险倾向、行为态度、知觉行为控制、主观规范等变量与食品电子商务网购行为意愿关系的理论模型,用该模型分析食品网购调查数据,研究消费者在食品电子商务网络购物行为意愿。

(陶安 & 覃艳华,2014)尝试运用消费者价值理论和消费者理性行为理论,探讨智能手机用户在移动商务环境下对逆向 O2O 商业模式的使用意愿。运用结构方程模型进行研究假设的验证,实证分析消费者价值与性别对使用行为态度的影响效果。

（李欣颖，徐恺英 & 崔伟，2015）以计划行为理论为基础，研究移动商务环境下 O2O 商业模式消费者计划行为的影响因素，并构建概念模型以拓展计划行为理论在新领域的应用，为移动商务环境下开展 O2O 应用起到指导及推进作用。

通过回顾国内外相关研究，理性与计划行为理论对电子商务消费者行为购买意向方面的解释效果显著。此外，在计划行为理论的基础上，尝试着加入其他的消费者行为理论模型的变量可增加 O2O 商业模式消费者接受行为的解释力。

2.5　消费者技术接受行为

2.5.1　技术接受模型

接受行为，简单地说就是个体对于某项服务或产品在意愿的作用下的获取、采纳与接收的行为（Davis，1989）。随着信息科技技术的发达，企业为了提升营销的效果与效率，纷纷引进新的技术。从信息技术导入之观点来看，要让新的技术在营销中完全发挥其预期之效益，先决条件之一便是要让消费者接受，并乐于使用该技术，只有当消费者对该技术先产生接受的意愿后，该技术才有可能将其力量发挥至最大。由于本文的宗旨和目标是深入剖析 O2O 商业模式下消费者接受行为与决策博弈研究，在这样的前提下追根溯源，以技术接受模型作为本文的切入点和出发点，对消费者接受行为产生影响的具体关键因素进行阐释、调研和具体的分析。

虽然理性行为理论经常用于个人行为的研究，但现今许多学者认为理性行为理论在研究信息技术的行为层面有所不足，（Davis，1989）根据理性行为理论发展了技术接受模型（Technology Acceptance Model，简称 TAM），用来解释使用者采用一个新信息技术的意向，并且应用在信息系统的相关研究领域上，之后技术接受模型被广泛地接受并使用，技术接受模式之所以能够广泛使用的原因是该模型有非常坚固的心理学理论根基作为后盾，并在过去许多研究支持中，技术接受模式不论在时间、人员或是技术上都是很稳定的模型，还能为建立成功的信息系统做指导方案（Liao，Palvia & Chen，2009）。因此，技术接受模型对新的信息科技技术最具预测力与解释力。

在技术接受模型中假设信息技术使用行为是受到了个人行为意向影响，而行为意向又受到了行为态度影响。行为态度和行为意向是两个内在心理的因素去直接影响使用行为。此外行为态度又会受到有用感知和易用感知的影响,有用感知是指个人对于使用信息技术所花费努力的程度,易用感知是指个人在使用特定信息技术提高工作的表现的主观认定,有用感知取决于易用感知和外在变量,易用感知最终取决于外在变量(Davis,1989;孙元,2010)。外在变量主要涉及信息系统的规划、用户(包含感知和其他个性方面)、内容等优点,以及研发或实施的基础、规范干扰、组织构成等方面,使该模型中包含的内在想法、态度、倾向和每个人之间的区别、环境条件、可控的干扰因素之间形成某种关联(徐亮,2015)。易用感知性会直接影响行为态度和有用感知,此外有用感知对行为意图有影响是建立在行为意向会受到增加工作效能的期许上,这点是跟行为态度无关的(刘洪国,2015)。整体模型构架如图17所示:

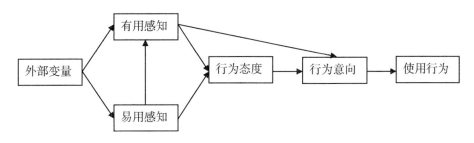

图17　技术接受行为模型(TAM)

Davis等学者通过纵向研究检验了最初的技术接受模型并且发现数据部分支持模型。对自愿背景下收集的数据进行事后分析后,他们建议对最初的技术接受模型进行修改,修改后的模型基于有用感知、易用感知和行为意向能够更强大地预测和解释个人的使用行为。而在信息技术使用这个背景下删除了原始模型中的行为态度,因为行为态度并不能使有用感知在对使用意向的影响过程中起完全中介作用,只起了部分中介作用,而且有用感知和行为态度之间的直接关系也很弱,但有用感知和使用意向之间有很强的直接关系,同时还有出于简化模型的考虑(孙元,2010)。

技术接受模型为学者研究个人接受新技术的行为提供了基本的标准和逻辑框架结构,指明了主要的影响因素与决定模式,因此该模型被广泛地应用于各领域的新技术尤其是信息技术方面,并获得学术界的认可(刘文雯,高平 & 徐博艺,2005)。然而技术接受模型由于并未过多关注特定任务,以致缺少针对外在变量更加细致的描述,造成模型使用过于广泛,造成了新技术的认知范围与特定组织情形下新技术的认知范围之间容易发生重叠,并且未过多考虑个人的主观意念和准则对使用意向的影响(Dishaw & Strong,1999)。

2.5.2　扩展技术接受模型

基于技术接受模型的不足,(Venkatesh & Davis,2000)在此基础上补充修订了技术接受模型,加入了主要的社会影响因素(主观规范、经验、自愿性)和个人认知性因素(工作相关、公众形象、输出质量、结果可示范性),以谋求更加准确地阐释个人接受行为,修补并提升原有技术接受模型的适应性,因而也被称为扩展的技术接受模型(Extension of Technology Acceptance Model,简称TAM2)

扩展技术接受模型细化了原先模型中的外在变量,认为个人的有用感知和使用意愿受到个人的主观规范、公众形象、工作相关、产出质量和结果可示范性的影响,同时加入经验与自愿性程度两个调节变量,信息技术接触后的经验增加会削弱主观规范对有用感知和行为意愿的影响程度,使用行为由使用意愿所决定。其中主观规范主要指社会整体观念下个人采用某项新技术后可能受到的社会压力;公众形象则指个人在使用新技术后可能带来的社会公众形象提升或降低程度;工作相关则意味个人使用新技术与他所从事的工作是否存在一定关联性,是否能够很快适应其原有工作内容并达到匹配;产出质量指个人接受新技术带来的效率;结果可示范性是指新技术应用后所产生的结果足可查可见,易于评估观测(张炜一,2013)。整体模型构架如图18所示:

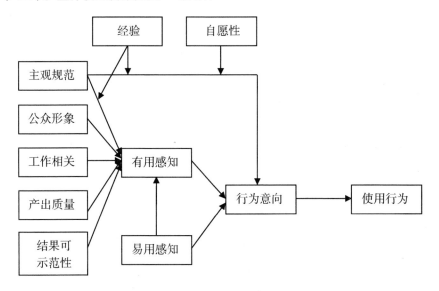

图18　扩展技术接受行为模型(TAM2)

扩展技术接受行为模型虽然进一步完善并改进原有理论模型,但是仍未考虑个人的内在动机,过于强调外在动机对于新技术被接受使用的影响,Venkatesh 和 Davis 等人对扩展技术接受进行验证测试时样本量较小,且由于采用了纵贯研究方法,受测者可能通过经验的不断积累使得最终结果产生偏离,不能够真实反映测试结果数据(高芙蓉 & 高雪莲,2011)。

2.5.3 进一步扩展技术接受模型

为了更进一步准确地描述技术接受模型中感知易用性的影响因素,(Venkatesh & Bala,2008)重新提出了新一代的技术接受模型即进一步扩展技术接受模型(Technology Acceptance Model 3 简称 TAM3),该模型能够同时分析个人的易用感知和有用感知。

Venkatesh 和 Bala 针对个人易用感知的影响因素,提出了锚地(系统自我效能感、系统焦虑感、系统娱乐性、感知外部控制感)与调整(感知愉悦性、客观可能性)两大主要决定因素。自我效能感指个人能够在多大程度上高效的使用;感知外部控制感指外在因素对于个人使用信息技术的支持程度;系统焦虑感指个人在使用时可能存在惧怕或者焦虑的程度;系统娱乐性指在使用过程中个人能够感觉到的乐趣与快乐;感知愉悦性指个人通过使用新技术后给自身带来愉悦感的程度;客观可能性指对比不使用该项技术所耗费的成本比使用后所带来的增减效度。易用感知决定因素包括系统自我效能感、系统焦虑感、系统娱乐性、感知外部控制感、感知愉悦性和客观可能性,前四项属于个人差异,后两项属于系统特征(张炜一,2013)。这些因素对易用感知的影响表现为在个人接受和使用信息技术的过程中,系统自我效能感、外部控制感、系统焦虑感和系统娱乐性是感知易用性的重要预测因素,在使用技术的中后期,感知愉悦性和客观可能性的重要性才得到体现,随着使用经验的增加,系统焦虑感对个人易用感知的影响逐渐减弱,易用感知对行为意向的影响表现为只在信息技术使用初期对行为意向有影响,随着使用经验的增加这种影响日趋减弱(高芙蓉 & 高雪莲,2011)。整体模型构架如图 19所示。

TAM3 是对 TAM2 的进一步扩充和延伸,是信息技术接受和使用决定因素的全面网络法则,与其他模型相比,主要优势在于其全面性和潜在的实践价值,在指导用户接受技术的管理实践方面有一定的可操作性(高芙蓉 & 高雪莲,2011)。在看到TAM3 优势的同时,也不可忽视它的局限性,TAM3 的实证测试与 TAM2 研究对象的

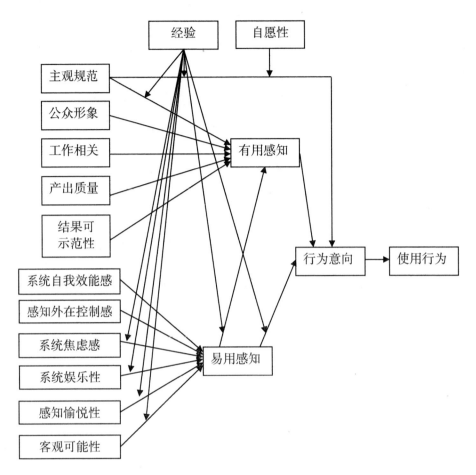

图 19 进一步扩展技术接受行为模型(TAM3)

选择、测量时间的确定、受试者的数量、自我报告测量等完全一致,导致 TAM2 的研究缺陷也同样存在于 TAM3 中;TAM3 过于全面性,确保了所有相关因素都包含在模型中,然而现实中存在有些因素对于理解某些现象价值不大而应被取消。

2.5.4 整合计划行为与技术接受模型

技术接受模型在预测个人使用新技术之行为意向与实际使用行为已获得大量的实证研究支持,但未能将已被许多研究证实对个人使用新技术的实际使用行为有显著影响能力的社会因素与控制因素纳入模式中,而这两个影响因素也正是计划行为中的关键变量。因此,(Taylor & Todd,1995)便整合计划行为理论与技术接受模型,将主观规范与知觉行为控制两个变量加入技术接受模式中,提出了整合计划行为与技术接受模型(Combined TAM and TPB,简称 C – TAM – TPB),并针对学生使用计算器资源中心的行为进行实证研究,发现 C‐TAM‐TPB 对解释个人使用新技术行为有很高的配适度。另外,在将个人依经验不同分组分析后发现,C‐TAM‐TPB 不论是对有经验或是无经验的人而言,都展现出相当良好的配适度。此外,相较于计划行为理论与技术接受模型从单一观点的探讨,C‐TAM‐TPB 可视为是一个整合型模式,涵盖了个人特性与技术属性的综合观点(任维廉,吕堂荣 & 刘柏廷,2009)。

C‐TAM‐TPB 延续技术接受模型大部分的观点,不同处在于 C‐TAM‐TPB 认为个人对技术产品或服务的有用感知会受易用感知的影响,且有用感知会直接影响个人的行为意向。而使用行为意向除了受行为态度影响外,还会受主观规范与知觉行为控制的影响,且知觉行为控制也会直接影响实际的使用行为。整体模型构架如图 20 所示:

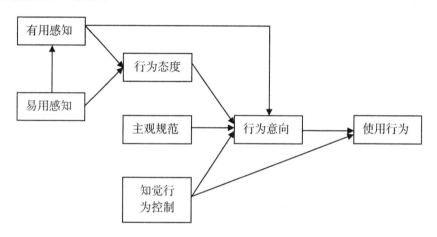

图 20　整合计划行为与技术接受模型(C‐TAM‐TPB)

从 C‐TAM‐TPB 研究的结果表明,模型可以应用到了解经验丰富或没有经验的个人使用行为,但是要注意的是没有经验的个人行为意图和使用行为的决定因素是不同。他们主要集中在有用感知,不重视知觉行为控制因素。这对于信息技术的设计和实施有一定的影响。另外,C‐TAM‐TPB 研究也有一定的局限性。首先,该研究对象是学生,如果转换研究对象,其中的个人主观规范和知觉行为控制可能会有所不同;第二,性别、使用时间等一些控制变量在该研究中没有体现;第三,模型总体有很高的配适度,但有些指标略低于所需的水平;第四,C‐TAM‐TPB 是以学生使用计算器信息资源中心作为研究案例的,它仅仅是研究的一个特定形式。

2.5.5　技术接受与利用整合模型

在技术接受行为研究领域中,发展出了相当多的理论模式,常令研究者面临研究模式挑选与构建上之困难。因此,(Venkatesh,Morris,Davis & Davis,2003)在综合了理性行为理论、计划行为理论、社会认知理论、创新扩散理论、个人计算器使用模型、技术接受模型及扩展模型等相关理论与模型,通过四个组织中用户使用信息技术的纵向数据实证检验了这些理论与模型,研究实证检验的结果并且结合理论分析发现了这些模型的相似之处,发展出一个整合性的模型即技术接受与利用整合模型(Unified Theory of Acceptance and Use of Technology,简称 UTAUT),以帮助在这个领域中未来的研究能够以这个整合模式为基础,找出更多影响个人行为意向的因素,更进一步地提高模式之解释能力与对使用行为的理解。

Venkatesh 等学者在整理了过去主要理论模式并进行比较性的实证研究后,发现各模式对使用行为意向的解释能力在 17% 至 42% 之间,且有部分变量会随着经验的增加而失去解释能力。因此,他们归纳整理出以往研究中具有最强影响能力的四个变量,分别为绩效期望、努力期望、社会影响和便利条件。其中,绩效期望是指个人相信使用信息技术将带来的工作绩效提升程度;努力期望是指个人使用信息技术在主观上认为其难易程度;社会影响是指个人认为其周围环境中的人对其采取行为的支持力度;便利性是指个人认为组织中现存之相关基础设施足以支持其使用新技术的程度(任维廉 et al.,2009)。此外,该模型还引入了性别、年龄、经验和自愿性四个调节变量,调解控制着前述四个主要变量。整体模型构架如图 21 所示:

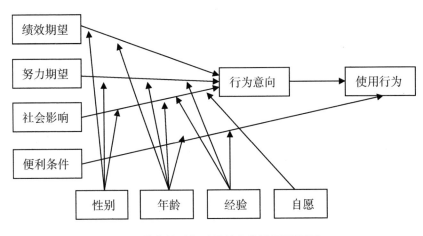

图 21　技术接受与利用整合模型(UTAUT)

技术接受与利用整合模型经过多行业多技术的样本验证,能够较好地解释个人使用新技术70%的方差解释效果,比以往的理论模型有更好的适用性(孙元,2010)。因此该模型已经相对完善,它很好地解决研究者面对不同领域时个人对新技术接受行为的研究问题,为研究者们分析此类情况的个人接受度提供了相对有效的框架。同样,技术接受与利用整合模型也有一定的局限性。首先,缺乏对"组织人"角色的重视。有学者认为,应该把信息技术系统用户分为两类不同的人:"自由人"和"组织人"。"自由人"是指处于个人环境下,主要由个人态度和行为意向决定其个人信息技术系统决策行为的用户;"组织人"是指处于组织环境下,主要由组织规则的强制性决定其个人信息技术系统决策行为的用户(何钦,2011)。这两类用户由于其外在行为的归因不同,从而造成其个人决策行为在对环境和路径的依赖性以及可控制性、可预测性上有很大的不同。现今以技术接受与利用整合模型对个人接受采纳信息技术的研究中,大多基于"自由人"的角度考虑,在如移动通信、电子商务技术等的接受采纳研究中,对"组织人"这样的接受采纳信息技术的研究比较少,缺乏对研究对象的差异重视。其次,目前的研究表明基于技术接受与利用整合模型的研究可以解释影响企业中员工接受采纳信息技术的行为,而且针对不同的研究对象,该模型影响因素并不一定都起作用。由于研究对象自身的特性差异,各个影响因素的作用会因研究对象的不同而不同(何钦,2011)。

2.5.6 任务技术匹配模型

企业对信息技术的投入并不是总能达到预期的效果,越来越多的资金投入到信息技术,但信息技术难以创造商业价值,这就是有名的"信息悖论"(孔学峰,2004)。一些学者从行为科学的角度对"信息悖论"展开了深入的探讨,提出了众多的理论与模型,比如技术接受模型和任务技术匹配模型。任务技术匹配模型(Task—Technology Fit,简称TTF)是一个在信息技术研究中比较有影响力的模型,它被用于解释信息技术对工作任务的支持能力,通过描述认知心理和认知行为来揭示信息技术如何作用于个人的任务绩效,反映了信息技术和任务需求之间存在的逻辑关系(曾雪鹃,2008)。在任务技术匹配模型提出之前,学者们对技术与用户行为之间联系的相关研究方向有两个,即用信息技术的用户倾向来预测使用情况,以及用任务技术匹配来预测用户行为。大多数研究都是集中在前一个研究方向上的,将用户的倾向和认知用于预测信息系统的使用情况,将研究的重点放在了用户使用上面。这存在一个很大的问题,就是没有理论模型基础能够用来支撑使用者的评价。任务技术匹配理论正是在这种背景下产生的。

(Goodhue & Thompson,1995)分析了当时以使用为聚焦的研究和任务技术匹配为聚焦的两大类研究,认为两类研究都在信息技术对绩效的影响上有洞察力,但是各有不足。对于聚焦于使用的研究,有用信息技术使用并非总是自愿的,在这种情况下,使用绩效将会更多地依赖于任务技术匹配而不是使用。此外,更多地使用信息技术并不总是意味着能导致高的绩效,例如使用任务技术不匹配的信息技术有可能会负向影响绩效。对于聚焦于任务技术匹配的研究,由于信息技术只有被使用起来才能发挥效果,光有匹配是不够的。所以两大类研究相互补充,将它们整合起来就会更完善(孙元,2010)。整体模型构架如图22 所示:

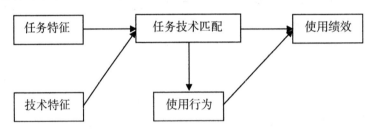

图22　任务技术匹配模型(FFT)

在任务技术匹配模型中,技术是指用户用来执行任务的工具。在信息技术研究中,是指能给用户的任务提供说明的信息系统和用户支持的服务;任务是指用户把输入变成输出所执行的动作,用户是指使用技术来帮助完成任务的个人。这里所谈的任务特征是指能促使用户更多地依赖信息技术某方面的因素,技术特征是指会影响用户是否使用技术以及使用技术的容易程度,任务技术匹配是指技术帮助用户执行一组任务的程度,具体指的是任务需求、个人能力和技术功能之间一致性的程度(孙元,2010)。任务特征和技术特征的确会影响用户评价的任务技术匹配,但只是中等程度的支持,因为具体有些特征成分没有很好地得到支持。任务技术匹配和使用行为同时显著地影响使用绩效,但是任务技术匹配影响使用行为没有被支持,这就证明了技术要产生使用绩效,只有当其被使用并且其所提供的功能要匹配要完成的任务。此外,Goodhue 和 Thompson 认为,聚焦于匹配的模型都有一定的局限性,这些模型没有注意到信息技术的采用必须在该技术对行为产生影响之前。影响使用的因素除了任务和技术的匹配之外,还有用户习惯、常规等其他因素,如果能考虑到这些因素的话,模型会有很大的改善(曾雪鹃,

2.5.7 技术接受模型汇总

技术接受模型是用来解释个人愿意接受技术的意愿,并通过众多模型抽象表现的方式,是由理性与计划行为理论所演化而来的。技术接受模型一般使用的是与个人接受技术相关的变量来解释行为意向和使用行为的关系。自 Davis 在 1989 年发表了 TAM 模型的应用研究之后,许多后续研究纷纷在此模型的基础上加以扩充,使技术接受模型成为管理研究中普遍的一个方向,然而由于不同的研究方向导致产生的研究结论也不一样,因此,有必要结合理性和计划行为理论对技术接受各类模型汇总并进行总结和归纳,对比一下模型之间的特点与应用局限性。技术接受模型按研究时间顺序排列汇总如下表 3 所示:

表 3 技术接受模型汇总表

模型名称	特点	局限性
TRA (Icek Ajzen & Fishbein,1980)	认为个人行为受到外界因素的影响,而这些因素不能直接作用于行为,只能通过人的行为态度和主观规范影响行为意向,进而影响其行为,是间接的影响关系。	认为个人都能理性控制自己的行为,并未过多考虑外界影响因素,实际个人行为并非全都理性思考,往往受制于外部环境的影响。
TPB (Icek Ajzen,1985)	加入知觉行为控制变量,作为个人对于特定情况下的事件执行所感受到的难易程度,它不仅能够对行为意向产生直接影响,同时反映了实际控制条件的状况。	在各行业实际应用时仍旧相对模糊,并不能够很好地展现出清晰可操作的研究流程与方式。
TAM (Davis,1989)	引入了有用感知和易用感知影响个人的行为态度与行为意向,有用感知取决于易用感知和外在变量,易用感知最终取决于外在变量。	并未过多关注特定下的任务,以致缺少针对外在变量更加细致的描述,且未过多考虑个人的主观意念和准则对使用意向的影响。
C－TAM－TPB (Taylor & Todd,1995)	认为个人对技术产品或服务的有用感知会受易用感知的影响,且有用感知会直接影响个人的行为意向。而使用行为意向除了受行为态度影响外,还会受主观规范与知觉行为控制的影响,且知觉行为控制也会直接影响实际的使用行为。	该研究对象是学生,如果转换研究对象,其中的个人主观规范和知觉行为控制可能会有所不同;性别、使用时间等一些控制变量没有在该研究中体现;总体模型有些配适度指标略低于所需的水平;以学生使用计算器信息资源中心作为研究案例的仅仅是研究的一个特定形式。

模型名称	特点	局限性
FFT （Goodhue & Thompson,1995）	用于解释信息技术对工作任务的支持能力,通过描述认知心理和认知行为来揭示信息技术如何作用于个人的任务绩效,反映了信息技术和任务需求之间存在的逻辑关系。	没有注意到信息技术的采用必须在该技术对行为产生影响之前。影响使用的因素除了任务和技术的匹配之外,还有用户习惯、常规等其他因素。
TAM2 （Venkatesh & Davis,2000）	加入了主要的社会影响因素和个人认知性因素,以谋求更加准确地阐释个人接受行为,修补并提升原有技术接受模型的适应性。	未考虑个人内在动机,过于强调外在动机对于新技术被接受使用的影响,且测试样本量较小,受测者可能通过经验的不断积累使得最终结果产生偏离。
UTAUT （Venkatesh et al. , 2003）	综合了多项理论和模型实证检验,能够较好地解释个人使用新技术70%的方差解释效果,比以往的理论模型有更好的适用性。	大多基于"自由人"的角度考虑,对"组织人"这样的接受采纳信息技术的研究比较少,缺乏对研究对象的差异重视;且针对不同的研究对象,该模型影响因素并不一定都起作用,由于研究对象自身的特性差异,各个影响因素的作用会因研究对象的不同而不同。
TAM3 （Venkatesh & Bala,2008）	提出了锚地与调整两大主要决定因素,优势在于其全面性和潜在的实践价值,是信息技术接受和使用决定因素的全面网络法则。	与 TAM2 研究部分情况相似,导致研究缺陷也同样存在,且过于全面确保所有因素包含在模型内,然而现实中存在有些因素对于理解某些现象价值不大而应被取消

2.5.8　电子商务下消费者技术接受行为模型的应用

技术接受模型经过几十年的发展与实证研究,对新技术的个人用户接受行为已经有了十分可观的分辨率。众多国内外学者以及企业管理人员通过技术接受模型分析各类电子商务信息技术的消费者的接受行为,具体应用如下:

（J. H. Wu & Wang,2005）通过创新扩散理论、风险感知和技术成本整合到技术接受模型,提出了移动电子商务消费者扩展技术接受模型,调查收集移动电子消费者数据提出的模型并进行实证检验,使用了结构方程建模技术来评估模型,并进行验证性因素分析来检验测量模型的可靠性和有效性。研究结果表明,除了易用感知变量显著影响的消费者行为意图,行为意向也对风险感知显著影响。

(Chooprayoon,Fung,& Depickere,2007)在获取了有关泰国中小企业使用电子商务技术数据之后,应用技术接受模型针对泰国现状开发泰国电子商务技术接受模型(TECTAM),以此作为一种研究工具和模型研究了泰国的中小企业部门之间的电子商务验收。这项研究主要是将技术接受模型中消费者的有用感知和易用感知应用到泰国中小企业电子商务营销经营当中。

(Zheng,2012)提出一个模型来专门揭示电子商务在线推荐系统验收功能的影响因素,该研究是以技术接受模型与市场营销理论为基础,结合形成新的模型。通过调查问卷的方式,收集的一手数据,然后采用结构方程建模的方法,定量分析数据。其结果体现了消费者的信任,对在线推荐系统起了核心作用。同时,该研究找出一种机制促使消费者不断使用在线推荐系统。

(Hajiha,Shahriari & Vakilian,2014)探讨了消费者的感知价值和网络信任对网店购物的行为意向的影响,通过技术接受模型测试模型变量之间的关系,对伊斯兰阿萨德大学的毕业生(在学习期间至少有一次网店购物的学生)发放160份问卷进行调查。结果表明易用感知、有用感知和感知价值对消费者在网上购物的态度和信任产生了积极影响。此外,消费者的态度和信任对他们的倾向也有积极影响。

(Jang & Lee,2014)尝试从技术接受模型来研究消费者对移动电子商务品牌应用程序 App 的使用意向,通过引入个人经验、效益、创新倾向和自定义功能等变量到技术接受模型,研究发现个人功利效益和品牌应用的定制化功能对品牌应用程序的有用感知有显著影响;此外,创新倾向和品牌应用的娱乐感知对易用感知有显著影响;最后,消费者用户对品牌应用程序的行为态度对使用该品牌应用程序有显著的影响。

(Fayad & Paper,2015)尝试采用技术接受模型在电子商务领域进行应用扩展。在原有模型的基础上增加四个预测变量进行扩展。这四个预测变量分别为采购、接入号码、获得总时间和平均访问时间,模型预测效果显著。此外,扩展的技术接受模型不仅仅是测量的行为的意图,而且通过测量实际的使用行为,作为在先前的应用研究实际行为的替代品进行扩展。扩展的技术接受模型预计将在电子商务环境比原有模型具有更好的解释和适用性。

(T. J. Wu,Zhao,& Tzeng,2015)从消费者的心理行为和餐饮业特点出发,研究大学生消费群体的消费行为,使用技术接受模型,寻找消费者使用行为态度的影响因素进行了实证分析,研究结论提出了商家利用餐饮业 O2O 商业模式的订餐和配送业务的使用行为态度,以更好地把握年轻消费群体,为提高努力期望、绩效期望和降低感知风险和感知成本提出对策和建议,实现消费者和商家双赢的局面。

(吴亚馨,朱素玥 & 方文昌,2008)结合台湾电子商务购物网站特性,提出信任理论与技术接受模型的整合模型;其次,检测消费者对购物网站的信任前因;最后,探讨购物网站如何提高消费者之使用意愿。此研究以 321 位大专生为研究对象,采用问卷调查方法,并以结构方程模型进行分析。研究结果显示网站购物消费者对网站系统的使用会受到对购物网站信任的影响,且增加与消费者的沟通,可以提高消费者对其的信任程度,以及消费者对购物网站的易用感知与有用感知的评估,并进一步提升对该网站的使用意愿。

(刘聪仁 & 林孟正,2011)以台湾某电子商务餐券销售网点为研究目标,结合技术接受模式与信息系统持续使用模型的架构,探讨及分析该网站使用顾客的接受行为中,使用确认、知觉、满意度和持续使用意图之间的因果关系,研究结论可作为未来餐饮业发展电子商务模式的参考。

(彭思舟,许立群 & 黄永进,2012)以两个相关的理论典范(理性行为理论及技术接受模型)作为基础,从经验观点(易用感知与有用感知)切入,调查顾客于在线 B2C 商业模式中购买行为的前因与后果变量,研究对象为近六个月内曾经进行电子商务网站购物的 413 位消费者。此研究采用结构方程模型进行检验,其模型配适度良好,并且结果发现 9 条假设全数获得支持。同时,此研究发现对网站信任扮演重要影响角色,除了会直接影响购物者满意度与购买意向,其中亦扮演重要的调节角色;此外,自我效能更是调节顾客购买意向与行为间的重要因素。最后,提出结论与实务管理上意涵。

(王燕茹,梅佳,迟藤,卓银凤 & 马光耀,2014)从年轻消费群体的消费心理、行为以及团购自身的特点出发,利用风险感知与技术接受模型对 O2O 团购行为态度的影响因素进行实证分析,得出研究结论,并提出商家如何利用 O2O 商业模式更好地把握年轻消费群体的使用行为态度,提升他们的努力期望、绩效期望和感知优惠,降低其风险感知和成本感知的对策和建议。

(李普聪 & 钟元生,2014)基于任务技术适配模型、技术接受模型、创新扩散理论,构建了移动 O2O 商务线下商家采纳模型,研究影响线下商家采纳行为的关键因素,并以出租车司机对手机打车的 App 采纳为例进行实证分析。研究表明,任务技术适配度、有用感知、可试用性、可观察性、兼容性及风险感知等对线下商家采纳行为有显著影响,易用感知、成本感知对线下商家的使用意向无直接影响,但易用感知通过有用感知对其产生间接作用。结合实证结果的分析,提出了针对移动 O2O 应用开发和推广使用的一些建议。

(罗长利 & 朱小栋,2015)基于技术接受模型、计划行为理论,整合风险感知理论,对电子商务第三方支付余额宝使用意愿影响因素进行研究,构建了用户余额宝使用意向影响因素模型,并进行实证分析。结果表明易用感知、有用感知、感知收益、主观规范和知觉行为控制正向影响用户对余额宝的使用行为意向,安全风险、经济风险和时间风险对用户的使用行为意向有显著的负面影响,社会风险和心理风险对使用意愿没有显著的影响。

(陈有利 & 杨秀刚,2015)基于技术接受模型提出消费者选择 O2O 商业模式消费行为意向模型。通过问卷调查,利用数理统计分析,针对中国消费者的行为态度和消费意向进行研究。研究结果显示:消费者网购经验与有用感知和易用感知有负向影响;消费者有用感知和易用感知对行为态度有正向显著影响;消费者有用感知对其消费意向有正向显著影响;消费者行为态度对其消费意向有正向显著影响。

(董进全 & 张玉,2015)通过对 O2O 商业模式的分析和研究,在技术接受模型研究的基础上参考现有 O2O 平台的技术接受模型,提炼出 O2O 平台消费者接受的关键影响因素并探索出各因素之间的相互关系,搭建出电子商务 O2O 商业模式消费者接受模型,通过问卷的设计与发放,获得数据进行结构方程分析,基于数据分析的结果,对 O2O 商业模式的发展提出一些可行性的建议。

(乔艳 & 陇小渝,2016)以技术接受模型为基础,结合时代发展所产生的独立于个人而存在的社会影响因素,对移动 O2O 电子商务消费者接受影响因素进行了分析研究,找出其重点因素。首先在计划行为理论中梳理出其存在的社会维度,进一步整理出技术接受模型;其次,以唯物辩证法的"内因——外因论"为方法,对技术接受模型存在的缺陷进行了改进;最后,将改进模型用于消费者接受影响因素分析,找出其中适合移动 O2O 电子商务的重要因素。

2.6　消费者感知风险

2.6.1　感知风险的概述

感知风险的最初概念是由哈佛大学的 Bauer 于 1960 年从心理学延伸出来的。(Bauer,1960)认为消费者的所有行为都会产生其自身无法准确预见的后果,而且其中部分后果很可能是令人不愉快的,感知风险主要包括决策结果的不确定性和错误决策后果的严重性两个因素,因此,消费者的行为涉及风险。感知风险是用来解释消费者的购买行为的,主要是把消费者行为视为一种风险承担行为,因为消费者在考虑购买时并不能确定产品的使用结果,故实际上消费者承担了某种风险,这是感知风险的最初含义(于丹,董大海,金玉芳 & 李广辉,2006)。

(Cox,1967)继 Bauer 的研究之后,将感知风险的概念予以具体化的说明。他认为感知风险理论研究的基本假设在于消费者的行为是目标导向的,在每一次购买时,都有一组购买目标,当消费者主观上不能确定是何种消费最能配合或满足目标时,就产生了感知风险。或者是在购买行为发生后,结果不能达到预期目标,因而可能产生不利后果,产生感知风险。他进一步将感知风险定义成两个因素:第一是消费者在购买之前,所感知到购买后产生不利后果的可能性,即消费者在事前所承受的风险程度;第二是当购买的结果不利时,消费者个人主观上所感知损失的大小。感知风险的定义被概念化为两个因素或多因素构成维度的概念。感知风险的两个因素分别是"机会方面"——即损失出现的机会,与"危险方面"—— 即强调负向结果出现的严重性。基于这样的构成,学者给出了一个具体的、可操作的关系公式。他们以不确定性与结果损失的乘积来衡量感知风险,在测量上使用顺序尺度,以直接的方式询问受访者关于危险和不确定性的感受,再将二者相乘,得出感知风险值。此外,更多的感知风险研究关注于感知风险的构成类型(于丹 et al.,2006)。据此,(Peter & Tarpey,1975)给出了一个在品牌水平测量感知风险的函数式模型,呈如下所示:

$$OPJ \propto \sum_{i=1}^{n_j} pl_i il_i \tag{2.4}$$

其中,OPJ = 感知风险

pl_i = 购买损失的可能性

il_i　＝ 购买损失的严重性

n_j　＝ 风险的个数

2.6.2　感知风险的维度

（Bauer,1960）在提出感知风险概念的时候,并没有提出感知风险包含哪些内容,或者哪些类型。（Cox,1967）提出消费者对其购买行为可能产生的感知风险与财务或者社会心理两个风险层面有关。（Woodside,1968）主张消费者的感知风险包括社会风险、功能风险与经济风险。（Roselius,1971）提出消费者在发生消费行为时可能蒙受时间损失、危害损失、自我损失、经济损失四种损失。（Cunningham,1967）认为消费者感知到的风险可能包括社会后果、资金损失、物理损伤、时间损失和产品性能等问题。（Jacoby & Kaplan,1972）将感知风险划分为五种:财务、功能、身体、心理和社会风险。（Peter & Tarpey,1975）又提出了一个时间风险。之后众多学者研究了感知风险包含的维度。到目前为止,许多对感知风险的研究采用的都是财务风险、功能风险、时间风险、身体风险、社会风险和心理风险这六个维度。

（Stone & Gronhaug,1993）概括以上六个维度的感知风险,并证明其能解释88.8%的总体的感知风险。此外,他们通过研究发现六个维度不是完全独立的,心理风险和财务风险可直接对总体风险产生影响,心理风险还可以调节其他维度对感知到的总体风险的影响。（朱丽叶,潘明霞 & 卢泰宏,2007）认为不同的社会背景下消费者感知风险的内涵以及对风险的感知会有所不同,他们通过实证研究证实了六大感知风险维度的解释力达到73%,与国外对于该领域的研究基本保持一致。上述研究学者对感知风险的维度划分虽然存在一定的差异性,但总体上保持了内涵的一致。而且,众多实证研究也表明财务、功能、身体、心理、社会和时间风险,能够基本涵盖其他学者对于感知风险的解释,可以较全面地衡量消费者对风险的感知（李丹,2013）。

2.6.2　电子商务环境下消费者感知风险的产生

电子商务市场,较之传统购物来说,其优势主要凸显在获取市场信息的便利性、沟通的快捷性以及管理成本的低廉性。当网购时会发现具有多样的方法来获取市场信息,而且成本也较低,进而降低了交易总成本。但是,在进行商务活动时所需求的高市场效率,与电子商务市场的高信息效率,所说的是两个完全不同的概念。对比传统市场,由于电子商务存在虚拟的交易个体、缺乏完全感知性的交易对象以及缺乏同步的交易程序,造成信息不对称的现象更为泛滥。对比传统购物和网络购物,两者有如下差异:前者具有确切的交易主体,而后者的交易主体却是虚拟的;前者可以通过"口尝、鼻闻、耳听、手摸、眼观"等一系列的方法来削减其不确定性,而后者对产品信息的全面性及真假与否缺乏判断的依据,没有相应的实体感知,加剧了购物的不确定性;前者的钱物交易是同步进行的,而后者存在线上付款,然后再经过一定时间的线下配送才能见到实物的产品与资金之间的距离,增添了购物的不确定感知(徐亮,2015)。由于购物者在进行网络购物的时候,缺乏相对全面的产品信息,就造成了信息不对称性的进一步加剧,这就给消费者带来了更大的风险和不确定性。感知风险的形成不是依赖于外界的刺激,而是在其进行网络购物时,作用于其感官的客观风险,然后经过一系列复杂的心理作用,才会形成一定的感知风险。结合自身能够承受风险的能力,网络购物者就会采取相应的措施。

(Jarvenpaa & Todd,1996)在对网上购物感知风险的研究当中指出除了传统消费行为感知风险中的经济、社会、功能等方面以外,还将隐私风险纳入网络环境下消费者感知风险研究中,区别于传统模式的感知风险。隐私风险指的是互联网商家通过不合理手段收集或使用消费者隐私信息的概率。

(Featherman & Pavlou,2003)经过大量实例研究发现,感知风险在电子商务活动中存在如下 6 个维度:经济风险、社会风险、隐私风险、时间风险、功能风险以及心理风险,并根据这些维度对消费者接受电子商务的程度进行了相应的研究。

(董大海,李广辉 & 杨毅,2005)对感知风险已有研究进行回顾与总结,然后利用焦点小组与深度访谈技术对消费者网上购物感知风险进行了定性探查,从而形成网络环境下消费者感知风险构成的初始要素,最后通过网络调研搜集数据,并使用因素分析等统计技术得出了消费者网上购物感知风险的 4 个维度:网络零售商核心服务风险、网络购物伴随风险、个人隐私风险和假货风险。

(许博,邵兵家 & 杨海峰,2010)通过基于 Web 的实验系统模拟在线 C2C 市场交易过程,对网上消费者感知风险进行了研究。结果表明,买方在交易中的感知风险受到净收益、产品价格和种类、卖家的线上声誉和买方的风险态度以及受骗经历的影响。该结果对网上市场商业战略的制定具有指导意义。

(刘莹,2013)针对本地服务类电子商务团购进行研究,首先以文献研究为基础,归纳出服务类电子商务团购的感知风险影响因素,然后进行访谈和问卷调查,运用因素分析法对原有的因素进行分析,最终得出了服务类电子商务团购感知风险影响因素的 4 个维度:时间风险、合作服务商服务质量风险、财务风险和网站服务质量风险。

(王国才,2014)以在校大学生为例对旅游电子商务感知风险进行研究,通过因素分析得出主要的影响因素,并将大学生个人特征与主要影响因素进行相关分析,研究发现大学生的个人特征与感知风险主要影响因素存在着不同方向的显著影响,进而提出帮助大学生消费者降低或减少旅游电子商务感知风险的建议。

(李爱雄 & 江文,2016)通过对农产品电子商务环境下消费者购买意愿的实证研究发现:信任对消费者的购买意愿存在非常显著的正向作用,同时感知风险在信任与购买意愿的关系中起着一定的中介作用。根据研究结论对电子商务企业提出以下建议:企业应该采取各种措施提高消费者对企业的信任度,尤其是消费者对企业的正直信任;同时企业在主动为消费者提供各种服务时必须把握好度,避免被消费者误解,从而增加其感知风险。

2.7 消费者行为决策

2.7.1 消费者行为决策概述

消费者行为决策是指消费者谨慎地评价某一产品、品牌或服务的属性,并进行理性的选择,即用最小的成本购买能满足某一特定需要的产品的过程,具有理性化、功能化的双重内涵(Hawkins et al. ,2013)。通常,消费者都以此方式做出决策,但也有部分消费者在做购买行为决策时并未做出多少有意识的选择。一般消费者行为决策是为了满足某种需求,在若干个可供选择的购买方案中,经过分析、评价、选择来实施最佳的购买方案,以及购买后评价的活动过程。由于消费者所要购买商品的种类、价格、个人的能力以及经济条件等因素不同,消费者的购买行为决策存在简单或复杂的过程。总体的消费者行为决策过程可以分为 5 个阶段:问题认知、信息搜集、评价选择、消费购买、购后行为(肖立,2011)。如图 23 所示:

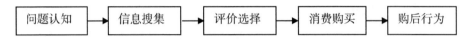

图23 消费者购买行为决策过程

消费者行为决策过程是公司企业和营销管理人员用来帮助规范产品组合、交流沟通以及销售策略的消费者逻辑思维框架。这一框架以图的形式勾勒出消费者购买决策过程中所发生的一系列行为,同时展示如何通过内外部各种不同因素的相互作用来影响消费者的想法、评估以及行动(J. Engel, Blackwell & Miniard, 2005)。因此,购买过程是在开始购买前就开始了,并且购买后还要延续很长时间,购买行为决策关注的是整个购买过程,而不是只注重购买决定。

消费者行为决策的内涵包括要购买哪种产品或服务的品牌、要购买多少数量、要在何处购买,以及何时购买等相关的购买决策,尽管决策的内容可能极为相似,但是在不同的购买决策类型下,实际进行的方式可能存在很大的差异,因此必须先了解一下消费者行为决策的类型。消费者行为决策可以分为三种:名义型决策、扩展型决策、有限型决策。通常都是用消费者的涉入程度、决策制定的时间长短、产品或服务的成本、信息搜集的程度以及所思考替代方案的数量等因素来描述这三种决策类型的不同(林建煌,2011)。类型如下所示:

(1)名义型决策

名义型决策有时也称例行决策或习惯性决策,消费者涉入程度很低,制定决策所花费的时间很短,所购买的往往是属于经常性与低成本的产品和服务,在信息搜集上通常只愿投入很少的精力,另外所思考的替代方案的数量也很有限。实际上就消费者本身而言,并未涉及多少决策,消费者在问题被认知后,经内部搜索(长期记忆),浮现一个偏爱的品牌,该品牌随之被选择和购买,只有当被选产品未能像预期那样发挥功能时,购买评价才会产生(程书强,2006)。

(2)扩展型决策

扩展型决策是包括大量的内部信息和广泛的外部信息搜集,对多种备选方案的复杂评价。扩展型决策较常出现在消费者购买不熟悉、昂贵、稀少或不常购买的产品或服务时,在此决策方式下,消费者涉入的程度很高,制定决策所花的时间很长,在信息搜集上会投入大量的精力,所考虑的替代方案数量也很多。因此,消费者在购买之后,很容易对购买决策的正确性产生怀疑,从而引发对购买的全面评价(陈江涛,2005;林建煌,2011)。

（3）有限型决策

有限型决策包括内部信息搜集或有限的外部信息搜集,存在很少的备选方案,基于较少属性的简单决策规则和很少的购后评价,是介于名义型决策和扩展型决策之间的一种决策类型。其消费者的涉入程度、决策制定的时间长短、产品或服务的成本、信息搜集的程度以及思考替代方案的数量上通常表现出中等的程度。从最为简单的情形来看与名义型的决策相似,有时也会因情感性需要或环境性需要而产生。如消费者决定换一种新产品或品牌,并不是对目前使用的产品或品牌不满,而是因为对它们产生了厌倦感,这种决策可能只涉及对现有备选品的新奇或新颖程度的评价,而不涉及其他方面(林建煌,2011)。

2.7.2 消费者行为决策模型

自从二十世纪60年代开展对市场营销的基础研究工作以来,许多学者从消费者行为决策、消费理论等消费者行为的各个侧面采用不同的方法和工具进行了大量研究,揭示了消费者购买行为中的某些共性或规律性,并以模型的方式加以总结描述。比较著名的消费者行为决策模型有:刺激—机体—反应模型、尼科西亚模型、霍华德—谢思模型、恩格尔—科拉特—布莱克模型、科特勒模型和创新扩散决策模型等。

（1）刺激—机体—反应模型

（Mehrabian & Russell,1974）提出了心理学领域的刺激—机体—反应模型(Stimulus - Organic - Response,简称 S - O - R),该模型把环境作为外部变量,机体(身体内部的生理)与心理情感状态变量是外部环境和最终行为变量之间的中介和桥梁,并作为中介变量进一步影响机体产生相应的行为,反应变量是最终的结果,包括接受或规避两种反应。消费者的购买形式是由刺激所引起的,这种刺激来自消费者机体、心理和外部的环境。消费者在各种因素的刺激下产生动机,在动机的驱使下,做出购买决策,进行购买,购后还会产生一系列行为。这一过程是消费者心理活动过程。该模型被引入营销学领域,得到了广泛使用和推广,尤其对于消费者网络购买的心理变化及购买行为有较好的解释。整体模型构架如图24所示:

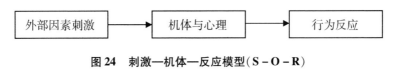

图 24　刺激—机体—反应模型(S - O - R)

(2)尼科西亚模型

(Nicosia,1966)根据消费者行为决策过程提出尼科西亚模型(Nicosia Model),该模型认为消费者购买过程可以划分成决策程序的流程图,以此对消费者决策过程进行模拟。尼科西亚模式将消费者行为分为四大部分组成:第一部分,从信息源到消费者态度,包括企业和消费者的态度;第二部分,消费者对产品或服务进行调查和评价,并且形成购买动机的输出;第三部分,消费者采取有效的决策行为;第四部分,消费者购买行动的结果被大脑记忆、存储起来,供消费者以后购买参考和反馈给企业。尼科西亚模型对于消费过程的每一环节都做出了明确说明,但该模型将研究的重点放在了企业、消费者角度,忽视了内外环境因素的影响。整体模型构架如图 25 所示:

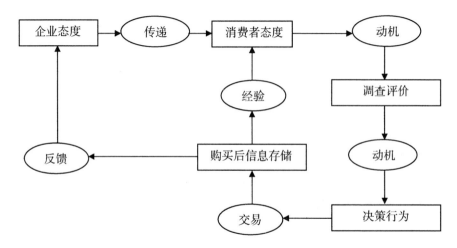

图 25　尼科西亚模型(Nicosia Model)

(3)霍华德—谢思模型

(Howard & Sheth,1969)根据刺激反应概念的思路,于 1969 年在《购买行为理论》中提出霍华德—谢思模型(Howard – Sheth Model)。该模型认为影响消费者决策程序的主要因素有外在因素、刺激和投入因素、内在因素、反应产出因素等。外在因素是指购买决策过程中的外部影响变量,如文化、个性、经济能力、时间压力等。内在因素是介于刺激和反应之间起作用的因素,一般由"感知"和"学习"两个结构组成。刺激和投入因素包括实质刺激、符号刺激和社会刺激。实质刺激是指物品、商标本身产生的刺激;符号刺激是指由推销员、广告媒介、商标目录等传播的语言、文字、图片等产生的刺激;社会刺激是指消费者在同他人的交往中产生的刺激,这种刺激一般与提供有关的购买信息相连,消费者对这些刺激因素有选择地加以接受和反应。反应产出因素是指购买决策过程所导致的购买行为,包括认识反应、情感反应和行为反应 3 个阶段。

霍华德—谢思模型认为刺激和投入因素和外在因素是购买的刺激物,通过唤起和形成动机,提供各种选择方案信息,影响购买者的心理活动(内在因素)。消费者受刺激物和以往购买经验的影响,开始接收信息并且产生各种动机,对可选择产品产生一系列反应,形成一系列购买决策的中介因素,如选择评价标准、意向等,在动机、购买方案和中介因素的相互作用下,便产生某种倾向和态度。这种倾向或者态度又与其他因素如购买行为的限制因素结合后,便产生购买结果。购买结果形成的感受信息也会反馈给消费者,影响消费者心理和下一次的购买行为。该模型突出了社会环境和营销环境对消费者行为的影响,内容覆盖相对全面,具有普适性。但由于实际情况下的消费者行为复杂多变,影响因素随不同市场状况或营销策略而产生变化,所以这个模式缺乏实践灵活性。整体模型构架如图 26 所示:

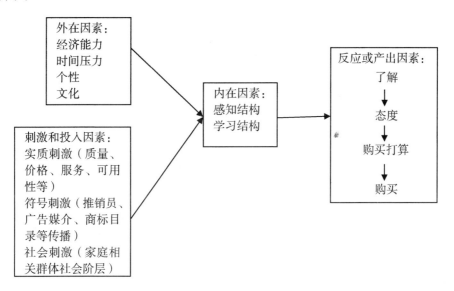

图 26　霍华德—谢思模型(Howard – Sheth Model)

(4)恩格尔—科拉特—布莱克威尔模型

(J. F. Engel,Blackwell,Miniard & Barone,1995)提出恩格尔—科拉特—布莱克威尔模型(EngelA – Kollat – Blackwell,简称 EKB)。该模型包括 5 个部分:1. 问题认知,当购买者确认某问题或觉得有某些需求,其购买过程即开始,购买者的需求由其内部刺激或外部刺激所引发;2. 信息寻找,消费由其现有信息或是过去的购

买经验中去寻找,如果过去购买经验无法满足其需要时,便会转由外部寻找,如大
众传播媒体、营销人员及亲友等;3.方案评估,当消费者收集到所需要的信息后,
便可以据此去评估各项可能的方案;4.选择,当消费者评估了众多可行方案,便会
选择一个产品,然而此时仍有可能会因一些无法预测的情况,例如个人意愿等因
素导致最后所做的选择与当初所预期的不同;5.购买结果,当消费并使用了某产
品后,可能产生满意或购买认知失调两种结果,并存储于记忆当中。当消费者依
照前面的购买过程买了某项产品之后,可能发生下面两种情况:满意或不满意。
当消费者发现他所做的选择与他的信念和态度相一致时,他便会觉得满足,然后
这个购买经验会进入其记忆中,并且影响日后的购买决策。反之,当消费者发现
他所做的选择与购前的信念和态度不一致时,他便会觉得不满足,这种经验也会
储存于记忆中,并且影响日后的信念或态度。EKB 模型同样注重过程,它在过程
导向的前提下,强调了消费者的学习、记忆、回馈与评价等因素对消费过程的重要
影响,但是这些影响消费者决策过程的变量相对侧重于消费者自身的因素,缺少
营销因素影响消费者行为的说明。整体模型构架如图 27 所示:

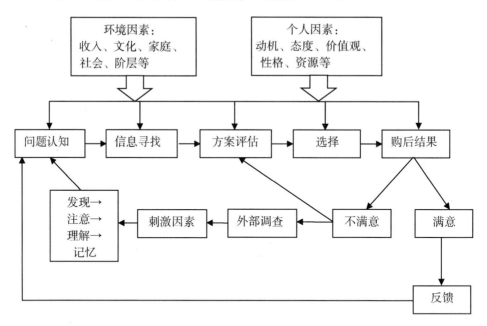

图 27　恩格尔—科拉特—布莱克威尔模型(EKB)

(5)科特勒刺激反应模型

(Kotler,Keller & James,2009)在其著作中提到一个非常简洁的消费者购买行

为模型,即科特勒刺激反应模型(Kotler Model)。该模型由三个部分构成:第一部分包括企业内部的营销刺激和企业外部的环境刺激两类刺激,它们共同作用于消费者以期引起消费者的注意;第二部分包括消费者的特征和消费者决策过程两个中介因素;第三部分是购买者的反应,是消费者购买行为的实际外化,包括消费者对产品、品牌、经销商、购买时机、购买数量的选择。Kotler 认为研究消费者行为要从了解消费者黑箱开始。消费者接受营销刺激和环境刺激后,经过消费者"黑箱",做出某种购买决策。营销刺激是指产品、价格、分销和促销等营销策略对消费者的刺激;环境刺激是指经济、技术、政治和文化因素对消费者的刺激。这一模型认为,消费者购买行为不仅受到营销刺激的影响,还要受到宏观营销环境的影响。整体模型构架如图 28 所示:

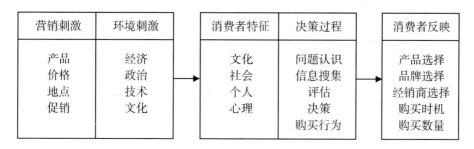

图 28　科特勒刺激反应模型(**Kotler Model**)

(6)创新扩展决策模型

(Rogers,2003)考察了创新扩散的进程和各种影响因素,阐释了个体态度改变的机制以及大众与人际信息传播对创新扩散的作用,提出了创新扩展决策模型(Innovation Diffusion Theory,简称 IDT)。该理论认为扩散是指一项创新在社会系统的成员中经过一定的时间通过某种渠道被沟通传达的决策过程。而创新是指被一个行为人或是一个接受单元感知为新的一个想法、一个时间或是一个对象。扩散是通过个人的接受来实现,表现为接受使用并且继续使用一个新的想法或对象。创新扩散模型试图解释创新接受决策过程,影响接受的决定因素和不同的接受采纳者类型。这些将说明预测接受一个创新的可能性和速度。Rogers 将创新扩展决策过程分为获知、说服、决策、确认 4 个阶段,影响个体接受或拒绝创新的因素主要包括:第一阶段,技术创新本身特征,包括相对优势、兼容性、可理解性、可试用性以及可观察性;第二阶段,技术创新信息传播渠道;第三阶段,潜在接受者的个人特征,尤其表现为创新精神和需求;第四阶段,创新扩散所处社会系统的结构特征(华锦阳,2015)。整体模型构架如图 29 所示:

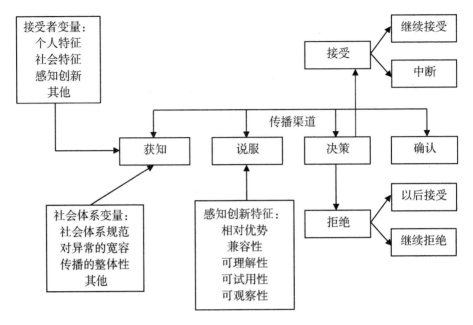

图 29　创新扩展决策模型（IDT）

2.7.3　消费者行为决策模型汇总

根据以上文献和理论模型综述，可以看出消费者行为决策模型基本上都是建立一个以决策过程为中心，相关内、外影响因素所构成的框架。这些模型认为影响消费者决策行为的因素主要分为环境因素和个人因素，其中环境因素包括社会阶层、家庭、文化等；个人因素包括年龄、性格、经济状况等。这些理论模型一般都按消费者行为决策过程的 5 个阶段（问题认知、信息搜集、评价选择、消费购买、购后行为）来设计。因此，本文在研究不同消费决策阶段对消费者行为的影响时，有必要对消费者行为决策的各类模型汇总并进行总结和归纳，对比一下模型之间的特点与应用局限性。消费者行为决策模型按研究时间顺序排列汇总如下表 4 所示：

表 4　消费者行为决策模型汇总表

模型名称	特点	局限性
Nicosia Model (Nicosia,1966)	该模型认为消费者的行为分为四大部分,即态度信息传递、调查评价、行为决策、信息反馈,并且对于消费过程的每一环节都作出了明确说明。	该模型将研究的重点放在了企业、消费者角度,忽视了内外环境因素的影响。
Howard – Sheth Model(Howard & Sheth,1969)	该模型突出了社会环境和营销环境对消费者行为的影响,内容覆盖相对全面,具有普适性。	实际情况下的消费者行为复杂多变,影响因素随不同市场状况或营销策略而产生变化,导致模型缺乏实践灵活性。
S – O – R (Mehrabian & Russell,1974)	该模型导入个人机体与心理活动过程用于营销学领域,得到了广泛使用和推广,尤其对于消费者网络购买的心理变化及购买行为有较好的解释。	现实当中的个人行为往往是有目的驱使的,而不仅仅是刺激驱动的,是需要或者目标驱动的行为。
EKB (J. F. Engel et al., 1995)	该模型注重购买决策过程,在过程的导向前提下,强调了消费者的学习、记忆、回馈与评价等因素对消费过程的影响。	影响消费者决策过程的变量相对侧重于消费者自身的因素,缺少营销因素影响消费者行为的说明。
IDT (Rogers,2003)	该模型试图解释创新接受决策过程,影响接受的决定因素和不同的接受采纳者类型。这些将说明预测接受一个创新的可能性和速度。	模型的创新特征是一般意义上的特征,而不是专门针对信息技术使用背景提出的;决策自上而下,缺乏互动,且影响因素考虑不全。
Kotler Model (Kotler et al., 2009)	该模型认为消费者行为要从了解消费者黑箱开始。消费者接受营销刺激和环境刺激后,经过消费者"黑箱",做出某种购买决策。	该模型缺点在于面对消费者需求多样化和个性化的市场环境,就很难准确反映消费者的购买行为。

2.7.4　电子商务下消费者行为决策的应用

　　目前国内外学者对于电子商务条件下消费者的消费心理、动机和行为、行为意向等方面有较多论述,然而对于网络消费者购买行为决策的研究并不多见。尤其 O2O 是一种较新的电子商务商业模式,在电子商务的商业模式中,没有销售人员、没有太多相互沟通,只有信息搜寻、口碑比较以及评价,消费决策更加随性。影响电子商务消费者的购买行为决策与影响传统消费者的购买行为决策存在较大的差异,因此有必要对电子商务下消费者行为决策的应用进行深入的探讨。

(Murdock,2007)通过一种在线电子商务购买旅游商品的实证研究,把旅游商品模型的简化形式的需求扩展到包括选择性偏差不可观测的个体异质性与特定的网络消费者决策的相互作用。该模型使用非常丰富的西班牙外国游客支出调查的数据信息估计,样本使我们能够探讨价格和收入相关的变量,以及在互联网上购买的商品的个人特征的影响。价格和收入的结果是一致的理论。未观察到的个体异质性与互联网上不可观测的个体异质性对在线购买决策呈显著相关。

(Nilashi,Fathian,Gholamian & Ibrahim,2011)基于模糊神经系统模型,描述B2C 电子商务网站的安全、实用性设计等关键因素之间的关系,通过提取这些因素研究对在 B2C 电子商务网站消费者决策的影响,并分析如何影响 B2C 交易的结果。本研究采用问卷调查。第一份问卷是为电子商务专家,第二个设计为商业网站的客户。另外,专家的选择是用来确定第一次问卷的优先因素,采用 MAT-LAB 和 Excel 软件用于开发的模糊规则。最后,利用模糊逻辑工具箱对模型中的生成因素进行分析。

(Chen & Ma,2013)通过研究整个电子商务网购的决策过程如何影响消费者行为,以影响网上购物的因素验证了调解的决策模型的风险感知和购买态度的影响,并探讨了产品类型的关系、消费类别和系列的研究决策模式。研究调查方式采用访谈、问卷调查、实验室研究和服务器日志文件收集信息,以期研究的结果有助于改善电子商务购物环境、电子商务网站的设计以及网上营销策略的制定。

(孙锦霞,廖福成,田立勤 & 冀铁果,2008)从风险与安全的角度提出一种新的电子商务消费者用户行为决策模型,将服务提供商和消费者用户作为非合作博弈的对立方,在不完全信息静态博弈的基础上研究博弈参与者之间的交互行为。从博弈参与者的相互依赖的行动选择角度建立博弈模型,求出最优混合策略。在此基础上,服务提供商从最大化自己利益的角度做出决策。

(孙金丽,2011)把消费者的电子商务网络购物过程分为购前阶段和购后阶段。购前阶段主要是基于技术接受模型和感知风险理论,购后阶段主要是基于期望确认理论,通过采用技术接受模型、期望确认理论、感知风险和信誉信任建立了网络购物中消费者决策行为的动态模型,对消费者决策过程中各个阶段的影响因素进行分析,提出购物后的满意度对再次购买决策具有回馈作用。

(田江 & 肖爽,2013)通过对电子商务环境下消费者行为决策过程的分析,建立了消费者行为决策理论模型,并从购前、购中、购后三个消费阶段分析影响消费者决策的主要因素。本文在定性分析的基础上,对消费者价值内涵给予定义,建立了基于消费者价值的行为决策模型,并对模型进行优化求解,重点研究了产品价格、质量、信息、时间等因素对消费者价值的影响,为电商环境下消费者行为决策分析提供了理论依据,并对指导电子商务实践具有一定的现实意义。

(蒋绪军,2013)结合 3C 电子商务独特的市场特点,研究分析 3C 电子商务消费者消费的积极主动性极强;注重购买的方便性;对价格关注度高;消费需求具有体验性和超前性;消费更注重品牌,稳定性降低;消费个性化需求增强等消费行为特性,并根据 3C 电子商务消费者购买决策过程,提出相应的营销策略。

(沈蕾 & 郑智颖,2014)从网络电子商务消费行为研究的内容、发展阶段、进展和不足等方面对以往文献进行分析,探析了现有研究的进展与不足,基于网络消费行为与传统消费行为的共性和差异,结合网络自身优势,构建了一个总体理论框架,并对未来研究方向进行预测,最终整合提出包含行为路径及心理路径的电子商务消费决策双轨理论假想。

(邱文宏,刘生财,纪慧如 & 张震冬,2015)采用个案比较法,以消费者决策五阶段模式,分析两岸交易社群消费决策行为。内地的淘宝网与台湾的奇摩拍卖为研究个案,以搜集两个个案信用评价信息为分析单元,辅以参与式观察与专家访谈,归纳获得在五阶段中的网站服务质量因素,并以每一因素进行交易社群之消费决策行为比较分析,在各阶段获得以下研究发现:首先,两岸消费者皆重视商家形象,商家皆以经营忠诚于顾客为主;其次,内地实体基础架构与版面设计风格较有距离感;第三,内地消费者重视商品质量,而台湾重视客制化服务;第四,两岸沟通、社群语言、付款机制与隐私性等因素存在差异;第五,两岸商品认同与消费保障等因素存在差异,而纠纷中裁皆由公正第三者处理。

(洪美娜,石岿然 & 奚佳,2015)考察 O2O 平台的诚信管理制度和消费者信任度对卖方诚信决策的影响。针对 O2O 平台的惩罚机制及多个买方间的信任影响关系,使用博弈论方法研究了两种情况下买卖双方的决策问题。研究结果表明,O2O 平台应加大对商家的检查频率和惩罚力度;同时商家应从长远利益考虑,积极采取诚信策略,培养消费者的信任度,促进整个 O2O 平台的良好发展。研究成果为 O2O 商业模式中不诚信问题的实际解决方案提供理论支撑,也为后续研究提供参考。

(李宝库 & 周贺,2015)认为在 O2O 的模式中,消费者、商家与网站各方决策的策略较传统策略有所不同,必然导致不同的结果。通过建立网站和商家、商家和消费者、网站和消费者的演化博弈模型,得出各自渠道选择的演化路径和演化稳定策略,并对演化结果进行分析,为三方进一步的策略调整提供依据,也为基于 LBS 的电子商务 O2O 商业模式类经济管理活动的运行提供借鉴。

2.8　本章小结

本章对电子商务及 O2O 商业模式概述、消费者行为理论脉络、消费者理性与计划行为、消费者技术接受行为、消费者感知风险、消费者行为决策等相关文献综述内容进行了详细的梳理并加以归纳总结,以便了解在所研究的范畴内,有哪些相关理论、研究和已完成的调查,从而可以避免盲目的研究或重复前人研究的弊端,以作为揭示研究的问题、建立研究假设、构思研究方法以及分析研究结果的依据,更有助于建立全篇论文研究的理论构架。

第三章 研究方法与设计

3.1 访谈研究与设计

3.1.1 访谈法及其类型

访谈法是在社会科学和管理科学研究领域应用非常广泛的定性分析方法,它可以通过与受访者的交谈互动,调动受访者的积极性,比较深刻地了解受访者对某个特定问题的真实看法。访谈法的应用十分广泛,特别是当它与其他研究方法结合使用时候效果更佳,(李志,2012)总结访谈法的优点有以下几点:

(1)获得社会信息的广泛性。通过访谈研究者不仅可以了解正在发生的社会现象,还可以了解曾经发生的社会现象;不仅可以获得外在的行为和事实,还可以把握受访者内在的想法、动机和感情。

(2)研究问题的深入性。在访谈过程中可以根据所要研究的问题一层一层地深入探讨,发现社会现象之间的因果联系和内在本质。

(3)资料收集的可靠性。访问员可以根据受访者的各种反应,选择继续追问,要确保受访者独立回答问题不受其他干扰,并对获得的数据进行效度和信度的评估,故可提高访问工作的可靠性。

(4)调查方式的灵活性。可以根据不同的研究主题,设计不同的访问形式、访问时间和访问的场所。

因研究问题的性质、目的或对象的不同,访谈法具有不同的类型。根据访谈进程的标准化程度,访谈的类型可以分为结构式访谈、无结构式访谈和半结构式访谈。结构式访谈是一种高度控制的访问形式,最大的优点是所获取的资料便于定量研究,便于做统计与比较分析。结构式访谈最大的不足是访问过程缺乏弹性,易于流于表面。无结构式访谈是一种半控制或无控制的访问,它没有事先制订的统一问卷、表格和访问程序,只是由访谈者给出一个题目,与被访谈者自由地交谈。无结构式的访谈最大优点是弹性大,有利于充分发挥访问者和被访问者双方的积极性和创造性,有利于调查者拓宽和深化对问题的研究。但与结构式访谈比,无结构式访谈更依赖于访问员的经验和技巧,会比较费时,而且访谈的结构难以做定量分析(李志,2012)。半结构访谈是指按照一个粗线条式的访谈提纲而进行的非正式的访谈。该方法对访谈对象的条件、所要询问的问题等只有一个粗略的基本要求,访谈者可以根据访谈时的实际情况灵活地做出必要的调整,至于提问的方式和顺序、访谈对象回答的方式、访谈记录的方式和访谈的时间、地点等没有具体的要求,由访谈者根据情况灵活处理(范伟达,2008)。

本研究主要采用访谈法进行定性的探索性研究。与调查问卷相比,访谈具有更大的灵活性以及对意义进行解释的空间。问卷通常使用的是研究者自己的语言,向被研究者询问研究者自己认为重要的问题;而访谈可以直接询问受访者自己对问题的看法,用自己的语言和概念表达自己的观点。此外,在研究关系和具体情境许可的情况下,访问员还可以与受访者探讨问卷中无法处理的一些敏感性话题。当然访谈法也有不足,例如,访谈的费用较高,时间长,需要投入的人力较多,这些都限制了访问的规模(陈向明,2000)。由于本文是通过研究消费者行为意向进而影响使用行为,研究中的一些变量涉及消费者心理内容,所以选用访谈法能很好地完善本研究。另外,根据对访谈定义和类型的分析,本研究采用的是半结构访谈法,采用这种访谈因为在访谈过程中对提问的顺序以及内容可以灵活调整,比较自由。

3.1.2　访谈步骤

一般来说,访谈大体可以分为访问前准备,进入访问,访问过程控制以及结束访问这几个过程,本次研究采用半结构访谈的执行程序为:

(1)访问前的准备。这个阶段主要包括文献查阅、确定受访对象、确定访谈的时间和地点、访谈计划制订与联系工作等。所以本研究在访问之前应充分地阅读文献,与受访者预约访问时间以及确定访问地点,并制订好访谈提纲,准备好访谈工具。

(2)进入访问阶段。进入访问阶段访问员先简单对受访者讲明自己的研究目的,然后详细说明调查内容,提出第一个问题。

(3)实施访谈。在这个阶段访问员除了与受访者言语的交流,也随时关注受访者的动作变化,判断对象喜欢的谈话方式,并对访谈过程进行记录。本研究采用速记的形式结合用录音设备录制访谈过程,方便日后整理。

(4)结束访谈。本研究中在访谈结束后再次感谢受访者的参与,并利用访谈工具和笔记,整理访谈数据。

3.1.3 访谈提纲与对象

半结构访谈要求访谈对象提供与研究相关的行为事件。访问员根据访谈提纲向访谈的对象提问,通过访问员与受访者语言之间的互动,让受访者真实地描述出研究主题的行为事件,然后将访谈内容整理成若干访谈案例文本文件,最后对这些案例进行内容分析,并加以总结提炼。根据本研究的研究目的,设计了半结构访谈的提纲,访谈提纲可以引导受访者不至于偏离访谈内容,可以帮助访问员有系统地回顾和描述,使访谈既有效率,又不至于遗漏关键信息。访谈中会根据访谈时的语境做出提问,这些细节问题可以灵活机动地提出。详细的访谈提纲见附录1,本研究访谈提纲问题如下:

(1)请您简单地介绍一下个人的情况。

(2)请您谈谈对电子商务O2O商业模式的认识。

(3)您认为消费者接受使用O2O是受哪些因素的影响。

(4)请您谈谈消费者、商家与O2O平台三方之间决策博弈。

(5)请您对O2O商业模式发展提供一些建议。

(6)您是否还有其他内容补充?

本研究的访谈对象选取专家学者(6人)、O2O平台管理人员(2人)、商家(2人)、消费者(2人)四个方面的代表共12人,如此选择涵盖多个方面的对象是为了避免访谈的同构型,以防研究出现盲点和偏差。选取专家学者时主要涉及电子商务的基础理论、营销传媒、法律安全等方面研究的人员,兼顾研究专长与领域,编号分别为Z1—Z6;选取O2O平台管理人员时主要选择从事管理与技术等方面的人员,兼顾管理与技术相结合的研究,编号分别为G1—G2;选取商家和消费者时主要从行为决策的角度出发,兼顾卖方与买方的决策博弈,编号分别为S1—S2、X1—X2。受访人员详细访谈内容见附录2,受访人员的背景构成如下表5所示:

表 5 受访人员背景构成表

编号	性别	单位	学历与职称	岗位与专长
专家学者				
Z1	男	北京师范大学珠海学院	博士、教授	教师、电子商务、市场营销
Z2	男	北京理工大学珠海学院	博士、副教授	教师、电子商务、人力资源
Z3	男	广东省科学干部职业学院	博士、副教授高级电子商务师	教师、电子商务、市场营销
Z4	男	中国传媒大学南广学院	博士、副教授	教师、传媒经济学
Z5	男	广东培正学院	博士、副教授	教师、律师、经济法
Z6	男	河源职业技术学院	博士、副教授	教师、电子商务、系统工程
O2O 平台管理人员				
G1	男	百度糯米珠海分公司	硕士、工程师	销售经理
G2	男	珠海用心科技有限公司	博士、工程师	CEO
商家				
S1	女	个体工商户	本科	店长
S2	男	个体工商户	大专	销售顾问
消费者				
X1	女	房产公司	大专	会计
X2	男	医院	硕士	医生

3.1.4 访谈过程与结果

每次访谈进行前,先分别与各位受访者预约访谈时间,并把访谈提纲预先交给受访者,或以电子邮箱等方式发送至受访者,以便于受访者了解本次访谈的目的与方向。然后在约定时间的情况下,选择比较宽松的环境进行面对面地访谈,访谈开始时首先介绍本次访谈的目的,强调访谈是以学术研究为目的的访谈,不会利用受访者的数据进行任何商业活动等,告知访谈会进行录音,并于访谈前加以测试,以保证访谈时能正常运行,顺利录下访谈语音,并以简单地介绍一下访谈对象的情况作为铺垫开始进行正式访谈(也方便读者能够快速了解到访谈对象的具体个人情况)。在访谈过程中,以笔记速记的形式随时记下重要的语句或关键词,作为访谈进行中更深入了解的提示,以便确认受访者的具体意思,以期在访谈过程中能确实掌握研究主题的架构,使得研究的资料更为清晰与完整。另外,在访谈中,必要时要进行访谈的控制,受访者如果出现偏题,2~3分钟后需及时提醒或引导受访者回到访谈主题中,可利用粗略的提纲结合现场的情况,对受访者进行提示,提示内容不涉及任何诱导成分,不会影响受访者的自由表述。访谈结束后,留有访谈员的联系方式给受访者,并同时把研究的主题名称和大致研究内容一并提供,告知受访者若有任何补充,可以随时联系访谈员。

本研究在2016年5月至2016年7月通过面对面的形式对12位专家学者、O2O平台管理人员、商家、消费者进行了访谈,访谈的内容涉及消费者对O2O商业模式接受行为的影响因素、三方决策博弈、O2O商业模式发展建议等,受访者提出的宝贵意见对本研究理论模型的构建和问卷设计等方面起到重要的作用,具体访谈结果如下:

(1)消费者对O2O商业模式接受行为的影响因素

综合访谈内容,消费者对O2O商业模式接受行为依据消费者理性与计划行为理论、感知风险理论和技术接受行为理论等文献综述的概括,可把影响因素归纳为以下8点:1.优惠补贴,价格的优惠和补贴是消费者接受使用O2O商业模式的首要因素之一,O2O平台为了吸引消费,一般采用优惠和补贴等方式,优惠是消费者通过O2O平台购买商家产品或服务进行打折的方式,补贴是O2O平台给消费者发放抵扣券可在购买产品或服务时使用抵扣金额。2.有用感知,O2O商业模式的便利性、快捷性、多样性、线下体验、口碑评价等因素是促使消费者接受使用O2O商业模式的原因,这些因素可归纳为消费者对O2O商业模式有用或有价值的接受行为感知。3.易用感知,O2O平台易用性是消费者接受使用O2O商业模式因素之一,适合大众化的简易操作可以使消费者甚至商家都能对O2O商业模式产生接受行为的感知。4.感知风险,消费者通过O2O平台团购的个人信息、支付方式的网络安全性和O2O平台上商家出售产品和服务的质量保障等风险的因素,是作为消费者接受 O2O 商业模式的一种感知。5. 任务技术匹配,消费者的消费方式和习惯是否与 O2O 平台销售的产品和服务的展示、定位、评价、支付、积分等技术功能相匹配,也是作为消费者接受 O2O 商业模式的一种因素。6. 行为态度,访谈中受访者均有提到消费者会从喜好、习惯等角度去评价 O2O 平台使用行为,可归纳为消费者接受 O2O 商业模式行为态度因素。7. 主观规范,消费者接受 O2O 商业模式会有从众心理的作用,来自于父母配偶、亲朋好友、领导同事的社会影响和压力的作用导致消费者接受使用 O2O 平台,可归纳为消费者接受 O2O 商业模式主观规范因素。8. 知觉行为控制,消费者根据自身经验、技能、知识等内在控制因素和信息、机会、对他人的依赖性或阻碍等外在控制的多方面因素出发决定能否操作、掌握 O2O 平台,可归纳为消费者接受 O2O 商业模式知觉行为控制因素。

(2)消费者、商家、O2O 平台三方的决策博弈

综合访谈内容分析,消费者与商家之间决策博弈,消费者认为价格越实惠,产品与服务质量越好,才物有所值、物超所值,而商家则想赚取更多利润,并且尽可能地压缩成本,因此存在相互的抵制;商家与 O2O 平台之间决策博弈,O2O 平台希望独家代理一些强势的商家,而一些强势的商家又不一定上 O2O 平台,商家与 O2O 平台还有资金流和结算方式上的博弈,商家希望能快速从 O2O 平台上收款,而 O2O 平台希望资金能循环流动用于其他金融作用;消费者与 O2O 平台之间决策博弈,消费者希望 O2O 平台的补贴力度大,O2O 平台希望消费者多关注多下订单,这样才有更多的流量和资金流,也才能继续融资和上市来支撑这种补贴力度并扩大经营。因此,三方之间都有相互博弈的决策行为,另外,O2O 平台与平台之间、O2O 平台上的商家与商家之间也存在竞争的博弈。

(3)O2O 商业模式发展建议

综合访谈内容受访者提出:第一,优化技术,O2O 商业模式要从技术层面上跟上科技的更新换代,可以把 VR(虚拟现实)、AR(增强现实)等新型科技技术运用到 O2O 商业模式发展当中;第二,信息数据搜集与分析,从线上到线下的搜索、交易、体验、评价等行为信息数据要集中收集,并用于大数据、统计等方式进行数据分析,用以掌握消费者行为模式;第三,经营战略,中国电子商务企业从最早引进 O2O 商业模式的蓝海战略到全国遍地 O2O 平台的红海战略,相应电子商务要调整实时发展的经营战略,以应对竞争激励的市场;第四,政策制度,政府在推动电子商务 O2O 商业模式发展给予政策扶持的同时,相应地出台监管的法律法规也要齐头并进,同时 O2O 企业也要对平台经营的商家起到监管的作用。

3.2 解释结构模型化研究与设计

3.2.1 解释结构模型化工作原理

模型是现代系统的替代物,模型可反映出系统的主要组成部分与各部分之间的相互作用,以及在运用条件下的因果作用及相互关系,利用模型可以用较少的时间和费用对系统做研究和实验,可以重复演示研究,因此更易于洞察系统的行为。模型的三个特征是现实世界部分的抽象或模拟,是由那些与分析问题有关的因素构成的,表明了有关因素间的相互作用。模型化的目的就是为了描述系统的构成和行为,对实体系统的各种因素进行适当的筛选,用一定方式(图形、数字等)表达系统结构实体的方法,也是构造模型的过程。凡是系统必有结构,系统结构决定系统功能。结构模型描述系统结构形态,即系统各部分与环境之间的关系,如因果、顺序、联系、隶属、优势等,结构模型是从概念模型过渡到定量分析的中介,即使对那些难以量化的系统来说也可以建立结构模型,故在系统分析中应用很广泛。

解释结构模型化是美国 J. N. Warfield 教授于 1973 年作为分析复杂的社会经济结构问题的一种方法而开发的。解释结构模型属于静态的定性分析,其基本思想是指通过各种创造性技术,提取问题的构成因素,利用有向图、矩阵等工具和计算器技术,对因素及其相互关系等信息进行处理,将系统构造成一个多级递阶的结构模型,最后用文字加以解释,明确问题的层次和整体结构,提高对问题的认识和理解程度(彭丹霖,2006;谭跃进,2010;汪应洛,2008)。该技术手段体现在不需高深的数学知识,易被操作人员所掌握;能够直观清楚地反映因素之间的结构关系,将复杂系统分解成层次清晰的多级递阶形式;把模糊不清的思想、看法转变为模型直观化,对研究具有启发性;结构模型的描述形式处于数学模型与逻辑分析形式之间,定性研究方法用定量数据分析,即可处理宏观、微观、定性与定量的问题,并且可邀请专家学者一起参与探讨(刘巧红,2012)。因此解释结构模型化广泛适用于认识和处理各类社会经济、管理的系统问题。解释结构模型化的基本工作原理如图30所示:

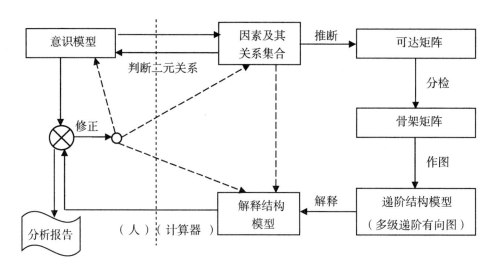

图 30　解释结构模型化工作原理图

由上图可知,实施解释结构模型化技术,首先是提出问题,组建实施专家小组,接着采用专家小组的集体创造性技术,搜集、探讨和整理问题的构成因素,并设定某种必须考虑的二元关系(如因果关系),经专家小组讨论后,形成对问题初步构思的模型概念。在此基础上,实现意识模型的具体化、规范化、系统化和结构模型化,即进一步明确定义各因素,通过人机对话,判断各因素之间的二元关系情况,形成模型形式的"信息库"(王锦 & 章仁俊,2006)。根据因素间关系的传递性,通过对邻接矩阵的计算或逻辑判断,得到可达矩阵,将可达矩阵进行分解、缩约和简化处理,得到反应系统递阶结构的骨架矩阵,据此绘制因素间的多级递阶有向图,形成递阶结构模型。通过对因素的解释说明,建立起反应—系统问题的二元关系解释结构模型。最后,将解释模型与意识模型进行对比,如不想符合,可对有关因素及其二元关系和解释结构模型的建立进行修正;更重要的是对解释结构模型的研究和学习,可对原意识模型有所启发并进行修正。经过反馈、比较、修正、学习,最终得到一个令人满意,具有启发性和指导意义的结构分析结果。其中通过对可达矩阵的处理,建立系统问题的递阶结构模型,这是解释结构模型化技术的核心内容。根据问题的规模和分析条件,可在掌握基本原理及其规范方法的基础上,采用多种手段,选择不同的方法来完成此项工作(彭丹霖,2006;汪应洛,2008)。

3.2.2　解释结构模型化工作程序

由于解释结构模型化能将模糊不清、复杂的多因素之间的关系,转化为直观的层级关系,特别适用于变量众多、关系复杂并且结构不清晰的系统分析,因此解释结构模型化方法被广泛应用于社会学、经济管理与工程项目等各个领域。这种方法刚好适用于消费者对 O2O 商业模式接受行为理论模型的构架,得出的结论也正好能真实反映消费者现实中的使用意愿和行为,解释结构模型化具体工作程序如图 31 所示:

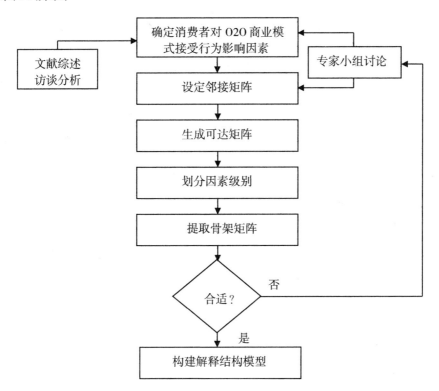

图 31　解释结构模型化工作程序图

(1)确定消费者对 O2O 商业模式接受行为影响因素

首先根据文献综述与访谈研究分析,经过专家小组探讨,最终确定消费者对 O2O 商业模式接受行为影响因素。

(2)设定邻接矩阵

根据文献综述、访谈分析、专家小组探讨等确定接受行为影响因素后,专家小组继续探讨因素之间二元关系,建立直接影响关系 R ,即对影响因素 S_i , S_j (i , j = 1,2,3,$\cdots$, n), $S_i R S_j \Leftrightarrow S_i$ 影响 S_j ,得到 R 的 $n \times n$ 的方形邻接矩阵 A 。其次,将矩阵 A 的元素 a_{ij} 取值做如下规定:

$$a_{ij} \begin{cases} 1, S_i \ \text{对} \ S_j \ \text{有直接关系时} \\ 0, S_i \ \text{对} \ S_j \ \text{无直接关系时} \end{cases}$$

也可用有向图表示影响关系 R :各因素 S_1 , S_2 ,$\cdots$, S_n 用小圆圈表示,若 $S_i R S_j$,亦即 S_i 影响 S_j ,则从 S_i 到 S_j 用一条有向线连接,箭头指向 S_j 。

邻接矩阵 A 表达了 S_1 , S_2 ,$\cdots$, S_n 各因素间直接影响关系。若邻接矩阵的 i 行 j 列元素为1,则表明从 S_i 经一长度为1的通路可达 S_j 。

(3)生成可达矩阵

如果一个矩阵所有元素中只有对角线元素为1,除了对角线以外的所有元素都为0,这样的矩阵称为单位矩阵,通常情况下用符号 I 表示。根据布尔代数运算做矩阵 $A + I$ 的幂,得到:

$$A + I \neq (A + I)^2 \neq (A + I)^k = (A + I)^{k+1} \ (\ k = 1,2,\cdots) \qquad (3.2)$$

即得可达矩阵 $M = (A + I)^k$ 。可达矩阵 $M = (A + I)^k$ 表达了 S_1 , S_2 ,$\cdots$, S_n 各因素间直接或间接的影响关系。另外,可达矩阵还表达了 S_1 , S_2 ,$\cdots$, S_n 各因素间的传递性,即若 S_i 可达 S_j , S_i 可达 S_h ,则 S_i 必可达 S_h 。亦即 S_i 影响 S_j , S_i 影响 S_h ,则 S_i 必影响 S_h 。

(4)划分因素级别

因素的级别划分即系统的层次分解,这是解释结构模型的关键步骤。本研究采用结果优先的分层方法,应用可达矩阵 M ,对各因素 S_i 求如下集合:

可达集合、结果集合:

$M(S_i)$ 可达矩阵中因素 S_i 对应的行中,包含有1的矩阵元素所对应的列因素的集合,代表因素 S_i 到达的因素。即

$$M(S_i) = \{ S_j | m_{ij} = 1 \} \qquad (3.3)$$

前因集合、先行集合:

$Q(S_i)$:可达矩阵中要素因素 S_i 对应的列中,包含有1的矩阵元素所对应的行因素的集合,代表能到达 S_i 的因素。即:

$$Q(S_i) = \{ S_j | m_{ij} = 1 \} \qquad (3.4)$$

再根据 $M(S_i)$ 和 $Q(S_i)$ (i = 1,2,3,$\cdots$, n),计算满足的各因素集合 L_1 级位:

$$M(S_i) \cap Q(S_i) = M(S_i) \qquad (3.5)$$

L_1 中的元素是位于第一层次(最高层次)的因素,从其他因素可到达该因素,但从该因素却不能到达其他因素。然后,将原来的可达矩阵中 M 中 L_1 中因素所对应的行和列删去,得到矩阵 M',对 M' 进行上述同样操作,确定第二级中 L_2 的因素。之后重复同样操作,依次求出 L_3,L_4,L_5,$\cdots$,最终将各要素分配到相应级别上。

(5)提取骨架矩阵

提取骨架矩阵,是通过对可达矩阵 $M(L)$ 的缩约和检出,建立起 $M(L)$ 的最小实现矩阵,即骨架矩阵 A'。这里的骨架矩阵,也即为 M 的最小实现多级递阶结构矩阵。

(6)构建解释结构模型

将排序后骨架矩阵 A' 的各元素代表的影响因素代入,又根据各级因素之间的关系,继续分析系统中各因素之间的相互影响关系。建立因素的结构模型,用有向枝连接相邻、相同级别间的因素,并且用有向图的形式表示系统的层次和结构,即绘制出多级递阶有向图,最终可得到消费者对 O2O 商业模式接受行为影响因素的解释结构模型。

3.2.3 解释结构模型化分析过程与结果

根据电子商务与 O2O 商业模式的概述、消费者理性与计划行为、消费者技术接受行为等理论模型进行文献综述,结合 12 名受访者的访谈内容的研究分析,可以识别出消费者对 O2O 商业模式接受行为 8 个主要影响因素,为了让模型结果更加整体直观,因此把"使用行为"与"行为意向"结果变量型因素也作为元素纳入解释结构模型中一起进行模型分析,由此研究因素增加为 10 个,分别是:使用行为(S_1),行为意向(S_2),优惠补贴(S_3),有用感知(S_4),易用感知(S_5),感知风险(S_6),任务技术匹配(S_7),行为态度(S_8),主观规范(S_9),知觉行为控制(S_{10})。本文的解释结构模型化整体运算部分均是采用 MATLAB 计算器软件的编程辅助计算功能进行演算。

通过访谈选取的 7 名专家继续探讨 10 个因素之间二元关系,使专家小组成员探讨达成一致性,建立直接影响关系设定邻接矩阵如表 6 所示:

表6　邻接矩阵

因素	S_1	S_2	S_3	S_4	S_5	S_6	S_7	S_8	S_9	S_{10}
S_1	0	0	0	0	0	0	0	0	0	0
S_2	1	0	0	0	0	0	0	0	0	0
S_3	0	1	0	1	0	0	0	0	0	0
S_4	0	1	0	0	0	0	0	0	0	0
S_5	0	1	0	0	0	0	0	0	0	1
S_6	0	1	0	0	0	0	0	0	0	1
S_7	0	1	0	1	0	0	0	0	0	0
S_8	0	1	0	0	0	0	0	0	0	0
S_9	0	1	0	0	0	0	0	0	0	0
S_{10}	0	1	0	0	0	0	0	0	0	0

　　根据专家小组建立直接影响关系设定的邻接矩阵,应用邻接矩阵加上单位矩阵,基于 $A+I$ 矩阵的布尔运算求其幂的演算后,可得: $A+I \neq (A+I)^2 = (A+I)^3$,即得到可达矩阵 $M = (A+I)^3$。因此生成可达矩阵如表7所示:

表7　可达矩阵

因素	S_1	S_2	S_3	S_4	S_5	S_6	S_7	S_8	S_9	S_{10}
S_1	1	0	0	0	0	0	0	0	0	0
S_2	1	1	0	0	0	0	0	0	0	0
S_3	1	1	1	1	0	0	0	0	0	0
S_4	1	1	0	1	0	0	0	0	0	0
S_5	1	1	0	0	1	0	0	0	0	1
S_6	1	1	0	0	0	1	0	0	0	1
S_7	1	1	0	1	0	0	1	0	0	0
S_8	1	1	0	0	0	0	0	1	0	0
S_9	1	1	0	0	0	0	0	0	1	0
S_{10}	1	1	0	0	0	0	0	0	0	1

　　由以上得到的可达矩阵 M ,抽出可达集 $M(S_i)$、先行集 $Q(S_i)$,以及它们的共同交集 $M(S_i) \cap Q(S_i)$,而后根据条件来进行第一层级的抽取划分,可得第一

层次优先级划分结果如表8所示：

表8 第一层次优先级划分结果表

i	$M(S_i)$	$Q(S_i)$	$M(S_i) \cap Q(S_i)$
S_1	1	1、2、4、5、6、7、8、9、10	1
S_2	1、2	2、4、5、6、7、8、9、10	2
S_3	1、2、3、4	3	3
S_4	1、2、4	3、4、7	4
S_5	1、2、5、10	5	5
S_6	1、2、6、10	6	6
S_7	1、2、4、7	7	7
S_8	1、2、8	8	8
S_9	1、2、9	9	9
S_{10}	1、2、10	5、6、10	10

由表8可知，因素 S_1 的可达集与共同交集相同，因此解释结构模型的第一层级为因素 S_1 构成，抽取掉因素 S_1，得到剩下因素的可达集、先行集和共同交集的第二层次优先级划分结果如表9所示：

表9 第二层次优先级划分结果表

i	$M(S_i)$	$Q(S_i)$	$M(S_i) \cap Q(S_i)$
S_2	2	2、4、5、6、7、8、9、10	2
S_3	2、3、4	3	3
S_4	2、4	3、4、7	4
S_5	2、5、10	5	5
S_6	2、6、10	6	6
S_7	2、4、7	7	7
S_8	2、8	8	8
S_9	2、9	9	9
S_{10}	2、10	5、6、10	10

由表9可知，因素 S_2 的可达集与共同交集相同，解释结构模型的第二层级为因素 S_2 构成，抽取掉因素 S_2，得到剩下因素的可达集、先行集和共同交集的第三

层次优先级划分结果如表 10 所示:

表 10　第三层次优先级划分结果表

i	$M(S_i)$	$Q(S_i)$	$M(S_i) \cap Q(S_i)$
S_3	3、4	3	3
S_4	4	3、4、7	4
S_5	5、10	5	5
S_6	6、10	6	6
S_7	4、7	7	7
S_8	8	8	8
S_9	9	9	9
S_{10}	10	5、6、10	10

由表 10 可知,因素 S_4、S_8、S_9、S_{10} 的可达集与共同交集相同,解释结构模型的第三层级为因素 S_4、S_8、S_9、S_{10} 构成,抽取掉因素 S_4、S_8、S_9、S_{10},得到剩下因素的可达集、先行集和共同交集的第四层次优先级划分结果如表 11 所示:

表 11　第四层次优先级划分结果表

i	$M(S_i)$	$Q(S_i)$	$M(S_i) \cap Q(S_i)$
S_3	3	3	3
S_5	5	5	5
S_6	6	6	6
S_7	7	7	7

最后四个因素的可达集、先行集合共同交集都相同,因此因素 S_3、S_5、S_6、S_7 成为解释结构模型的第四层级,根据层级划分的原则,当所有的因素都被抽取出来后,可达集的层级划分结束,所有因素的划分结果如表 12 所示:

表 12　解释结构模型分级递阶表

迭代次数	因素	层级
1	S_1	一
2	S_2	二
3	S_4、S_8、S_9、S_{10}	三

迭代次数	因素	层级
4	S_3、S_5、S_6、S_7	四

将因素中行列按级别重新排序并分块,通过对可达矩阵 $M(L)$ 的缩约和检出,建立起 $M(L)$ 的最小实现矩阵,得到反映因素递阶层次关系的结构矩阵即骨架矩阵 A' 如表 13 所示:

表 13 骨架矩阵

因素	S_1	S_2	S_4	S_8	S_9	S_{10}	S_3	S_5	S_6	S_7
S_1	0	0	0	0	0	0	0	0	0	0
S_2	1	0	0	0	0	0	0	0	0	0
S_4	0	1	0	0	0	0	0	0	0	0
S_8	0	1	0	0	0	0	0	0	0	0
S_9	0	1	0	0	0	0	0	0	0	0
S_{10}	0	1	0	0	0	0	0	0	0	0
S_3	0	0	1	0	0	0	0	0	0	0
S_5	0	0	0	0	0	1	0	0	0	0
S_6	0	0	0	0	0	1	0	0	0	0
S_7	0	0	1	0	0	0	0	0	0	0

将排列后骨架矩阵 A' 的各因素代表的消费者对 O2O 商业模式接受行为影响因素代入,又根据各级因素之间的关系,绘制得到影响因素层级结构图,并继续分析系统中各因素之间的相互影响关系。建立因素的结构模型,用有向枝连接相邻、相同级别间的因素,并且用有向图的形式表示系统的层次和结构,即绘制出多级递阶有向图,最终可得到消费者对 O2O 商业模式接受行为影响因素的解释结构模型如图 32 所示。

3.2.4 提出接受行为模型与假设

根据消费者对 O2O 商业模式接受行为解释结构模型可以看出模型分四个层次,首先第二层 L_2 到第一层 L_1,消费者的行为意向直接影响消费者使用 O2O 商业模式行为,实际消费者使用行为必然是在自身行为意向影响下发生的,这本身符合常理毋庸置疑,众多文献理论和访谈内容均一致认同;第三层 L_3 到第二层

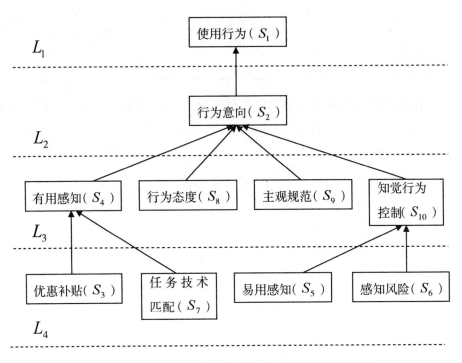

图 32　消费者对 O2O 商业模式接受行为解释结构模型图

L_2,有用感知、行为态度、主观规范、知觉行为控制直接影响消费者行为意向,符合计划行为理论与技术接受行为模型理论,也印证了专家访谈的观点;第四层 L_4 到第三层 L_3,优惠补贴与任务技术匹配直接影响有用感知因素,易用感知与感知风险直接作用知觉行为控制,与任务技术匹配模型、C‒TAM‒TPB 模型的部分理论相符,并且是经专家小组探讨所得结论;第四层 L_4 到第二层 L_2,因为解释结构模型图不能很好体现出系统内部的跨层级影响关系,所以不可忽略优惠补贴、任务技术匹配、易用感知、感知风险对行为意向的直接影响作用,这也与任务技术匹配模型、C‒TAM‒TPB 模型的部分理论相印证,也结合了专家访谈的观点;最后从整体模型中可看出,有用感知和知觉行为控制可能分别是作为优惠补贴、任务技术匹配与易用感知、感知风险的中介变量作用于行为意向,但这一观点待后续研究验证。因此,结合以上内容,本研究提出消费者对 O2O 商业模式接受行为理论模型,如图 33 所示。

根据消费者对 O2O 商业模式接受行为理论模型,提出消费者接受行为的影响因素的部分假设,因结构方程假设的写法不同于以往传统多变量回归模型的假设,传统的多变量回归分析只能做直接效果的评估,也无法对潜在变量直接分析,

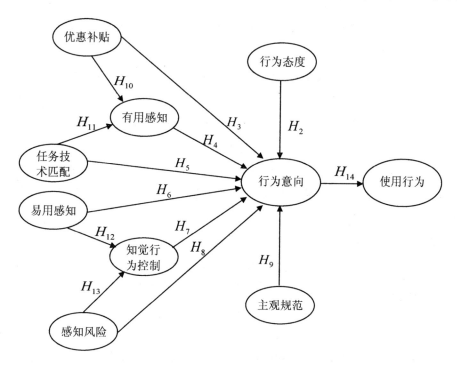

图 33 消费者对 O2O 商业模式接受行为理论模型图

如果将模型的观测变量分数加总平均,变成观测变量题项再加以分析,那么对每一条相关或回归线作假设是合理的,但是在结构方程的分析时,结构方程采取的是整体模型评估,以样本共变异数(协方差)矩阵 S 与模型再制(期望)矩阵 $\sum$ 比较($S - \sum$),两者的差异越小表示假设模型与样本数据越相似。(Chin,1998)认为结构方程分析时不应对每一模型路径提出假设陈述,而是对结构方程整体模型与样本数据配适度的评估。因此,本研究的总体模型假设为模型期望共变异数矩阵与样本共变异数矩阵没有差异:$S - \sum(\theta) = 0$,S 为样本共变异数矩阵,$\sum(\theta)$ 为模型期望共变异数矩阵。具体模型提出的研究假设如下:

H_1 行为态度对行为意向有正向影响

H_2 优惠补贴对行为意向有正向影响

H_3 有用感知对行为意向有正向影响

H_4 任务技术匹配对行为意向有正向影响

H_5 易用感知对行为意向有正向影响

H_6 知觉行为控制对行为意向有正向影响

H_7 感知风险对行为意向有负向影响

H_8 主观规范对行为意向有正向影响

其中，H_1、H_6、H_8 假设是与理性与计划行为模型构架的理论相似，假设行为态度、主观规范、知觉行为控制会直接影响消费者行为意向；H_3、H_5 假设是与技术接受行为一系列模型构架的理论相似，假设有用感知、易用感知会直接影响消费者行为意向；H_4 假设是与任务技术匹配模型构架的理论相似，假设任务技术匹配会直接影响消费者行为意向；H_7 假设是与消费者感知风险相关理论相似，假设感知风险会直接影响消费者行为意向；H_2 假设是以技术接受行为理论为基础衍生的外部因素，假设优惠补贴会直接影响消费者行为意向。

H_9 优惠补贴对有用感知有正向影响

H_{10} 任务技术匹配对有用感知有正向影响

其中，H_9、H_{10} 假设与技术接受行为一系列模型构架的理论相似，优惠补贴、任务技术匹配会直接影响有用感知。

H_{11} 易用感知对知觉行为控制有正向影响

H_{12} 感知风险对知觉行为控制有负向影响

其中，H_{11}、H_{12} 假设与计划行为模型、C – TAM – TPB 模型、消费者感知风险的理论相似，易用感知、感知风险会直接影响知觉行为控制。

H_{13} 行为意向对使用行为有正向影响

其中，H_{13} 假设与理性与计划行为模型、技术接受行为一系列模型构架的理论相似，行为意向均会直接影响使用行为。

H_{14} 优惠补贴通过有用感知中介进而正向影响行为意向

H_{15} 任务技术匹配通过有用感知中介进而正向影响行为意向

其中，H_{14}、H_{15} 假设与技术接受行为的 TAM2、TAM3 模型构架的理论相似，有用感知作为外部因素的中介变量进而影响行为意向。

H_{16} 易用感知通过知觉行为控制中介进而正向影响行为意向

H_{17} 感知风险通过知觉行为控制中介进而负向影响行为意向

其中，H_{16}、H_{17} 假设与计划行为模型、C – TAM – TPB 模型、消费者感知风险的理论相似，知觉行为控制作为其他因素的中介变量进而影响行为意向。

3.3　方差分析与设计

3.3.1　方差分析基本思想

方差分析(ANOVA)就是从观测变量的方差入手,研究诸多控制变量中哪些变量是对观测变量有显著影响的变量,以及对观测变量有显著影响的各个控制变量其不同水平以及各水平的交互搭配是如何影响因变量的一种分析方法。如果控制变量的不同水平对观测变量产生了显著影响,那么它和随机变量共同作用必然使得观测变量显著变动;反之,如果控制变量的不同水平没有对观测变量产生显著影响,那么观测变量值的变动就不明显,其变动可以归结为随机变异影响造成的。方差分析就是从观测变量的方差分析入手,通过推断控制变量各个水平下各观测变量总体的均值是否存在明显差异,来分析控制变量是否给观测变量带来了显著影响,进而再对控制变量各个水平对观测变量影响的程度进行剖析(罗美娟,2007)。方差分析是基于变异分解的思想进行的,方程分析一般可分为两种,即单因素和多因素方差分析。单因素方差分析是探索单个因变量对某已分类性解释变量的函数关系;多因素方差分析是探索单个因变量对两个或两个以上分类性解释变量的函数关系,本研究主要是运用单因素方差分析来检验不同年龄、学历、婚姻及家庭状况、生活所在地、工作职业、家庭年收入等分组变量的消费者对O2O商业模式接受行为等结构变量的差异性影响,从而揭示以上因素之间的变化机制。

在方差分析中,整个样本的变异可以看成由如下两个部分构成:总变异 = 随机变异 + 处理因素导致的变异,其中随机变异是永远存在的,确定处理因素导致的变异是否存在就是所要达到的研究目标,即只能证明它不等于0,就等同于证明了处理因素的确存在影响。在方差分析中,代表变异大小,并用来进行变异分解的指标就是离均方差平方和,代表总的变异程度,可以发现在实际样本数据中,该总变异可以被分解为两项,第1项是各组内部的变异(组内变异),该变异只反映随机变异的大小,其大小可以用各组的离均方差平方和之和,或称为组内平方和来表示;第2项为各组均数的差异(组间变异),它反映了随机变异的影响与可能存在的处理因素的影响之和,其大小可以用组间平方和表示:总变异 = 组内变异

+组间变异,并且该等式和上面的等式存在着如下的对应关系(张文彤,2011):

总变异=随机变异+处理因素导致的变异

$$ \tag{3.6} $$

总变异 ＝ 组内变异 ＋ 组间变异

这样可采用一定的方法来比较组内变异和组间变异的大小,如果后者远远大于前者,则说明处理因素的影响的确存在,如果两者相差无几,则说明该影响不存在,以上就是方差分析法的基本思想。方程分析的检验统计量可以简单地理解为利用随机误差作为尺度来衡量各组间的变异,即:

$$ F = \frac{组间变异测量指标}{组内变异测量指标} \tag{3.7} $$

因此方程分析中所用到的概率分布是 F 分布, F 分布是一个"家族"。分子和分母具有各自的自由度,每一对自由度对应一个 F 分布; F 分布是一个右偏分布。当分子和分母的自由度逐渐增加, F 分布就越接近于正态分布; F 分布是连续的,并且自变量取值为非负; F 分布的右侧曲线以 X 轴为渐进线,当 x 的值越来越大, F 分布曲线就越接近于 X 轴(李金林、赵中秋、马宝龙,2011)。

在运用单因素方差分析之前,要样本基本情况的数据满足以下几个条件,或者说以下的假设应当成立:一是观察对象数据是来自于所研究因素的各个水平之下的独立抽样;二是每个水平下的因变量应当服从正态分布;三是各个水平下的总体具有相同的方差。概括起来就是独立性、正态性和方差齐性。另外方差分析中,各组正在样本含量上的均衡性将会为分析计算提供极大的便利,也能在一定程度上弥补正态性或方差齐性得不到满足时对检验效能所产生的影响,这一点在多因素时体现得尤为明显(张文彤,2011)。单因素方差分析只针对一个因素进行,旨在分析该因素对样本的观测值是否产生影响,那么各因素的样本容量大小可以一致,也可以不一致。单因素方差分析一般分为以下四个步骤进行:

(1)建立原假设和备择假设

单因素方差首先要建立原假设和备择假设。原假设是各个因素水平间的均值相等,而备择假设则是各个因素水平间的均值不全相等。即:

$$ H_0 : \mu_1 = \mu_2 = \mu_3 = \cdots $$
$$ H_1 : \mu_1 , \mu_2 , \mu_3 , \cdots \ 不全相等 \tag{3.8} $$

如果原假设 H_0 不被拒绝(被接受),那么备择假设 H_1 就被拒绝,如果原假设

H_0 被拒绝,那么备择假设 H_1 不被拒绝(被接受)。

(2)选择显著性水平

显著性水平是估计总体参数落在某一区间内,可能犯错误的概率,用 α 表示。显著性是对差异的程度而言的,程度不同说明引起变动的原因也有不同:一类是条件差异,一类是随机差异。它是在进行假设检验时事先确定一个可允许的作为判断界限的小概率标准。显著性水平不同,拒绝域也就不同,方差分析得到的结论也有可能会不同,一般经济、管理类研究通常采用 0.05 的显著性水平,本文也采用该标准进行假设检验。

(3)确定决策点

F 统计量的临界值由显著性水平和自由度决定,显著性水平在确定之后,根据公式(3.6)中的分子项和分母项的自由度($k-1,n-k$),通过查 F 分布表可以查得各显著性水平下的 F 统计量,如果 F 值超过标准,则进入拒绝域,应该拒绝原假设,接受备择假设,F 值分布表在标准之内则反之。

(4)计算并决策

在单因素方差分析中,有三个平方和(SS):总变异离差平方和 SST、组间变异离差平方和 SSA、组内变异离差平方和 SSE。这三个平方和之间存在意向关系式:

$$SST = SSA + SSE \tag{3.9}$$

通过计算 SST 和 SSA,就可由式(3.9)得到 SSE,再由 SSA、SSE 及各自的自由度可以计算出对应的均方 MSA、MSE,由两个均方的比值即可求得 F 值,计算 F 值的第一步一般由计算 SST 开始,SST 是每个观测值同整体均值之间平方差之和,即:

$$SST = \sum X^2 - \frac{\left(\sum X\right)^2}{n} \tag{3.10}$$

式(3.10)中,X 为样本的观测值。根据式(3.10)即可计算出 SST,然后计算 SSA:

$$SSA = \sum \left(\frac{T_c^2}{n_c}\right) - \frac{\left(\sum X\right)^2}{n} \tag{3.11}$$

式(3.11)中,T_c 为因素的每一个水平的观测值之和,n_c 为因素的每一个水平包含的观测值的个数。根据式(3.11)即可计算出 SSA,再根据式(3.11)即可计算出 SSE。根据方差分析表 14 所示:

表14　方差分析表

方差类型	离差平方和 SS	自由度 df	均方 MS	F 值
组间变异	SSA	$k-1$	$\dfrac{SSA}{k-1} = MSA$	$\dfrac{MSA}{MSE}$
组内变异	SSE	$n-k$	$\dfrac{SSA}{n-k} = MSA$	$\dfrac{MSA}{MSE}$
总变异	SST	$n-1$		$\dfrac{MSA}{MSE}$

可将计算出的三个离差平方和的值通过表14的计算方式计算出 F 值,并与 F 临界值做比较得出最终的决策结论。

另外,本研究中还有消费者的性别和居住在市区或乡镇分组变量对 O2O 商业模式接受行为等结构变量的差异性影响,由于区分差异性的分组变量仅有两个选择,故不宜采用单因素方差进行检验,因而选用独立样本 t 检验方法对消费者的性别与居住在市区或乡镇的各个因素的内在关系进行分析。

3.3.2　独立样本 t 检验基本思想

t 检验基本思想是根据独立样本的均值差异判断两个总体的均值是否有显著差异。t 检验即是应用 t 分布的特征,将 t 作为检验的统计量来进行的检验,t 统计量的分布规律是和样本量有关的,更准确说是和自由度有关。自由度基本上是信息量大小的一个度量,描述了样本数据能自由取值的个数,在 t 分布中由于有给定的样本均数这一限定,因此,当自由度增加时,它的分布就逐渐接近标准正态分布,所以在样本量较大时,可以用标准正态分布来近似 t 分布,对不同的自由度时 t 分布下面积的概率分布规律进行了很好的总结,所以就可以利用 t 统计量来回答上述关于均数的假设检验问题(张文彤,2011)。具体的统计量计算公式为:

$$t = \frac{\bar{X} - \mu_0}{s_{\bar{X}}} = \frac{\bar{X} - \mu_0}{s/\sqrt{n}} \quad 自由度\ df = n-1 \qquad (3.12)$$

其中公式(3.12)中,$\bar{X}$ 表示样本均值,n 表示样本,s 表示样本标准偏差,μ_0 为假设的参数的具体数值。t 检验要对原假设与备择假设之间的定义:

$$H_0 : \mu_1 - \mu_2 = 0$$
$$H_1 : \mu_1 - \mu_2 \neq 0 \qquad (3.13)$$

本研究中的原假设是消费者的男女性别的总体均值和居住在市区或乡镇总体均值在对 O2O 商业模式接受行为等结构变量不存在差异性影响,可查得各显著性水平下的 t 统计量,在规定的显著性水平以内,则不拒绝原假设,两者的总体均值不存在差异性影响。如果超过标准,则进入拒绝域,应该拒绝原假设,接受备择假设,两者的总体存在差异性影响。

3.4 问卷研究与设计

3.4.1 问卷设计的原则

问卷调查法即通过向被调查者发出相关问题的调查表,请其填写对有关问题的意见和建议,从而搜集研究数据和数据的一种机构化技术,在社会研究中的多种观察方式中经常会用到,又是实现各种市场调查的一种必不可少的工具,同时也是管理学研究中最为普及的方法。其实用性主要体现在:如果实施得当,调查问卷法是最快速及有效的搜集数据的方法;如果量表的信度和效度高,数据样本量大,研究者可用问卷调查法搜集到高质量的研究数据;问卷调查对被调查者的干扰较小,因而比较容易得到被调查者及其所在周边环境的支持,可操作性强;成本低廉,是实地研究中最经济的搜集数据的方法。调查研究中的问卷调查法通常是基于三点假设条件:大多数被调查者会认真地阅读和回答问卷中的所有问题;大多数的被调查者有足够的能力理解问卷中的问题;大多数的被调查者会提供真实而坦诚的答案。问卷本身的质量会直接影响被调查者在填写问卷时的态度和行为。一份词不达意或语言唐突的问卷会使答卷者对研究人员失去信任,从而草草了事。一份冗长的问卷会使答卷者疲惫厌倦,其结果是留空页不作答或是在某一类问题中填下同样的答案,以求迅速完成问卷。这些情况都会导致答卷的质量低下,而低质量的答卷直接影响了研究的质量。因此,要使如上陈述的假设条件成为现实,必要要注意问卷设计的原则(陈晓萍,徐淑英 & 樊景立,2012)。

(范伟达,2008)提出问卷设计中一些基本的原则需要掌握:

(1)目的性原则。这是问卷设计最重要的原则。问卷设计的根本目的就是设计出调查需要,能够获得足够、适用和准确的信息资历的调查问卷,来保证调查工作的顺利完成。本研究通过文献综述、访谈等手段,收集关于消费者接受行为等方面的理论资料作为本研究的理论基础。

（2）接受原则。这是获得被调查者支持的关键。设计问卷时要为被调查者着想，从被调查者的角度去考虑问题的结果，使得被调查者容易接受。本研究在设计问卷后通过德尔菲法与专家讨论各个题项，并进行预测试，从被调查角度来研究问卷题项是不是适合。

（3）简明原则。主要表现在本问卷总体的设计简明，被调查者在填写问卷中时间适当，问卷简明，问卷的题项，也就是问句也比较简明，方便被调查者理解问卷的内容，填写不产生理解上的偏差。

（4）匹配原则。本研究正确把握调查目的与数据之间的关系，使得问卷调查完成后，能够方便地检查问卷的适用性和正确性，便于进行调查结果的整理和统计分析，把握数据之间的关系，便于进行数据的检验和分析。

（5）排序原则。本研究按照文中构建的各个变量进行设计，符合逻辑顺序，被调查者填写过程中会觉得有逻辑。

3.4.2　问卷设计与调查的流程

本研究在文献综述与访谈分析的基础上，已确定消费者对 O2O 商业模式接受行为影响因素，并通过解释结构模型化技术分析提出了接受行为理论模型和相关假设。因此，问卷设计与调查工作流程首先是在结合文献综述与访谈分析的基础上，根据接受行为理论模型和相关假设的内容设计问卷初始的题项量表。第二步是采用德尔菲法，把问卷初始的题项量表发给专家小组，经专家几轮优化后形成预测问卷。第三步是选取小规模的样本发放预测问卷进行预测试，对预测的数据进行信度、效度的分析并修正问卷。第四步是确定正式问卷，根据研究抽样方式和所需样本量进行发放调查、搜集数据。第五步是回收问卷，整理录入数据，为后续数据分析做准备。本研究问卷设计与调查工作流程如图 34 所示。

3.4.3　问卷题项的设计

题项的撰写设计是形成良好问卷的整体框架。研究者对题项加以组织编辑，使其阅读起来十分流畅，并加上开场导言，以一个或多个调查题项来测量每个变量。评价调查题项的好坏，有两个关键原则：即避免混淆和记住被调查者的观点。好的调查题项提供给研究者具有良好信度与效度的测量工具，也使被调查者了解题项的含义，觉得回答得言之有物、言之有理。一个无法与被调查者观点契合或

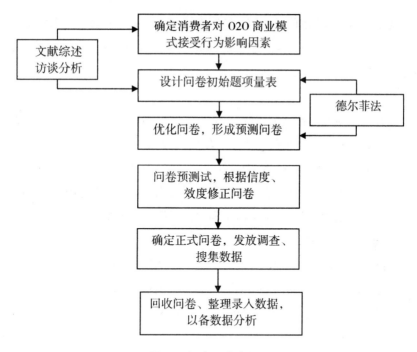

图 34　问卷设计流程图

使调查者感到混淆的题项不是好的测量工作(纽曼 & 郝大海,2007)。因此,一份良好问卷题项设计主要表现在以下四个方面:

(1)题项的撰写

题项的撰写与其说是科学,还不如说更像是艺术,更要有技巧、练习、耐心与创造力。本研究在题项撰写措辞用字的问题上,尽量使用简单的词汇与通俗易懂的文法;其次,在题项的撰写设计过程中尽量避免以下问题:使用行话、俚语和简写;模棱两可和模糊不清的问题;情绪化的语言和声望偏见;诱导性问题;问超过被调查者能力的问题;双重否定等等混淆被调查者的问题。

(2)题项的数量

研究者在研究过程中往往偏好较长的问卷与较多数量的题项,因为他们具有更高的成本效率,一旦被调查者在被调查过后,发现还需再调查其他题项时,基本很难再找到该调查者或需要花费很大成本,所以采用设计较长的问卷和较多数量的题项,并一次性调查是常用的做法,但是冗长的问卷和繁多数量的题项会使被调查者疲惫厌倦,导致其结果是留空页不作答或是在某一类问题中填下同样的答案,以求迅速完成问卷。这些情况都会导致问卷的质量低下,实际本身问卷与题项没有绝对合适的数量,数量取决于调查的形式以及被调查者的特征。本研究的调查形式是在繁华的街面发放问卷,被调查的抽样对象是社会大众中使用O2O商业模式的消费者,因此不宜采用过长的问卷和繁多数量的题项,整体问卷填答的时间也应保持在15分钟以内。

(3)题项的顺序

一般有关题项顺序排列的议题,研究者经常要面临整份问卷的组织和题项上下文情境顺序的效应。整份问卷要求开场的部分在对调查做过简要的解释之后,最好使开场白读起来愉悦、有趣,而且容易回答,使被调查者对问卷阅读起来感到舒适,避免开始就问一些令人厌烦的问题和难度大的问题。问卷中间部分安排切合主题的有关题项,并在这个部分做个简短的说明,可帮助被调查者明确方向,流畅、合乎逻辑地呈现研究的主题。问卷结尾部分可询问一些意见、总结与补充性的问题,并以感谢词作为问卷的结束。另外,题项上下文的情境顺序可能会影响到被调查者的回答,即回答该题项时是否会受到前后问题的影响。人们有时对一个问题的结果会优先选择依照其他问题的答案,实际中出现该情况可试用漏斗次序来安排题项出现的先后顺序,即在问研究专业的问题之前先问一般的基础问题,或是将被调查者分为两个部分,一部分根据某种问题顺序排列,另一部分根据另一种顺序排列(Neuman,2011)。本研究的问卷首先简要解释研究的目的、内容与题项填写说明,然后为了避免题项上下文情境顺序的效应,把题项分为调查消费者基本情况的基础题项与调查消费者接受行为影响因素的特殊题项,问卷前半部分是基础问题,后半部分是专业问题,中间通过文字简要说明。实际后半部分的特殊题项也是测量量表的题项,刚好能与基础问题区分开。问卷结尾部分提出一个消费者对O2O商业模式意见或建议的开放性问题,最后以感谢词作为本次问卷的结束。

(4)题项的格式

无论对研究员还是被调查者来说,问卷题项的格式都是相当重要的一项环节,问卷应该是清楚、整齐和容易阅读的,给每道问题都应编一个题号,并且在问卷中加入识别的信息以便录入数据。不要把所有题项挤在一起,也不要让问卷看起来很混乱,在问卷中用相应的字体、粗细、大小写等格式表述不同的段落,设计好封闭式与开放式的题项格式,设计好基础题项与特殊(量表)题项的格式选项。本研究为了方便在内地珠江三角洲城市开展问卷调查,故采用简体、宋体、小四号字。问卷中分封闭式问题和开放式问题,基础题项和特殊(量表)题项均为封闭式题项,即答案已被记录在预先确定的选项上,由被调查者选择。问卷最后结尾处设一道提建议的开放式问题,即被调查者用自己的语言开放式回答(福勒,2010)。问卷基础题项采用单选或多选的方式,题号用数字编号,选项用 A、B、C、D、……,加选项内容;特殊(量表)题项采用李克特量表,编号采用小写英文字母加数字,选项用接受态度的等级程度表述选项内容。

在本研究中,针对调查对象消费者的特征维度主要包括性别、年龄、学历、家庭婚姻情况、生活地域、收入状况、接触年限,可以作为控制变量对 O2O 商业模式接受行为产生影响。性别:从生理层面上,由于性别的不同,男性、女性在感官功能,身体机能上可能存在显著差别。年龄:从年龄来说,由于不同年龄的文化、知识、能力与获取资源等因素的不同导致可能存在显著差别,根据《第 36 次中国互联网络发展状况统计报告》中各年龄人口互联网普及率与联合国卫生组织对年龄的划分①,可分为 18 岁以下(少年)、18~29 岁(青年)、30~44 岁(青年)、45~59 岁(中年)、60 岁以上(老年)五个层次。学历:从所受教育程度来看,学历水平越高,职业层次相对越高,从而收入水平、工作环境、生活条件以及消费习惯等差别也越明显,因此学历的不同可能存在显著差别,本研究根据中国教育的实际情况把个人教育学历程度分为高中及中专以下学历、大专、本科、研究生(包括硕士与博士)学历四类。家庭婚姻情况:家庭结构状况的不同往往会影响消费行为,单身与三口之家其消费偏好和行为决策可能存在显著差别,本研究根据家庭婚姻的情况把家庭结构分为未婚、已婚无子女、已婚有子女和其他情况四类。生活地域:本研究是以珠江三角洲城市的 O2O 商业模式消费者为例展开抽样调查,珠江三角洲城市包括广州、深圳、佛山、东莞、中山、珠海、肇庆、惠州、江门共 9 个城市,因此把生活地域分为 9 个。另外,本研究在市区和乡镇的二个层面上多设一项题项,便于在中国生活地域的结构上分析研究。职业状况:本研究职业状况是以个人目前的社会地位、职业性质、工作经历、闲暇时间等角度去探讨分析,根据《第 36 次中国互联网络发展状况统计报告》中职业结构划分,可分为学生、党政机关事业单位工作人员、公司企业职员、自由职业者、农林牧渔劳动者、农村外出务工人员、退休、无业(包含失业下岗)共 8 个状况。收入状况:本研究收入状况以家庭年收入为单位,根据 2015 年中国收入等级划分标准②可分为家庭年收入低于 8 万元(低收入人群)、8~30 万元(小康人群)、30~100 万元(中高收入人群)、100 万元(富

---

① 联合国卫生组织对年龄的划分标准规定:44 岁以下是青年,45 岁至 59 岁为中年人,60 岁至 74 岁为年轻的老年人,75 岁至 89 岁为老年人,90 岁以上为长寿老年人

② 数据源于天涯经济论坛.《2015 年中国收入等级划分》.2015 年 3 月

人群)以上四个层次。接触年限:由于O2O属于电子商务的一种商业模型,O2O商业模式从2010年兴起至今,发展时间较短,因此以消费者接触电子商务的年限来研究较为稳妥,中国电子商务发展至今大约为20年,以4年为一个标准,消费者接触电子商务的年限可划分为4年以下、4~8年、9~12年、12年以上。

3.4.4 问卷量表的编制

量表依据不同的潜在态度的测量模型发展出了若干种量表技术,其中最为普遍的是李克特量表,李克特量表隐含的基本思想是:态度可以被看作由个人持有的,与信念、评价和行动相关的一组命题,如果被调查者就一组与态度的客体有关的命题中的一个样本表示同意与不同意的程度,那么就可以把这些答案合并起来,进而得到一个更好的态度测量(布拉德伯尔尼,2011)。本研究李克特量表建议采用7级尺度,因为本研究的李克特量表搜集的数据是用于结构方程模型分析,由于结构方程模型的数据是先转化成共变异数矩阵再代入模型运算,数据的等级程度越多相应共变异数矩阵的组合也就越多,那么数据就越容易趋近于常态,数据的独立性也相应增加,导致最终模型的拟合效果也就越好,但是数据的尺度超过7级以上就容易给被调查者填答带来混淆,因此,结构方程模型运算使用李克特7级量表数据较为理想(Bollen,1989)。另外,在采用结构方程模型分析时,一个潜在的变量应包含3个或3个以上的测量题项,只有三个题项时称为恰好辨识,亦即自由度为0,又称饱和模型。模型只有唯一解,因此卡方值为0,其他配适度指标不是0就是1,分析时将看不到任何配适度指标。通常一个结构方程模型中,如果一个潜在变量只有两个题项或只有一个题项时,往往就是模型非正定的主因,这称为实务上的不足辨识(Kline,2015)。在题项数量的选择上,建议最多不要超过7个,因为无论衡量什么变量,一定可以用最重要的七个题项来代表,再加上分析时可能会发现某些题项的信度不佳,如因素负荷量太低、题项相关性过高、残差不独立和不符合单一构面原则(一个题项与两个变量构面有高度相关)等,需要予以删除题项,在此情况下,如果衡量潜在变量的题项只编制了3题,就会造成变量不足以辨识(Bollen,1989)。

现代的电子商务、消费者行为与市场营销等工商管理学科已有几十年的历史,与其相关的学科如社会学与心理学范畴内的学科等渊源更深,在这漫长的研究过程当中,许多的专家学者刻苦研究,反复论证,做了大量的实证研究,也创建了大量的研究量表,这些现有的量表为我们从事实证研究提供了宝贵的条件和手段。因此沿用现有高质量的量表存在如下有效性。第一,在文献中占有显著地位的量表一般有较高的信度和效度。量表的价值取决于其信度和效度,信度和效度是量表成熟性的标志,使用成熟的量表测量得更为理想。现有的量表尤其是在文献中占有一定地位的量表,往往具有较高的信度和效度。这些量表已被不同的研究者在不同的环境和不同的群体中使用过,反复的应用确保了这些量表能贴切地测量它们所代表的概念和变量(效度),也证实了这些变量的稳定性和准确性(信度)(陶永明,2011)。第二,在文献中反复使用的量表认可度高。在学术领域,研究者为社会服务的一个重要途径是发表论文,发表在具有领先地位期刊上的论文是经过严格的专业审核的。使用不可靠的量表绝对不可能产生可靠的研究成果,论文亦不可能在优秀的期刊上发表。换言之,在优秀期刊上所发表的论文必须建立在翔实的实证研究基础上,而翔实的实证研究必须基于可靠的量表(陶永明,2011)。这就造成了一种循环:在优秀的期刊上发表的实证论文常常沿用现有高质量的量表,这些论文的发表强化了这些量表的权威性,使更多的研究者使用这些量表,这些量表反复使用有助于提升论文质量使其更容易发表,在这样反复使用循环的过程中,这些量表渐渐产生了品牌效应,学术界也认可了它们(陈晓萍 et al.,2012)。

在从事问卷调查前,首先是如何利用现有的可靠量表,但是现有量表也存在局限性。一是文化上的局限性。系统的管理学研究起源于国外,大多数现有理论和量表都是始于国外研究者的观察和总结,这些理论和量表在指导和解释国外的管理研究卓有建树,然而将其应用于跨文化的中国环境中,则需要仔细推敲其实用性和可行性。二是时间上的局限性。一个量表经历了创建、测试、发表传播、进一步测试、成熟等过程,这个过程往往是漫长的,许多因素都可能在发生变化,从而对沿用量表的持续可行性带来挑战。所以我们在沿用现有的量表的同时,要考虑到量表测量的概念是否过时,所依据的环境是否改变,是否已有新的替代量表,替代量表与原有量表是否有相关性和互补性。三是语言上的限制性。对于国外沿用的量表是否能准确地翻译,给研究者带来一个严峻的考验,研究者在翻译过程中可能会由于语言上的差异,而带入自己的主观意愿,造成量表翻译后测量的误差(陈晓萍 et al.,2012)。

在本研究中涉及 10 个变量,其中行为态度、主观规范、易用感知、感知风险、任务技术匹配、价格补贴为预测变量,有用感知和知觉行为控制为中介变量,行为意向和使用行为为结果变量。以下就根据变量出处来讨论量表的题项来源:

(1)行为态度、主观规范、知觉行为控制

本研究的行为态度、主观规范、知觉行为控制变量的题项测量表是以理性与计划行为理论为基础,依据 Ajzen 的 TPB 问卷量表编制原则①,结合本研究的访谈内容与相关文献的量表。在量表编制过程中注意本土化与翻译等问题,得出三项变量的题项,测量表题项与来源见下表 15 所示:

表 15　行为态度、主观规范、知觉行为控制变量题项测量表

变量	题号	量表题项	量表来源
行为态度	XT1	我认为使用 O2O 购物是明智	(Icek Ajzen,1985；Icek Ajzen & Fishbein,1980；Bagozzi,Lee & Loo,2001；Pavlou & Fygenson,2006；Ragheb & Beard,1982；何小洲 & 彭露,2014；李东进,吴波 & 武瑞娟,2009)
	XT2	我认为使用 O2O 购物是有乐趣的	
	XT3	我认为使用 O2O 购物是有价值的	
	XT4	我喜欢使用 O2O 购物	
	XT5	使用 O2O 购物令我着迷	
主观规范	ZG1	我使用 O2O 购物是受到父母、配偶、兄弟姐妹等家里人的影响	(Icek Ajzen,1985；Icek Ajzen & Fishbein,1980；Park,2000；Pavlou & Fygenson,2006；Venkatesh & Davis,2000；李东进 et al.,2009；吴济华,叶晋嘉 & 周佳仪,2005)
	ZG2	我使用 O2O 购物是受到朋友、同学等亲朋好友的影响	
	ZG3	我使用 O2O 购物是受到同事、领导、下属等工作同事的影响	
	ZG4	我使用 O2O 购物是受到邻居、同乡等周边人的影响	
知觉行为控制	ZK1	我有知识和能力使用 O2O 购物	(Icek Ajzen,1985；Icek Ajzen & Fishbein,1980；Hsieh & Keil,2006；Pavlou & Fygenson,2006；Taylor & Todd,1995；穆瞳,黄奇栋 & 马剑虹,2011；孙元,2010)
	ZK2	我有机会和资源渠道使用 O2O 购物	
	ZK3	使用 O2O 购物在我的控制之内	
	ZK4	我能熟练使用 O2O 购物	
	ZK5	我可以随意选择任何 O2O 购物	

---

① 数据源于 Ajzen,By I. "Constructing a TPB Questionnaire:conceptual and methodological considerations',available at:http://people.umass.edu/aizen/pdf/tpb.measurement.pdf.".2006 年 1 月

（2）易用感知、有用感知

本研究的易用感知、有用感知变量题项测量表是以技术接受行为理论为基础，依据 TAM、TAM2、TAM3、C - TAM - TPB、UTAUT 等模型量表的编制原则，结合本研究的访谈内容与部分相关文献的量表，在量表编制过程中注意本土化与翻译等问题，得出二项变量的题项，测量表题项与来源见下表 16 所示：

表 16　易用感知、有用感知变量题项测量表

变量	题号	量表题项	量表来源
易用感知	YG1	我认为 O2O 操作学习起来很容易	（Davis，1989；Taylor & Todd，1995；Venkatesh & Bala，2008；Venkatesh & Davis，2000；Venkatesh et al.，2003；鲁耀斌 & 徐红梅，2006；任维廉 et al.，2009；吴亚馨 et al.，2008；颜端武 & 刘国晓，2012）
	YG2	我认为 O2O 系统平台操作过程清晰易懂	
	YG3	我认为使用 O2O 购物不需要花费我大量的精力和时间	
	YG4	我认为使用 O2O 很容易买到我想要的产品和服务	
	YG5	我认为使用 O2O 与购买的商家、O2O 平台方、其他消费者互动起来很灵活	
	YG6	我认为熟练使用 O2O 购物很容易	
有用感知	YZ1	我认为使用 O2O 购物快捷便利	（Davis，1989；Taylor & Todd，1995；Venkatesh & Bala，2008；Venkatesh & Davis，2000；Venkatesh et al.，2003；鲁耀斌 & 徐红梅，2006；任维廉 et al.，2009；吴亚馨 et al.，2008；颜端武 & 刘国晓，2012）
	YZ2	我认为使用 O2O 购物价格便宜，为我节省了开支	
	YZ3	我认为 O2O 的功能对我寻找合适的产品和服务起了帮助作用	
	YZ4	我认为 O2O 的功能对我选择正确的购物起到了帮助作用	
	YZ5	我认为使用 O2O 购物提升了工作和生活的效率	

（3）任务技术匹配

本研究的任务技术匹配变量题项测量表是以技术接受行为理论为基础，依据 FFT 等模型量表的编制原则，结合本研究的访谈内容与相关文献的量表，在量表编制过程中注意本土化与翻译等问题，得出变量的题项，测量表题项与来源见下表 17 所示：

表17　任务技术匹配变量题项测量表

变量	题号	量表题项	量表来源
任务技术匹配	RP1	我认为 O2O 系统平台上产品和服务的展示、商家的定位、支付的方式等技术功能与我的需求相匹配	（Goodhue & Thompson, 1995；Mahmood, 2004；Moore & Benbasat, 1991；李宝强, 成颖 & 和进发, 2011；孙元, 2010）
	RP2	我认为 O2O 系统平台的技术功能符合我平时消费方式	
	RP3	我已适应了使用 O2O 系统平台的技术功能消费购物	
	RP4	我在生活中已习惯了使用 O2O 系统平台的技术功能消费购物	

（4）感知风险

本研究的感知风险变量题项测量表是以消费者感知风险理论为基础,结合本研究的访谈内容与感知风险变量的相关量表,在量表编制过程中注意本土化与翻译等问题,得出变量的题项,测量表题项与来源见下表18 所示:

表18　感知风险变量题项测量表

变量	题号	量表题项	量表来源
感知风险	GF1	我认为 O2O 的网上支付存在安全风险,会导致资金被盗等经济损失	（Bauer, 1960；Cox, 1967；Cunningham, 1967；Jacoby & Kaplan, 1972；Peter & Tarpey, 1975；Roselius, 1971；Stone & Grønhaug, 1993；Woodside, 1968；董大海 et al., 2005；刘莹, 2013；于丹 et al., 2006；张玉峰, 周磊, 杨威 & 龙飞, 2011；朱丽叶 et al., 2007）
	GF2	我认为使用 O2O 购物时,会存在泄露个人信息的风险	
	GF3	我认为使用 O2O 购买产品与服务不合适或有问题时,不允许退、换货	
	GF4	我认为使用 O2O 购买产品与服务不合适或有问题时,退、换货的时间会很长	
	GF5	我认为使用 O2O 购物时,会发生线上购买的产品和服务与线下期望的相差甚远	
	GF6	我认为使用 O2O 购物会使他人对我有情绪、歧视、难堪等负面的评价	
	GF7	我认为使用 O2O 购买到一些假冒伪劣的产品时,会使心灵或身体受到伤害	

（5）价格补贴

本研究的优惠补贴变量题项测量表是以技术接受行为理论为基础,结合本研究的访谈内容与优惠补贴变量的相关量表,得出变量的题项,测量表题项与来源见下表19所示:

表19 优惠补贴变量题项测量表

变量	题号	量表题项	量表来源
优惠补贴	YB1	我认为使用O2O购物时,比其他方式购买的价格更优惠	（Davis,1989; Venkatesh & Davis,2000; Venkatesh et al.,2003;陈湘青,2016;洪国彬 & 廖敏,2015;王燕茹 et al.,2014）
	YB2	我认为O2O的会员和积分等功能,让我购买到优惠的产品和服务	
	YB3	我认为使用O2O可以购买到打折的产品和服务	
	YB4	我认为使用O2O购物时,可以用代金券和红包等活动的方式抵扣金额	

（6）行为意向、使用行为

本研究的行为意向、使用行为变量的题项测量表是以理性与计划行为理论、技术接受行为理论为基础,依据Ajzen的TPB问卷量表与TAM、TAM2、TAM3、C-TAM-TPB、UTAUT等模型量表的编制原则,结合本研究的访谈内容与相关文献的量表。在量表编制过程中注意本土化与翻译等问题,得出二项变量的题项,测量表题项与来源见下表20所示:

表20 行为意向、使用行为变量题项测量表

变量	题号	量表题项	量表来源
行为意向	XY1	我会考虑使用O2O购物	（Icek Ajzen & Fishbein,1980; Icek Ajzen,1985; Davis,1989; Taylor & Todd,1995; Venkatesh & Bala,2008; Venkatesh et al.,2003;鲁耀斌 & 徐红梅,2006;王燕茹 et al.,2014）
	XY2	我愿意学习使用O2O新功能	
	XY3	我认为将来会继续使用O2O购物	
	XY4	我会考虑将O2O推荐给他人使用	

续表

变量	题号	量表题项	量表来源
使用行为	SX1	我会优先使用 O2O 购物	（Icek Ajzen & Fishbein, 1980; Icek Ajzen, 1985; Davis, 1989; Taylor & Todd, 1995; Venkatesh & Bala, 2008; Venkatesh et al. ,2003;鲁耀斌 & 徐红梅,2006;王燕茹 et al. ,2014）
	SX2	我一直在学习使用 O2O 新功能	
	SX3	我经常使用 O2O 购物	
	SX4	我经常推荐他人使用 O2O 购物	

3.4.5　问卷题项的优化

本研究在问卷的题项设计和量表编制完成后,运用德尔菲法对问卷的题项以及量表的文字、语言表述进行优化完善,根据实际情况,设计了符合本研究的德尔菲法实施步骤:

(1)选取访谈中的 6 名专家作为德尔菲法的函询对象,该 6 名专家分别是电子商务、市场营销、传媒经济学等相关学科的领域的学术专家,并且在前期访谈与解释结构模型化研究中参与和讨论过,对本研究的内容有一定认识和见解。

(2)将设计好的问卷通过电子邮箱等形式寄送给 6 名专家,让各位专家在互相不见面不讨论的情况下独立发表自己的意见,并在问卷中批注。

(3)收集专家们的意见,对问卷中的批注进行统计整理,然后综合汇总后反馈给各位专家,请专家们在他人意见的启迪下再次批注,如此重读几次,直到专家们的意见基本趋于一致。如果分歧很大,可集中讨论一次,或单独分别与分歧大的专家讨论。

(4)最后形成专家们对问卷的统一意见,提取批注对问卷进行优化完善。

本研究在启动第一轮的函询工作后,最终经过 3 轮的函询优化修正问卷,批注意见基本趋于一致。得出德尔菲法问卷题项优化内容见下表 21 所示:

表 21　德尔菲法问卷题项优化表

题号	题项修改前	修改建议	题项修改后
ZK3	使用 O2O 购物在我的控制之内	改关键词,表述更明确	使用 O2O 购物在我的掌控之内
YZ5	我可以随意选择任何 O2O 购物	增加内容,表述更清楚	我可以随意选择任何 O2O 平台方式购物

题号	题项修改前	修改建议	题项修改后
YG6	我认为熟练使用 O2O 购物很容易	删除题项,避免问题重复	删除该题
YZ3	我认为 O2O 的功能对我寻找合适的产品和服务起了帮助作用	语句优化,表述更清楚	我认为使用 O2O 对我寻找合适的产品和服务起了帮助作用
YZ4	我认为 O2O 的功能对我选择正确的购物起到了帮助作用	语句优化,表述更清楚	我认为使用 O2O 对我购物的正确决策起到了帮助作用
RP1	我认为 O2O 系统平台上产品和服务的展示、商家的定位、支付的方式等技术功能与我的需求相匹配	语句优化,表述更清楚	我认为 O2O 系统平台技术功能(如产品的展示、商家的定位、支付的方式)与我的需求相匹配
GF3	我认为使用 O2O 购买产品与服务不合适或有问题时,不允许退、换货	语句优化,表述更清楚	我认为使用 O2O 购买产品与服务不合适或有问题时,存在不允许退、换货的风险
SX4	我经常推荐他人使用 O2O 购物	改关键词,表述更明确	我推荐过他人使用 O2O 购物

经过德尔菲法对问卷题项优化后,形成消费者对 O2O 商业模式接受行为预测试问卷见附录 3,准备开始问卷预测试。

3.4.6 问卷预测试

由于本研究的调查对象的总体较为庞大,因此在正式问卷调查之前,本研究先对问卷进行预测试,并将回收的数据进行信度分析与效度分析,以决定是否修改问卷。问卷信度是指各个提项的可信度,即衡量结果的一致性或稳定性,信度分析主要是进行问卷量表各层面与总体的信度检验。问卷效度即是问卷的各个题项的准确性和有效性,是衡量综合评价体系是否能够准确反映评价目的和要求的一种分析方法,能检验问卷是否能够既简洁又准确地描述数据的属性和特征以及他们之间的复杂关系。

在问卷预测试过程中,关于预测试样本的数量,一般的经验法则是问卷中包括最多题项"分量表"的 3～5 倍人数为原则,同时考虑是否进行效度分析,进行探索性因素分析时,每个题项数与预试样本数的比例大约为 1∶5 至 1∶10 之间(Tinsley & Tinsley,1987)。本研究中最多题项的分量表有六个题项,最少题项的分量表有四个题项。所以按照本研究的阐述,本研究以提项与预测样本数的最大比例应该是 40～60 份之间,本研究取中间值应该发放 50 份,因此本研究实际总共发放出去了 50 份问卷预测试样本,全部回收,有二份问卷胡乱填答,有一份问卷出现题项缺失填答,实际 47 份合格,有效率 94%,对这些回收的有效问卷进行的效度和信度分析如下:

(1)信度分析

信度(Reliability)分析是一种使用统计手法进行问卷评价的方法,用于检验其稳定性、等值性、一致性等,从而为后续的分析提供依据。采用的手法有重测、复本、折半和克隆巴赫 α 系数(Cronbach's alpha)信度法。每种方法都有其自己的特点,也经过了时间的检验,重测信度法是对抽样的同组成员间隔一定时间进行反复测试,根据不同次数的结果,测定相关系数。复本信度法让同一组抽样成员做相同意义的两份问卷,根据结果测量其相关系数。折半信度法不改变抽样人群,而是将问卷拆分、测试从而得出相关系数。这些系数最后算出问卷的信度。克隆巴赫 α 系数是采取更加科学省事的方法,原理与折半信度法类似,但是不拆分题项目,而是在题目之间找联系从而算出信度,因此克服了折半法的缺点。克隆巴赫 α 系数信度法使用简单,利用信息内部的一致性,根据克隆巴赫 α 系数信度法的公式一次估量测试结果即可算得,是目前最常用的信度系数。克隆巴赫 α 系数信度法的公式为:

$$\alpha = \frac{n}{n-1}\left(1 - \frac{\sum S_i^2}{S_T^2}\right) \tag{3.14}$$

(3.14)公式中,n 为量表中题项的总数,S_i^2 为第 i 题得分的题内方差,S_T^2 为全部题项总得分的方差。从公式中可以看出,克隆巴赫 α 系数评价的是量表中各题项得分之间的一致性,属于内在一致性系数,适用于态度、意见问卷量表的信度分析(严小丽 & 黄怡浪,2015)。李克特量表法中最常用的信度检验方法也为克隆巴赫 α 系数信度分析,α 系数是估计信度的最低限度,其值越高表示量表越稳定,α 系数介于 0 至 1 之间。如果克隆巴赫 α 系数大于 0.9,则认为量表的内在信度很高；如果克隆巴赫 α 系数大于 0.8 小于 0.9，则认为内在信度较好；如果克隆巴赫 α 系数大于 0.7 小于 0.8，则认为量表设计可以接受，但存在一定的问题，如果克隆巴赫 α 系数小于 0.7，则认为量表的设计存在着重大问题，需要重新设计（薛薇，2013）。这些值是通过数理科学的算法制定出来的，被社会科学广泛使用，所以我们分析出来的结果只需根据这些值进行对比即可，一旦太小就被认为不能接受，也就认为该问卷不可接受，一般来说大于 0.7 是勉强可以接受的。这样我们就可以对我们的问卷进行评判，看看能不能通过信度的检验。不能通过检验的则不可信，还得查找原因。通过 SPSS 计算器软件详细分析结果如下表 22 所示：

表 22 预测试克隆巴赫 α 系数信度分析表

变量	题号	项已删除的刻度均值	项已删除的刻度方差	校正的项总计相关性	项已删除的 α 值	α 值
行为态度	XT1	19.83	31.275	0.857	0.919	0.937
	XT2	19.98	29.934	0.877	0.914	
	XT3	19.79	31.736	0.850	0.921	
	XT4	19.83	30.405	0.825	0.924	
	XT5	20.57	30.250	0.769	0.937	
主观规范	ZG1	12.49	21.342	0.625	0.808	0.835
	ZG2	11.81	22.549	0.561	0.834	
	ZG3	12.51	18.951	0.745	0.754	
	ZG4	12.85	18.260	0.737	0.758	
知觉行为控制	ZK1	20.49	34.473	0.862	0.945	0.954
	ZK2	20.74	32.890	0.901	0.938	
	ZK3	20.87	33.201	0.863	0.945	
	ZK4	20.74	32.368	0.859	0.946	
	ZK5	20.81	33.810	0.881	0.942	

续表

变量	题号	项已删除的刻度均值	项已删除的刻度方差	校正的项总计相关性	项已删除的 α 值	α 值
易用感知	YG1	19.85	29.086	0.843	0.928	0.942
	YG2	19.89	28.923	0.897	0.919	
	YG3	20.38	28.328	0.805	0.936	
	YG4	20.19	29.506	0.856	0.926	
	YG5	20.28	29.117	0.822	0.932	
有用感知	YZ1	20.38	26.763	0.814	0.937	0.944
	YZ2	20.64	25.323	0.842	0.933	
	YZ3	20.62	26.111	0.905	0.921	
	YZ4	20.98	26.934	0.827	0.934	
	YZ5	20.79	26.215	0.854	0.929	
任务技术匹配	RP1	15.55	18.079	0.810	0.944	0.944
	RP2	15.45	16.948	0.873	0.925	
	RP3	15.38	15.502	0.924	0.909	
	RP4	15.60	16.159	0.867	0.927	
感知风险	GF1	29.17	68.231	0.822	0.911	0.927
	GF2	28.85	65.651	0.865	0.907	
	GF3	29.15	64.869	0.836	0.909	
	GF4	29.13	65.592	0.867	0.906	
	GF5	29.19	65.115	0.886	0.904	
	GF6	30.21	73.606	0.408	**0.956**	
	GF7	28.94	68.191	0.806	0.913	
优惠补贴	YB1	15.68	14.352	0.784	0.829	0.879
	YB2	15.74	14.325	0.676	0.871	
	YB3	15.47	13.472	0.861	0.797	
	YB4	15.28	14.813	0.649	0.879	

变量	题号	项已删除的刻度均值	项已删除的刻度方差	校正的项总计相关性	项已删除的 α 值	α 值
行为意向	XY1	16.11	14.141	0.870	0.901	0.932
	XY2	16.09	15.253	0.848	0.911	
	XY3	16.17	14.536	0.867	0.903	
	XY4	16.30	13.779	0.793	0.931	
使用行为	SX1	15.17	21.666	0.794	0.938	0.939
	SX2	15.17	20.623	0.865	0.916	
	SX3	15.30	19.692	0.905	0.903	
	SX4	15.26	20.368	0.854	0.920	
整体题项 α 值:0.982						

由表 22 可知,整体问卷量表题项的克隆巴赫 α 系数为 0.982,且每个变量题项的克隆巴赫 α 系数均大于 0.7,说明预测整体信度较好,但是题项 GF6(我认为使用 O2O 购物会使他人对我有情绪、歧视、难堪等负面的评价)已删除的克隆巴赫 α 系数值比未删除时大,说明该题项对该层面的内部一致性不高,因此应予以删除题项 GF6,问卷预测试的其他各个题项有足够的一致性,预测试样本整体信度通过内部一致性检验,问卷设计信度良好。

(2)效度分析

效度(Validity)分析是一种测度综合评价体系是否具有准确性和有效性的一种分析手法。目的是检验其结构是否合理。通常使用探索性因素分析来获得合理值。因素是对几个类似指标的归类和提取,使之成为较少的综合指标。通常因素具有以下几个特点:因素个数远远小于原有变量的个数;因素能够反映原有变量的大部分信息;因素之间的线性关系不显著;因素具有命名解释性(薛薇,2013)。检验是否适合做因素分析要评估 KMO 值和 Bartlett 球形检验值。KMO 值越接近 1,说明相关性越强,越适合做因素分析,KMO 值越接近 0,说明不相关,越不适合做因素分析,0.9 以上表示非常适合,0.8 表示适合,0.7 表示一般,0.6 表示不太适合,0.5 以下表示极不适合(薛薇,2013)。

本研究采用主成分分析法进行研究归类,采取最大方差的方法进行因素旋转,以特征值大于 0.5 作为因素提取的标准界限,测量题项的因素负载小于 0.5,或在两个不同因素上的负载都大于 0.5,则删除该题项,高于该值且解释方差的累计比例大于 50% 则表示测量题项符合要求,纳入分析。将各项数据输入 SPSS 计算器软件进行因素分析,得出 KMO 值和 Bartlett 球形检验值如下表 23 所示:

表 23　预测试 KMO 参数值与 Bartlett 球形检验表

KMO 参数值		0.724
Bartlett 球形检验	卡方值	2842.443
	自由度	991
	P 值	0.000

由表 23 可知,KMO 参数值为 0.724,Bartlett 检验统计量的观察值为 2842.443,相应的概率 p 值接近 0,卡方检验达到显著性水平,应拒绝原假设,认为相关系数矩阵与单位矩阵有显著差异,数据具有相关性,适合做因素分析。为了达到指标解释的实际意义,体现彼此之间的差别并进行分类,因此用主成分分析法进行决定因素抽取,选择正交最大方差转轴法进行转轴运算,最大收敛性迭代次数选择 25 次,求解出特征值和特征向量并根据值与累计方差权重计算出公因素的数量。结果如下表 24:

表 24　预测试各因素特征值及累计方差贡献率

成分	初始特征值			提取平方和载入		
	合计	方差的 %	累积 %	合计	方差的 %	累积 %
1	24.532	53.331	53.331	24.532	53.331	53.331
2	4.055	8.814	62.145	4.055	8.814	62.145
3	2.817	6.123	68.269	2.817	6.123	68.269
4	1.860	4.043	72.312	1.860	4.043	72.312
5	1.721	3.741	76.052	1.721	3.741	76.052
6	1.372	2.983	79.035	1.372	2.983	79.035
7	1.195	2.599	81.634	1.195	2.599	81.634
8	1.030	2.239	83.873	1.030	2.239	83.873
9	1.013	2.202	86.075	1.013	2.202	86.075
10	1.006	2.135	87.610	1.006	2.135	87.610

由表 24 可知,经过最大方差正交旋转 17 次迭代后收敛,体系抽取的主因素有 10 个,10 个公因素的累计方差贡献率达到 87.610%。说明所提取的公因素保

留了较为充分的原始信息,具有较好的代表性。第 10 个因素以后的特征根值较小,可以考虑提取 10 个因素,旋转后因素荷载矩阵整理如下表 25:

表 25 预测试因素分析旋转后因素荷载矩阵

题项	成分									
	1	2	3	4	5	6	7	8	9	10
XT1	.575	.272	.086	.183	.263	**.569**	.104	−.003	.029	−.052
XT2	.480	.226	.239	.132	.443	**.559**	.082	.207	.082	−.118
XT3	.556	.205	.047	.142	.274	**.524**	.036	−.149	.085	.060
XT4	.492	.323	.193	.274	−.055	**.630**	.143	.098	.164	.004
XT5	.304	.445	.018	.107	.140	**.503**	.496	.110	.019	−.070
ZG1	.013	.118	.316	.163	−.080	.221	**.737**	−.182	.187	.112
ZG2	.161	.413	.232	.245	.196	.219	**.737**	.603	.190	−.057
ZG3	.106	−.059	.042	.139	.278	.087	**.771**	.411	−.074	−.042
ZG4	−.009	.253	.017	.019	.032	−.023	**.888**	.036	.023	−.020
ZK1	**.823**	.259	.171	.002	.127	.153	.016	.169	−.118	−.103
ZK2	**.696**	.312	.317	.296	.116	.168	−.041	.222	.024	−.058
ZK3	**.790**	.122	.234	.324	.143	.175	.011	−.067	−.017	.118
ZK4	**.719**	.215	.301	.383	−.082	.147	−.062	.122	.145	.018
ZK5	**.863**	.174	.151	.169	.186	.003	.089	.050	.144	.170
YG1	.505	.344	.084	.122	**.636**	−.055	.100	.099	.180	−.046
YG2	.535	.306	.104	.337	**.721**	.000	.126	.187	.235	.137
YG3	.559	.057	.209	.266	**.569**	.125	.062	.431	.084	.072
YG4	.550	.196	−.014	.204	**.515**	.151	.057	.149	.445	−.046
YG5	.507	.182	.056	.038	**.653**	.141	.127	.252	.073	−.024
YZ1	.597	.294	.172	.364	.096	.463	.042	.010	**.663**	.037
YZ2	.401	.251	.059	.421	.177	.165	.120	.048	**.638**	.114
YZ3	.390	.394	.142	.340	.361	.194	.075	.079	**.592**	−.028
YZ4	.291	.539	.114	.176	.415	−.009	.216	.036	**.307**	−.124
YZ5	.482	.526	.041	.201	.138	.074	.279	−.020	**.599**	−.108

题项	成分									
	1	2	3	4	5	6	7	8	9	10
RP1	.362	**.649**	.263	.185	.454	.225	.113	.139	.156	−.079
RP2	.315	**.740**	.149	.251	.236	.068	.194	.020	−.010	.180
RP3	.362	**.714**	.200	.388	.101	.251	.060	.007	−.014	−.112
RP4	.414	**.712**	.020	.217	.147	.222	.122	.164	.158	−.081
GF1	.039	.126	**.840**	.073	−.082	.083	.138	.000	−.005	−.218
GF2	.172	.107	**.911**	.107	−.049	.038	.094	−.078	.035	−.024
GF3	.144	.193	**.825**	.007	.053	.107	.010	.251	−.015	−.125
GF4	.077	−.013	**.868**	.037	.310	.130	−.014	.116	.126	.127
GF5	.158	.058	**.892**	.108	.191	.029	.074	.016	−.057	.086
GF7	.226	.037	**.813**	.191	.013	−.061	.011	.003	.093	.332
YB1	.181	.319	.094	**.736**	.321	.223	.293	.140	.184	.203
YB2	.300	.208	.108	**.586**	.824	.058	.032	.000	.071	.079
YB3	.199	.201	.100	**.865**	.207	.082	.146	.065	.084	.085
YB4	.332	.090	.212	**.761**	.034	.092	.031	.069	.290	.053
XY1	.391	.386	.126	.404	.093	.155	.066	**.547**	.106	−.136
XY2	.224	.326	.110	.224	.447	.198	.146	**.617**	−.013	−.337
XY3	.576	.512	.219	.283	.209	.272	.078	**.627**	.008	−.061
XY4	.357	.395	.070	.476	.162	.056	.124	**.578**	−.052	.141
SX1	.299	.341	.142	.518	.154	.426	.218	.223	−.107	**.616**
SX2	.285	.489	.210	.279	.364	.200	.092	.390	.097	**.576**
SX3	.427	.536	.187	.133	.064	.396	.094	.287	.272	**.564**
SX4	.344	.598	.251	.107	.022	.300	.088	.220	.106	**.613**

由表 25 可知,经过最大方差正交旋转后,题项 YZ4(我认为使用 O2O 对我购物的正确决策起到了帮助作用)负载为 0.307,该题项在预测问卷量表上同构型较少,因此予以删除该题,其他所有题项各在特定因素上的负载都大于 0.5,且该负载只在该因素上呈现最大值,提取的主因素与本研究预设的因素一致,说明该问卷的结构效度良好。

　　根据对问卷预测试回收数据的分析,发现问卷的填答、信度、效度均符合要求,因而不需要对问卷做进一步的修正,并在重新编排问卷题号后,可把此问卷确定为正式问卷,见附录4,予以发放进行调查研究。

3.5　抽样设计

3.5.1　抽样调查与抽样框

　　抽样调查是调查应用最常见的模式,是一种非全面的调查,它是指从研究总体中抽取一部分单元作为样本,根据对所抽取的样本进行调查,获得有关总体目标量的了解。从总体抽取样本的调查方式可分为两类:一类是非概率抽样,一类是概率抽样(金勇进,2008)。非概率抽样是指在研究中无法选择概率样本的情况下,或是即使有可能进行概率抽样,但是却不适当,因此就采用非概率抽样。非概率抽样一般常用的有就近抽样、目标式或判断式抽样、滚雪球抽样以及配额抽样等其他非概率抽样的方式方法(Babbie,2001)。概率抽样也称为随机抽样,是指依据随机原则,按照某种事先设计的程序,从总体中抽取部分单元的抽样方法,具有以下几个特点:第一是按一定的概率以随机原则抽取样本,所谓随机原则就是在抽取样本时排除主观上有意识地抽取调查单元,使每个单元都有一定的机会被抽中;第二是每个单元被抽中的概率是已知,或是可以计算出来;第三是当用样本对总体目标量进行估计时,要考虑该样本被抽中的概率。概率抽样一般常用的有简单随机抽样、分层抽样、整群抽样、系统抽样、多阶段抽样等其他概率抽样方式方法(金勇进,2008)。

　　目标总体也可简称为总体,是指所有研究对象的全体,或者是研究人员希望从中获取信息的总体,它由研究对象中所有性质相同的个体所组成。组成总体的各个个体称作总体单元或单位。抽样总体是指从众抽取样本的总体。通常情况下抽样总体应该与目标总体一致,但是由于实际操作中两者不一致的情况经常发生。理想的状态是抽样总体由目标总体所决定,实践中可以构造的抽样总体却有可能反过来决定调查中的目标总体(金勇进,2008)。抽样框又称"抽样框架""抽样结构",是指对可以选择作为样本的总体单位列出名册或排序编号,以确定总体的抽样范围和结构(樊茗玥,2011)。抽样调查方式的具体表现是抽样框内抽样。

抽样框是一份包含所有抽样单元的名单,给每一个抽样单元编上一个号码,就可以按一定的随机概率方式进行抽样。对抽样框的基本要求是应该具有抽样单元名称和地理位置的信息,以便能够找到被选中的单元,以便调查人员能够找到被选中的单元。抽样框有不同的类型,主要表现在名录框、区域框和自然框。名录框是表现为总体中所有单元的实际名录列表。区域框是表现其单元由地理区域构成的集合,抽样总体由这些地理区域组成。自然框是把相关的自然现象作为抽样框使用。实践中如果没有一个抽样框能够全面覆盖总体,也可以把几个抽样框结合起来使用,称为多重抽样框(金勇进,2008)。

研究者对目标总体操作定义时,会发展一个相当近似总体中所有元素的抽样框。选取合理的抽样框是达到抽样效果的关键。抽样框与概念所界定的总体之间的不温和,可能是偏差的主要来源。正如变量的理论定义和操作定义之间的不匹配,会产生缺乏效度的测量,抽样框和总体之间的不匹配也会产生无效的抽样,研究者要尽量减少这种不匹配的情况。设计出了抽样框后,便可采用概率抽样和非概率抽样的方式来抽选必要的单位数。当调查目的确定之后,所要研究的现象总体也随之而确定了,确定了目标总体,也就确定了应该在什么范围内进行调查,即确定了理论上的抽样范围。由于现实和理论的差距,实际进行抽样的总体范围与目标总体有时是不一致的。此外,抽样单位可以是各个总体单位,也可以是若干总体单位元的集合。

本研究的目标总体是:中国珠江三角洲(广州、深圳、佛山、东莞、中山、珠海、肇庆、惠州、江门)9 个城市的使用 O2O 商业模式的全体消费者。

本研究的抽样框范围是:以区域框与自然框结合的多重抽样框类型进行抽样。首先以珠江三角洲 9 个城市所有的中央商务区(CBD)区域框作为抽样框,选取 1~2 个商业购物中心进行抽样,然后在该区域框内以时间形式的自然框作为抽样框,以该商业中心必经的路口进行系统抽样。

本研究的抽样调查方式:采用分层抽样①与系统抽样②相结合的抽样方式,首先根据珠江三角洲 9 个城市的人口数量和经济区域特殊性分为高、中、低 3 个层

---

① 分层抽样是将抽样单元按某种特征或是某种规则划分为不同的层,然后从不同的层中独立、随机地抽取样本,将各层的样本结合起来,对总体的目标进行估计。
② 将总体中的所有单元(抽样单元)按一定的顺序排列,在规定的范围内随机抽取一个单元作为初始单元,然后按事先规定好的规则确定其他样本单元,这种抽样方法称为系统抽样。

次,从 3 个层次中计划抽取样本的数量,然后根据计划样本数量在抽样框范围内采用系统抽样的方式进行抽样。

以上是本研究目标总体、抽样框范围与抽样调查方式,具体抽样调查设计步骤以下章节会详细展示。

3.5.2 抽取样本的数量

样本数量的多少直接决定数据分析结果,一般认为样本数量越大,分析的资料越准确,但因样本的调查会涉及人力、物力成本,因此在调查的过程中应平衡数据量和成本目标。(Bentler & Chou,1987)在研究中提出了一些确定研究所需样本的数据量标准:如果回收的样本是服从正态分布的,则样本数据量和变量之间应该是 5 倍的关系,如果样本不服从正态分布,则对数据量的要求会更加严格,它们之间应该是 10 倍的关系,本研究有 45 个观察变量(题项),在样本满足正态分布的情况下,最少需要 225 个样本量。(侯杰泰,2004)认为一般的样本数量最少应在 100 个以上才适合采用最大似然估计法来估计结构方程模型,但是样本数过大(如超过 400 个到 500 个时),最大似然估计法就会过度敏感,容易使所有的拟合指标检验都出现拟合不佳的结果。

(荣泰生,2011)以随机抽样为前提条件,样本容量 n 受到总体规模 N、置信度 $1-\alpha$、绝对误差限度 d 和总体方差 S^2 的影响,其关系如下:

$$\frac{1}{n} = \frac{1}{N} + \frac{d^2}{z_{\alpha/2}^2 S^2} \tag{3.15}$$

公式(3.15)中,$z_{\alpha/2}$ 统计量和置信度 $1-\alpha$ 的关系为 $z_{\alpha/2}:1.645,1-\alpha:0.90$;$z_{\alpha/2}:1.96,1-\alpha:0.95$;$z_{\alpha/2}:2.58,1-\alpha:0.99$。当 N 的值很大的情况,$\frac{1}{N} \approx 0$ 可得样本容量公式为:

$$n = \frac{z_{\alpha/2}^2 S^2}{d^2} \tag{3.16}$$

总体方差 S^2 反映了总体变异程度的大小,当总体方差 S^2 增大时为了达到规定的精度,往往要增加样本容量。由于在研究实践中要考虑多个目标的达成,相对比较复杂,在决定样本容量时确定总体的标准偏差 S 非常困难,所以往往以估算的总体比例来决定样本容量的大小,其具体公式如下。

$$n = \frac{z_{\alpha/2}^2 \rho(1-\rho)}{d^2} \tag{3.17}$$

公式(3.17)中,ρ 为总体比例,样本容量大小随 $\rho(1-\rho)$ 变动而变化,当 $\rho=0.5$ 时达到最大值,故此在计算样本容量的实践操作中,可取 $\rho=0.5$,使得样本容量 n 最大。在本研究中,置信度为95%,鉴于抽样成本和时间等限制因素,5%的精确度在管理领域的学术和实践两方面都是可以接受的。绝对误差限度 d = 0.05,故所需样本容量为384.16,取整数为385份问卷。

根据以上抽取样本数量的原则,和实际研究中本人与招募的问卷调查者能力相结合,根据珠江三角洲9个城市人口的数量和经济区域特殊性,可把9个城市分为高、中、低3个层级,分别为广州、深圳为人口最多的城市和经济最发达的一线城市,为第一个层级(高等层级);相比而言东莞、佛山、珠海为人口数量与经济发展中等的城市为第二层级(中等层级),其中珠海的人口数量较少,但是其有经济特区的地位,因此也列为第二层级内;相比而言中山、肇庆、惠州、江门为人口数量较少与经济发展排名较后的城市,为第三层级(低等层级)。因此,拟计划把调查问卷发放到高、中、低三个层级的9城市分配为:广州、深圳各60份;东莞、佛山、珠海各50份,中山、肇庆、惠州、江门各30份,一共390份。把问卷填答中会出现的胡乱填答、漏填、误填等问题导致问卷无效的数量涵盖在内,每个城市再多抽取5份,拟计划抽取435份问卷。

3.5.3　抽样调查的步骤

对于不同的抽样调查的项目,整个抽样调查设计的过程所包含的步骤不尽相同,本研究的抽样调查根据研究的主题、目标总体、抽样框、抽样方式方法与抽样数量等设计了以下四个步骤,如下所示:

(1)第一步:招募调查者,确定研究主题

首先在抽样调查设计的第一步,人与目标是至关重要的一个环节,由于本研究涉及珠江三角洲的9个城市的抽样调查,考虑到费用与时间等方面的关系,计划招募调查人员专职或辅助发放问卷抽样调查。由于本人便利的因素,广州、珠海由本人带1名调查人员负责调查。深圳、中山、东莞、佛山、肇庆、惠州、江门每个城市分别招募1~2名调查人员负责调查。在进行抽样调查之前,由本人对招募的调查人员进行培训,对本研究的背景及目的,抽样调查数量及方式方法等相关需要掌握的信息进行技术培训,使其熟悉调查问卷,掌握调查访谈技巧,并增强责任心。在这个过程中必须要调查人员明确研究的主题,包括对整体研究主题的叙述以及研究问题的具体组成部分。

（2）第二步：抽样调查方案设计

抽样方案是用来描述样本是如何抽取的，调查中有不同的数据收集方法，不同的收集方法需要不同的抽样框。本研究采用的是分层抽样与系统抽样相结合的抽样方式，首先采用分层抽样。根据以上章节样本数量抽取的计划原则，拟在珠江三角洲9个城市的高、中、低3个层次分配的抽样数量抽取435份问卷；其次采用系统抽样。以区域框与自然框结合的多重抽样框类型进行系统抽样。首先以珠江三角洲9个城市所有的中央商务区（CBD）区域框作为抽样框，广州、深圳选取2个商业购物中心，珠海、中山、东莞、佛山、肇庆、惠州、江门选取1个商业购物中心。然后在该区域框内以时间形式的自然框作为抽样框进行系统抽样，时间形式是平均每隔10分钟抽取一个样本进行问卷调查。

（3）第三步：实施调查操作过程

在实施调查操作过程中得到样本单元的调查数据，关键的问题是要保证原始数据的质量，这就需要对调查操作过程进行有效的管理和监控。首先在本研究调查实施前，要对调查者进行系统的培训，这在招募调查者、确定研究主题的步骤中已强调过了；其次是调查过程中要注意与被调查者的沟通技巧，本研究的系统抽样具体操作是在选取的商业中心必经的路口上对经过的路人进行系统抽样，分别安排早、中、晚三个时段进行，这样可以使抽取的样本在时段的代表性上更全面。对经过的路人是平均每隔10分钟抽取一人展开问卷调查，一开始要先询问被抽的路人是否了解O2O商业模式并使用过O2O商业模式购物，如果不了解或没有使用过则放弃调查该人，在下一个10分钟再重新抽取调查。另外在调查过程中设定管理制度与监督措施，使得调查人员有章可循，出现问题可以及时补救。

（4）第四步：数据整理与录入

数据整理与录入是抽样调查的最后阶段，它为数据处理分析、撰写调查报告提供了基本的素材。本研究经过前三个步骤，对抽样调查获得的数据进行检查与核对，对验收合格的调查问卷进行编码，然后再录入，录入数据是对编码的补充和调整，根据本研究的要求对数据的重新归类分组，对一些缺失值进行插补或删除；对数据进行变量的转换，进而为常规的统计分析做准备；也用以满足本研究SPSS软件和AMOS软件分析时对数据的特殊要求，构造出完整的数据集。

3.6　结构方程模型研究与设计

3.6.1　结构方程模型的概述

结构方程模型(Structural Equation Modeling,简称 SEM)是一种利用简单的方式去描述数据信息的结构,让分析者易于了解和解释资料信息的内涵及其相关。SEM分析中主要涉及模型的假设与检验,并且尝试去解释模型中变量之间的关系,其中包括了多个潜在变量和多个观测变量,而这错综复杂的关系即 SEM 所要探究的在众多变量中的相互关系结构。SEM 这些年来已逐渐在社会科学、行为研究及教育领域普及起来,甚至在生物学、经济学、营销及医学研究领域也受到重视。SEM 可以评估理论假设模型与数据的配适程度,并从资料所重制的共变异数矩阵中分析变量之间的相互关系,利用 SEM 估计潜在变量之间关系的优势,是传统统计技术所无法相比的。除此之外,SEM 不但可以发展及检验模型,还可以比较不同理论所衍生的对立模型与数据的配适程度,更增加了研究的可信度及准确度。由于本研究属于潜在心理行为变量之间的相关研究,因此采用 SEM 来分析最为恰当。

SEM 分析技术主要包括了路径分析模型(并不包括潜在变量)、验证性因素分析模型、结构回归模型、多重样本分析的结构方程模型、具有平均结构的结构方程模型以及潜在成长模型。其中路径分析是作为 SEM 的初始模型,模型中只有观测变量,并没有潜在变量,而主要的功能在解释观测变量之间的关系,模型中认为观测自变量是完全可信没有误差的,这种情形在现实社会的观测变量中是不易发生的,因此 SEM 在模型的验证中除了有潜在变量之外,还认为所有的观测变量具有个别的测量误差,所以 SEM 是一种综合性的统计方法,是一种需要大量样本数据来检验的分析技术。验证性因素分析主要的功能是在解释潜在结构变量与观测变量之间的关系,将路径分析、因素分析等统计概念整合,结合计算机的分析技术,提出 SEM 的初步概念。进一步发展矩阵模型的分析技术来处理共变结构的分析问题,提出测量模型与结构方程的概念。SEM 弥补了传统统计方法的不足,成为有效处理、检验观测变量和潜在变量,潜在变量和潜在变量之间关系的一种多元数据分析的重要工具。

完整的 SEM 包括测量模型和因果模型两部分。一是测量模型,描述的是观测变量与潜在变量之间的关系;另一个则是因果模型,描述的是潜在变量之间的关系(吴瑞林,2013)。遵循(Bollen,1989)所提出的公式符号,矩阵 X 和 Y 分别表示自变量和因变量的观测指标,它们与潜在变量的关系模型为:

$$X = \Lambda_x \xi + \delta \tag{3.18}$$
$$Y = \Lambda_y \eta + \varepsilon$$

(3.18)公式中, X 表示外生观测变量矩阵; Y 表示内生观测变量矩阵; ξ 表示外生潜在变量; η 表示内生潜在变量; Λ_x 为外生显性变量在外生潜在变量上的载荷矩阵; Λ_y 则表示内生显性变量在内生潜在变量上的载荷矩阵; δ 和 ε 表示测量模型的误差项,即 X 和 Y 未被解释的部分。潜在变量的因果关系模型为:

$$\eta = B\eta + \Gamma\xi + \zeta \tag{3.19}$$

(3.19)公式中, B 是因变量的系数阵,表示各内生潜在变量之间的影响效应系数; Γ 是外生潜在变量 ξ 对内生潜在变量 η 的影响效应系数; ζ 表示因果模型中误差项矩阵,即 η 在模型中未被解释的部分。

这样,一个完整的 SEM 的参数由八个矩阵组成: Λ_x , Λ_y , B , Γ , Φ (ξ 的共变异数矩阵), Ψ (ζ 的共变异数矩阵), Θ_x (δ 的共变异数矩阵)和 Θ_y (ε 的共变异数矩阵)。这八个矩阵经过运算,可以组成整个模型的再生共变异数矩阵 $\sum(\theta)$, θ 为包含所有参数估计值的向量。SEM 的基本求解思路就是使得包含各参数的模型共变异数矩阵 $\sum(\theta)$ 与样本共变异数矩阵 S 最为接近,也就是使 $\left|\sum(\theta) - S\right|$ 的取值达到最小。假设存在两个观测变量 X 和 Y ,它们之间的共变异数计算公式为:

$$Cov(X,Y) = \frac{\sum (X - \bar{X})(Y - \bar{Y})}{n - 1} \tag{3.20}$$

(3.20)公式中, n 为样本的数量, $Cov(X,Y)$ 表示 X 和 Y 之间的共变异数, X 和 Y 的方差分别为 $Var(X)$ 和 $Var(Y)$ 。那么,观测变量 X 和 Y 之间的相关系数与两个变量间的共变异数存在下面的关系公式:

$$r_{XY} = \frac{Cov(X,Y)}{\sqrt{Var(X)Var(Y)}} \tag{3.21}$$

在(3.21)公式下,相关系数矩阵与共变异数矩阵可以实现相互转换,相关系数矩阵 r 可以表示为公式:

$$r = w * Cov * w$$
$$w = inv(sqrt(diag(Cov))) \tag{3.22}$$

（3.22）公式中的 *Cov* 为共变异数矩阵，*inv* 表示矩阵求逆操作，*sqrt* 表示求平方根，*diag* 表示取矩阵对角在线的元素。因此，在估计 SEM 的参数时，也可以用样本相关系数矩阵替代样本共变异数矩阵。从某个角度来看，相关系数矩阵其实就是全部变量方程都为 1 的共变异数矩阵，那么变量间的相关系数将会直接决定 SEM 中参数估计的结果。

3.6.2　结构方程模型分析的基本程序

SEM 分析的基本程序可以概分为模型发展与估计评鉴两个阶段，前者在发展 SEM 分析的原理基础上使 SEM 模型符合特定的技术要求，此时研究者的主要工作在概念推导与 SEM 分析的技术原理考虑；后者则通过产生 SEM 的计量数据来评估 SEM 模型的优劣。模型发展阶段的主要目的是建立一个适用于 SEM 分析概念与技术需要的假设模型，牵涉提出假设模型、模型界定与模型识别等三个概念。这三个概念虽然是以连续的流程图来表示，但是三者间的关系只是说明概念发生的先后顺序。在实际操作中，三者的运作则是相互作用的不断往复过程（邱皓政，2009；徐东明，2006）。本研究的消费者对 O2O 商业模式接受行为 SEM 分析的基本程序执行流程如图 35 所示：

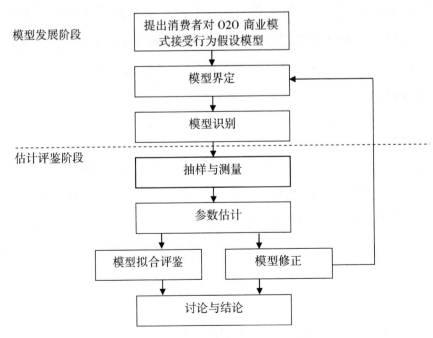

图35　消费者对 O2O 商业模式接受行为 SEM 分析基本程序图

首先,模型发展阶段。SEM 模型的建立必须以理论为基础。所谓以理论为基础并不是 SEM 模型必须建立在某一个特定的理论之上,而是强调 SEM 模型的建立必须经过观念的厘清、文献整理与推导或是研究假设的发展等理论性的辩证与归纳的过程,最终提出一套有待验证的假设模型(徐东明,2006)。本研究的消费者对 O2O 商业模式接受行为是经过文献分析、访谈分析与 ISM 分析等归纳的过程提出了相应的假设模型。假设模型的界定与识别是根基于理论性推演的过程,将本研究的 SEM 模型的理论假设转换成为适当的技术语言,配合特定的技术语言与各项操作要求,提出的假设与理论模型转换成 SEM 验证模型。在此同时也需要考虑 SEM 分析当中涉及的各种统计概念所使用的统计原理,纳入 SEM 模型的设定中,建立一个 SEM 路径图,该路径图就是本研究模型识别步骤据以评估的依据。要使本研究的 SEM 模型具有可识别性,必须使 SEM 模型的各项数学估计程序可以顺利进行。由于 SEM 模型所设定的假设模型是基于本研究的需求所提出的,而模型的分析必须利用搜集得到的数据,利用分析软件来进行估计工作。因此,本研究的 SEM 模型采用 AMOS 计算器软件执行估计工作,必须在符合统计分析与软件执行要求的前提下,模型要能够被有效地识别,才能顺利进行。

其次,估计评鉴阶段。本研究 SEM 模型发展完成之后,必须搜集实际的测量数据来检验所提出的概念模型。此一阶段开始于样本的建立与测量工作的进行,所获得观测资料经过处理后,依照 SEM 分析软件要求,进行各项估计(李建明 & 曲成毅,2004)。为了顺应 SEM 会随着样本的特征而改变结果的特质,AMOS 软件提供多种评价指针,以反映样本规模与性质的影响,同时 SEM 分析本身亦可以处理测量误差的估计,使测量质量的影响可以被有效地控制。在参数估计中,必须对 AMOS 软件正确无误地下达操作指令,熟知 AMOS 软件的优劣与限制,了解每一个参数或警告讯息的意义与作用,才能顺利完成各项评估程序。在模型拟合评价与修正过程中,AMOS 软件会提供模型调整与修正的计量信息,可以根据这些统计检验数据,调整先前提出的假设模型,重新、反复进行估计与模型评估,比较不同的竞争模型。虽然这一做法违反了 SEM 分析理论的先验性,但是观测数据背后所隐藏的各种信息,也是研究当中相当珍贵的线索,从中既可能看出在先前理论推导过程当中的疏忽或盲点,也可引导本研究继续推导出更有意义的概念与假设,重新提出一套更趋合理的 SEM 模型。以上程序都完成后,最后进行 SEM 模型的讨论与结论。

3.6.3　结构方程模型分析的技术特征

SEM 发展的目的类似于多元回归,但是却具有更强的分析能力,其特质包括以下八点:

(1)可同时处理多个因变量:一般回归或路径分析在计算回归系数或路径系数时是分开计算,忽略了因变量之间的影响(Mueller,Bollen & Long,1994;薛彩霞,2013)。

(2)利用多指针测量系统作为潜在因素的估计,容许自变量与因变量含的测量误差,减少传统分析利用平均数估计所造成的误差(Mueller et al.,1994;薛彩霞,2013)。

(3)可同时估计结构模型与因果模型,可兼顾其他因素之间相互的影响,并提供估计整体模型的配适度评估(Mueller et al.,1994)。

(4)SEM 利用验证性因素分析的多指标衡量潜在变量可以减低测量误差,且具有弹性的残差结构的模型,还可单独估计某些参数,并将因素负荷量、更佳的潜在变量模型与多元相关一并估算等优点。因此,整体模型的考验较单独评估回归系数要来的更具说服力(Curran & Hussong,2003)。

(5)SEM 可同时执行跨组群的系数比较,可处理较复杂的数据,如时间序列、非常态数据、不完整数据等,SEM 可以比较不同的竞争模型,以确定模型的稳定性,使得 SEM 分析变得更具强韧性。

(6)当估计一组 SEM 系数时,模型的数据可以是连续尺度,也可以是非连续尺度,如类型或顺序尺度,而且对于 SEM 中阶层式的数据也可以分析(Kline,2006;薛彩霞,2013)。

(7)(Chin,1998)指出 SEM 优势即为研究人员可以制作样本数据的共变异数矩阵与特定的模型再制共变异数矩阵做比较,如此别的研究人员可以完整地重制研究结果或与别的研究结果做比较。

(8)估计整体模型的配适程度:在传统的路径分析中,只能估计每一条路径的强弱。在 SEM 分析中,除了参数的估计外,还可以计算不同模型,同一数据的整体配适程度,从而判断哪一个模型更接近数据所呈现的关系(Mueller et al.,1994)。

3.7 博弈论研究与设计

3.7.1 博弈论的概述

博弈是指一些个人、团队或其他组织,面对一定的环境条件,在一定的规则下,同时或先后,一次或多次,从各自允许选择的行为或策略中进行选择并加以实施,各自取得相应结果的过程。博弈论则是系统地研究各种博弈的问题,寻找在各博弈方具有充分或者有限理性、能力的条件下,合理的策略选择和合理选择策略时博弈的结果,并分析这些结果的经济管理意义、效率意义的理论和方法(谢识予,2006)。它是一种研究互动决策的理论,通过分析权衡自身与对方的利弊关系,选择使自己在博弈中处于优势地位的行为。它区别于其他研究方式的关键是介于两个或多个博弈方之间的策略对抗、竞争或面对一种局面时的决策选择,对这些决策问题的研究不仅仅是站在某个博弈方的立场上找针对其他方的决策,更重要的是分析在这些决策过程中各博弈方相互制约、相互作用的规律,导出合理的结果并用于说明相应的实际问题,且不仅为了指导各博弈方的合理决策,也为了指导具有组织和管理的机构制定合理的政策和规则。因此,博弈论能够帮助其中的博弈方实现分析所处局势,采取应对战略决策,最终取得胜利的目的。

根据以上概念定义,(谢识予,2006)定义了一个博弈的过程需要设定下列四个方面:

(1)博弈的参与者(博弈方)。即在所规定的博弈过程中有哪几个独立决策、独立承担结果的个人或组织,对于一个博弈来说,只要在博弈中统一决策、统一行动、统一承担结果,不管个人或是组织有多大,甚至是一个国家,或者是由许多国家组成的联合国,都可以作为博弈中的一个参与者。并且,在博弈的规则确定之后,每个参加方都是平等的,大家互相之间都必须按照严格的规则执行(张剑涛,2003)。本研究通过博弈论来研究消费者对 O2O 商业模式接受行为的决策,博弈的参与者应为消费者、商家及 O2O 企业网络平台三个博弈方群体,三方之间互相展开决策博弈。那么消费者与消费者群体之间、商家与商家群体之间、O2O 企业网络平台与 O2O 企业网络平台群体之间也可能存在博弈,这种群体内部之间的竞争博弈,本研究中也会有所涉及。

(2)博弈方各自可选择的全部策略或行为的集合。即规定每个博弈方在进行决策时,可以选择的方法、做法或在行动中的水平和量值等。在不同博弈中可供博弈方选择的策略或行为的数量经常不相同,在同一博弈中不同博弈方可选策略或行为的内容和数量也常不同,有时只有有限的几种,甚至一种,而有时有可能有许多种,甚至无限多种可选策略或行为(张剑涛,2003)。本研究中的消费者、商家及 O2O 企业网络平台三方在每个决策节点均有自身的策略集合,例如消费者会考虑是否选择下载 App 使用 O2O 平台软件购物并消费体验,商家是否选择上 O2O 平台软件销售,O2O 企业网络平台是否给予优惠补贴等各自策略集合。三方能够采用的策略集合都有其对应决策考虑,并且在不同决策节点上,能够采用的策略集合亦不一样。因此在本研究博弈过程中,要具体针对每个博弈方在不同的决策节点上详细划分策略集合,根据理论结合实际(即消费者行为决策理论文献与访谈内容及问卷开放式回答内容相结合)设计整体博弈模型。

(3)进行博弈的次序。在现实的各种决策活动中,当存在多个独立博弈方进行决策时,有时需要这些博弈方同时做出选择,因为这样能够保证公平合理,而很多时候各博弈的决策又有先后之分,并且有时一个博弈方还要不止一次地作决策选择。这就免不了有一个次序问题。因此规定一个博弈必须规定其中的次序,次序不同一般就是不同的博弈,即使博弈的其他方面都相同(张剑涛,2003)。本研究中的消费者、商家及 O2O 企业网络平台三方存在一定规律的主线次序,从 O2O 企业网络平台招商到商家入驻,入驻后商家在 O2O 平台发布商品信息,消费者再从 O2O 平台获取信息选择商家线上购物,最后再到线下商家消费体验。在这条主线博弈次序中,可能存在博弈方同时行动或后行动者无法得知先行动者的具体行为。并且在信息的获取与博弈方得益的了解上,消费者有时与商家和 O2O 企业网络平台掌握的信息是不对称的。因此,在博弈模型的设计上,要根据每个博弈节点的具体博弈过程中博弈方行动的先后顺序与博弈方信息掌握的情况来区分博弈模型的静态与动态和信息的完全与不完全性。另外,在博弈主线次序中,针对个别节点的博弈分析过程中,也可能出现支线的博弈分析。

(4)博弈方的得益(或称支付,Payoff)。对应各博弈方的每一组可能的决策选择,都应用一个结果表示该决策组合下各博弈方的所得或所失。由于对博弈的分析主要是通过数量关系的比较进行,因此博弈论研究的绝大多数博弈本身都是有数量的结果或可以量化为数量的结果,所以博弈模型都是针对数字利益,或是用效用概念数量化以后进行分析。博弈中这些可能结果的量化数值,成为各博弈方在相应状况下的"得益"（张剑涛,2003）。规定一个博弈必须对得益做出规定,每个节点博弈结束或全局博弈结束时,每个博弈方的"得益"是全体博弈者所取定的一组策略的函数,通常称为得益函数。得益可以是正值,也可以是负值,它们是分析博弈模型的标准和基础。本研究中的消费者、商家及O2O企业网络平台三方在实际状况下的得益是客观存在的,但这并不意味着各博弈方都了解各方的得益情况。无论是O2O平台上商家销售商品的价格,或是线下消费者体验商品的质量并给予评价,抑或是O2O企业网络平台给予商家的让利与给予消费者的优惠补贴等,均在博弈过程中造成博弈方不同的得益状况,其主要原因也是由于博弈方之间的信息不对称。

在本研究消费者、商家及O2O企业网络平台三方决策的非合作博弈的过程中,需要寻找一种博弈均衡来稳定各方最佳决策的策略组合,这种策略组合就是其中每个博弈方的决策都是针对其他博弈方策略或策略组合的最佳决策,即"给定你的策略集合,我的决策是我最好的决策,给定我的策略集合,你的决策也是你最好的决策"。那么这种性质的策略组合,正是非合作博弈理论中的"纳什均衡"①。本研究也是通过博弈论中的分析原理,在整体博弈的演进过程中逐步分析各博弈方的决策、次序与得益,从中尝试寻找到既符合O2O企业网络平台与商家的利益,同时也保障了消费者权益的O2O商业模式纳什均衡,从而获得消费者、商家及O2O企业网络平台三方非合作博弈中的双赢或多赢的局面。

3.7.2 博弈论模型的类别

博弈从博弈方行动的先后顺序的角度可以划分为静态和动态两类。静态博弈是指博弈参与者同时行动或后行动者无法得知先行动者的具体行为;动态博弈是指参与人行动存在先后,并且后行动者能够得知先行动者的选择。从参与人对信息的掌握程度可以分为完全信息和不完全信息两类（龚文婷,2014;谢识予,2006）。一般地,当参与者了解其他参与者所有得益情况时,称为完全信息博弈,当参与者不能完全了解、不能准确了解或不能对所有参与者得益情况了解时,称为不完全信息的博弈,不完全信息通常也意味着博弈方之间在对得益信息的了解

---

① 在博弈 $G = \{S_1,\cdots,S_n;u_1,\cdots,u_n\}$ 中,如果由各个博弈方的各一个策略组成的某个策略组合 $(S_1^*,\cdots,S_n^*)$ 中,任一博弈方 i 的策略 S_i^*,都是对其余博弈方策略的组合。$(S_1^*,\cdots,S_{i-1}^*,S_{i+1}^*,\cdots,S_n^*)$ 的最佳对称,也即 $u_i(S_1^*,\cdots,S_{i-1}^*,S_i^*,S_{i+1}^*,\cdots,S_n^*) \geq u_n(S_1^*,\cdots,S_{i-1}^*,S_{ij},S_{i+1}^*,\cdots,S_n^*)$ 对任意 $S_{ij} \in S_1$ 都成立,则称 $(S_1^*,\cdots,S_n^*)$ 为 G 的一个纳什均衡。

方面是不对称的,因此不完全信息博弈也是不对称信息博弈,其中不完全了解其他博弈方得益情况的博弈方称为具有不完全信息的博弈方(谢识予,2006)。以此四种类型组成四维象限组合的博弈哲学语言也可体现出四种博弈分类,分别为:完全信息静态博弈、完全信息动态博弈、不完全信息静态博弈、不完全信息动态博弈(哈林顿,2012)。博弈四维象限组合分类与其博弈的分析方法如表 26 所示:

表 26　博弈论模型分类

	静态博弈	动态博弈
完全信息	完全信息静态博弈 纳什均衡	完全信息动态博弈 子博弈完美纳什均衡
不完全信息	不完全信息静态博弈 贝叶斯纳什均衡	不完全信息动态博弈 完美贝叶斯纳什均衡

当然,博弈的划分方式根据博弈的性质有多种划分方式,如还有一些其他的划分方法比如按照博弈方的数量可分为单人博弈、两人博弈和多人博弈;以博弈进行的次数或者持续长短可分为有限博弈和无限博弈;按博弈方之间是否合作进行划分可分为合作博弈与非合作博弈;按博弈过程可分为静态博弈、动态博弈和重复博弈;按结果可分为零和博弈、常和博弈和变和博弈;按博弈方的理性和行为逻辑差别可分为完全理性博弈和有限理性博弈;以博弈的逻辑基础不同又可分为传统博弈和演化博弈;按照信息结构可分为完全信息博弈和不完全信息博弈,以及完美信息动态博弈和不完美信息动态博弈(哈林顿,2012)。在博弈论的发展中,海萨尼将纳什均衡由完全信息拓展至不完全信息,开创了不完全信息博弈研究领域。他在原有博弈分类的基础上引入概率模型完成不完全信息转化,将"不完全信息博弈"转换为"完全但不完美信息博弈"。动态博弈中后行动的参与者能够获得关于之前博弈的充分信息,在行动时对之前博弈能够完全了解的参与者,称为"完美信息博弈方",如果所有参与者都拥有完美信息,则称为"完美信息的动态博弈"。动态博弈中后行动的参与者不完全了解之前博弈的进程,称为"不完美信息博弈方",这种博弈为"不完美信息动态博弈"。事实上,只要换一个角度,不完美信息动态博弈本身常常就可以解释成不完全信息动态博弈(谢识予,2006)。博弈方之间存在信息方面的不对称也是不完美信息动态博弈的特征之一。

虽然目前针对电子商务模式的消费者与商家之间不对称信息博弈的研究文献较为丰富,但是大多也是以成熟电商模式 B2C、C2C 为对象或者与纯线下消费进行对比来开展的。对消费者、商家、网络平台来说,线上购物信息不对称主要来源是产品与服务质量的信息不对称,对于三方之间来说,信息不完全或不对称是非常常见的,不完美信息动态博弈是对线上购物进行分析的一种有效手段。动态博弈适用于线上购物中消费者、商家和网络平台行为决策有先后顺序,当动态博弈中对信息掌握存在差异或存在不止一次行为决策时称为不完美信息动态博弈,其基本特征就是信息不对称。而在线下购物的消费者与商家、商家与商家之间的竞争更符合不完全信息的多次动态博弈。因此大多电子商务模式属于不完美信息动态博弈。电子商务 O2O 商业模式是整合了线上与线下的资源,消费者与商家互动是基于位置的,消费者通过移动 App 搜索附近的商家,促使消费者体验了商家的商品、服务及环境后对商家有一定的了解,在一定程度上解决了消费者与商家信息不对称问题,为买卖双方提供了一种全新的交易模式。

3.7.3 O2O 商业模式决策博弈模型设计

本研究 O2O 商业模式决策博弈模型设计从消费者、商家及 O2O 企业网络平台三方的整体博弈开始,再细到两两之间的过程博弈或消费者与消费者之间、商家与商家之间、平台与平台等之间的博弈来区分设计。在本研究中,三方之间的整体博弈称为主线博弈模型,其他之间的博弈称为支线博弈模型。

(1)主线博弈模型设计

在本博弈研究中,主线博弈贯穿了整体博弈的经过,包括了消费者、商家及 O2O 企业网络平台三个博弈方的博弈次序、策略集合与得益函数。在整体博弈模型的设计中,结合了消费者对接受行为的九个影响因素与整体理论模型,并采用了行为决策的尼科西亚模型、恩格尔—科拉特—布莱克威尔模型及科特勒刺激反应模型等决策模型中消费者的态度、选择与反馈等决策阶段,最后参考了访谈中涉及三方之间决策博弈的内容,设计整理为大致的主线博弈过程:经营 O2O 的企业作为基于 O2O 电子商务网络平台的运营商,是连接商家和消费者的纽带,以收取服务费为主要来源。通过 O2O 平台引入商家进驻,通过商家发布最新团购信息,消费者通过移动 App 线上支付购买,并搜寻商家地址前往线下消费体验,从一定程度上解决了消费者与商家、网络平台信息不对称问题。O2O 企业网络平台一方面吸引消费者注册网站,另一方面扩大商家来源,收取商家一定的保证金,与商家签订协议来保障消费者的利益。对 O2O 平台的商家来说,加入 O2O 平台得到了更多展示和宣传机会,可通过消费者评价信息及时做出回馈,掌握消费者的支付信息,分析消费者行为,有利于实现精准营销。同时,商家加入 O2O 平台需要支付一定的使用费用。消费者通过 O2O 线上及时获取商家信息,并通过评价功能,对商家有大概了解,网站和商家的信息能迅速被知晓。消费者线上消费时,会考虑 O2O 平台与商家的优惠补贴、网络评价等多方因素。对 O2O 平台消费者来说,线上支付、线下享受服务最大的好处是价格优惠。由于消费者、商家是基于位置的,消费者体验了商家的商品、服务及环境后有一定的了解,O2O 平台除了带给消费者价格优惠外,还给他们带来额外的消费体验。因此,基于电子商务 O2O 商业模式的出现,改变消费过程的博弈属性,可以说是消费者与商家、网络平台之间的信息不对称的博弈状况发生改变,由不完美信息动态博弈转变为完全且完美信息动态博弈,同时,三方的策略集合与交易过程中的决策亦被改变。

在完美信息动态博弈中,由于纳什均衡不能排除不可信的行为选择,不是真正具有稳定性的均衡概念,因此需要排除不可信行为决策的新的均衡概念以满足动态博弈分析的需要,塞尔顿提出了“子博弈完美纳什均衡”正满足了此博弈均衡的概念,子博弈是由一个动态博弈第一阶段以外的某阶段开始的后续博弈阶段构成的,有初始信息集合和进行博弈所需要的全部信息,能够自称一个博弈的原博弈的一部分,称为原动态博弈的一个子博弈。那么子博弈完美纳什均衡定义了在一个完美信息的动态博弈中,各博弈方的策略构成的一个策略组合满足在整个动态博弈及它的所有子博弈中都是纳什均衡,这个策略组合就称为该动态博弈的一个“子博弈完美纳什均衡”(谢识予,2006)。子博弈完美纳什均衡一般采用逆推归纳法来分析推导得出,它的逻辑基础是在动态博弈中先行为的理性博弈方,在前面阶段选择行为时必然会先考虑后行为博弈方在后面阶段中将会怎样选择行为,只有在博弈的最后一个阶段选择后,不再有后续阶段牵制的博弈方,才能直接做出明确的选择,而当后面阶段博弈方的选择确定以后,前一阶段博弈方的行为也就容易确定了。因此,逆推归纳法操作方法是从动态博弈的最后一个阶段开始分析,每一次确定出所分析阶段博弈方的选择和路径,然后再确定前一个阶段的博弈方选择和路径。逆推归纳到某个阶段,那么这个阶段及以后的博弈结果就可以肯定下来,该阶段的选择节点等于一个结束终端,甚至可以不包括该阶段与其后所有阶段博弈的等价博弈来代替原来的博弈(谢识予,2006)。由于本研究的主线博弈经以上设计属于完美信息动态博弈,拟采用逆推归纳法分析推导主线博弈的子博弈完美纳什均衡,具体分析推导过程在第四章的博弈分析详细表述。

（2）支线博弈模型

本研究的支线博弈模型设计是在主线博弈模型的基础上，针对消费者、商家及O2O企业网络平台三方之间的部分过程博弈或是博弈方自身之间的博弈来区分设计。那么根据主线博弈模型的流程经过，可从三个方面来做支线博弈模型设计：

第一个方面为O2O平台与平台之间的优惠补贴博弈。O2O企业网络平台为实现O2O商业模式的规模叠加效应，大多以优惠补贴等各种形式为卖点，如送红包抵扣现金、打折等来吸引消费者，而O2O平台往往在不能持续优惠补贴之后就留不住顾客，顾客就会马上转向其他具有优惠补贴的O2O平台消费，因此，O2O平台与平台之间就存在决策是否有优惠补贴的博弈。本方面的O2O平台与平台之间优惠补贴支线博弈模型设计为只有A与B两个已经营的O2O平台之间在竞争环境中展开博弈，例如曾经的"滴滴打车"与"快滴打车"之争。并且A与B两个O2O平台博弈方都是具有同时决策的条件，互相之间对各自与对方的得益都非常了解的博弈，该支线博弈模型属于完全信息静态博弈。对于只存在两个博弈方的完全信息静态博弈模型中，可采用得益矩阵的分析方式来分析出模型的纳什均衡。

第二个方面为商家与商家之间的入驻博弈。在纯网络电商的线上商家价格优势的情况下，传统线下实体商家开始不断受到冲击，很多线下实体商家的业务被线上商家攫取。那么线上商家如何更多获得线下实体商家的顾客群，线下实体商家如何留住其顾客群，以及如何发挥线下营销真实的优势，和如何利用线上价格、信息等方面的作用，成为摆在纯网络电商线上商家和线下实体商家等商家面前的问题。因此，O2O商业模式就是在这样一种背景的推动下产生和发展的。本方面的商家与商家之间的入驻支线博弈模型设计为只有纯网络电商线上商家和线下实体商家两类决策入驻O2O平台展开博弈，以两类商家各自采用自身营销策略去吸引顾客，从吸引只在线上的消费顾客到吸引只在线下的消费顾客形成一个连续的营销策略集合，其中入驻O2O平台营销策略既吸引了常在线上消费顾客又吸引了常在线下消费顾客，并且位于吸引只在线上消费顾客与只在线下消费顾客的策略正中间处。那么该支线博弈模型采用连续博弈模型的分析方式可分析出模型的纳什均衡。

第三个方面为消费者与商家演化博弈。消费者在选用O2O平台消费体验的过程中往往与传统消费（消费者不采用O2O模式的消费）的方式获得的商品、服务有所区别。在O2O模式的平台的线上支付后到线下商家消费体验时,经常会遇到和预期中不一样的商品、服务,如与直接付现消费的顾客所比较起来,享受的商品和服务远差于同等消费商品、服务。那么消费者长期面对这种状况是否还会继续选用O2O商业模式消费,商家是否会有所改观有待通过博弈理论去研究。本方面的博弈是从消费者与商家都非完全理性的角度出发,消费者选用O2O平台到商家决策是否给予消费者传统消费的同等商品、服务,再到消费者决策是否继续选用O2O商业模式消费等一系列循环反复的过程,通过有限理性的长期反复博弈、学习和调整策略的演化过程来分析最终的演化稳定策略(Evolution Stable Strategy,ESS)。该支线博弈属于有限理性非对称演化博弈,可采用复制动态和演化稳定策略分析方式进行分析。

3.8　本章小结

本章在研究方法与思路的基础上,理清了定性、定量与定性定量相结合的研究方法设计。首先通过文献研究、访谈法归纳整理出消费者对O2O商业模式接受行为影响因素;继续采用MATLAB软件进行解释结构模型化,归纳演算出解释结构模型并提出消费者对O2O商业模式接受行为理论模型与相关的假设;然后结合模型实际与假设设计本研究的问卷编制、抽样过程和调查方法,编制完的调查问卷采用德尔菲法对问卷的题项及题项文字语言进行修改和完善,并对问卷进行预测试,分析预测的信度效度后形成正式问卷实施抽样调查收集数据;最后设计本研究的方差分析、结构方程模型分析、博弈论分析步骤与方式,预备在第四章中进行全面的实证分析。

第四章　资料整理分析与讨论

4.1　描述性统计

4.1.1　基础题项描述性统计

本次抽样调查实际共发放问卷 435 份,全部回收,问卷回收率 100% ,删除胡乱填写、随意填写、题项缺失等有问题的问卷①,实际剩余有效问卷 393 份。有效率 90.34% 。基础题项通过 SPSS 软件运行描述性统计分析如下展示:

在有效回收问卷中性别所占比例:男性为 195 人,占有效比率 49.6% ;女性为 198 人,占有效比率 50.4% 。本次问卷抽样调查的男女人数比率大致相当,抽样比率合理。性别所占比率如表 27 所示:

表 27　性别所占比率

		频率	百分比
有效数据	男性	195	49.62
	女性	198	50.38
	合计	393	100.0

在有效回收问卷中年龄所占比率:18 岁以下 43 人,占有效比率 10.94% ;18 ~

---

① 在问卷调查中,由于工作人员是现场发放和现场及时回收问卷,因此问卷回收率是 100% 。另外,问卷胡乱填写是指被调查者没有按照问卷填答要求来填写;随意填写是指被调查者没有认真阅读每个题项,仓促随意地填写选项;题项缺失是指被调查者在填答问卷的过程中有题的填写的遗漏。

29 岁 161 人,占有效比率 40.97% ;30 ~ 44 岁 135 人,占有效比率 34.35% ;45 ~ 59 岁 54 人,占有效比率 13.74% ;59 岁以上 0 人,占有效比率 0% 。按照《第 36 次中国互联网络发展状况统计报告》中各年龄人口互联网普及率与联合国卫生组织对年龄的划分,17 岁以下(少年)、18 ~ 29 岁(青年)、30 ~ 44 岁(青年)、45 ~ 59 岁(中年)、60 岁以上(老年)。本次抽样调查抽取的样本人数主要为青年,少年和中年样本较少,老年样本为无(在抽查过程中也抽取到过老年样本,由于老年人均不了解和未使用过 O2O 商业模式,因此放弃发放问卷填答)。通过抽样调查可以发现,现实中使用 O2O 商业模式的人群主要集中为青年人,少年与中年能够独立使用 O2O 商业模式人数较少,表明"80"与"90"后作为 O2O 商业模式使用的一线主力军,样本总体年轻化体现了年轻人愿意接受新兴的 O2O 商业模式,符合现实状况,抽样比率合理。年龄所占比率如表 28 所示:

表 28　年龄所占比率

		频率	百分比	累积百分比
有效数据	18 岁以下	43	10.94	10.94
	18 ~ 29 岁	161	40.97	51.91
	30 ~ 44 岁	135	34.35	86.24
	45 ~ 59 岁	54	13.74	100
	59 岁以上	0	0	
	合计	393	100%	

在有效回收问卷中学历所占比率:高中、中专及以下学历 62 人,占有效比率 15.78% ;大专学历 80 人,占有效比率 20.35% ;本科学历 170 人,占有效比率 43.26% ;研究生(包含硕士与博士)学历 81 人,占有效比率 20.61% 。本次抽样调查抽取的本科学历样本人数最多,大专与研究生人数持平,各占中等人数比率,高中、中专及以下学历人数最少。问卷抽样调查总体学历层次偏高,符合中国国民教育现实状况。结合消费者使用 O2O 商业模式的年龄来看,大部分的中青年都受过良好的教育。满足了使用 O2O 商业模式所需要的基本信息技术,抽样比率合理。学历所占比率如表 29 所示:

表29 学历所占比率

		频率	百分比	累积百分比
有效数据	高中、中专及以下学历	62	15.78	15.78
	大专	80	20.35	36.13
	本科	170	43.26	79.39
	研究生	81	20.61	100
	合计	393	100	

在有效回收问卷中婚姻及家庭状况所占比率:未婚181人,占有效比率46.06%;已婚无子女48人,占有效比率12.21%;已婚有子女142人,占有效比率36.13%;其他22人,占有效比率5.60%。本次抽样调查抽取的未婚和已婚有子女的样本人数占大部分比率,已婚无子女和其他样本人数占少部分比率。通过抽样调查可以发现,广东珠江三角洲作为全中国发达的地区,结婚年龄相对较晚一些,已婚以后也存在部分人没有生育子女或暂时没有生育,但相对占少数,其他可能为离异、丧偶等情况。抽样比率合理,符合中国婚姻及家庭现实状况。婚姻及家庭状况所占比率如表30所示:

表30 婚姻及家庭状况所占比率

		频率	百分比
有效数据	未婚	181	46.06
	已婚无子女	48	12.21
	已婚有子女	142	36.13
	其他	22	5.60
	合计	393	100

在有效回收问卷中生活所在地所占比率:广州61人,占有效比率15.52%;深圳62人,占有效比率15.78%;佛山51人,占有效比率12.98%;东莞50人,占有效比率12.72%;中山30人,占有效比率7.63%;珠海52人,占有效比率13.23%;肇庆30人,占有效比率7.63%;惠州28人,占有效比率7.13%;江门29人,占有效比率7.38%。本次抽取的样本数基本符合分层抽样设计中高、中、低三个层次9个城市各抽取的数量,抽样比率合理。生活所在地所占比率如表31所示:

表 31　生活所在地所占比率

		频率	百分比
有效数据	广州	61	15.52
	深圳	62	15.78
	佛山	51	12.98
	东莞	50	12.72
	中山	30	7.63
	珠海	52	13.23
	肇庆	30	7.63
	惠州	28	7.13
	江门	29	7.38
	合计	393	100

　　在有效回收问卷中市区乡镇所占比率:市区 301 人,占有效比率 76.59%;乡镇 92 人,占有效比率 23.41%。本次抽样调查抽取的市区样本人数占大多数,乡镇样本占少数。由于抽样调查均在珠江三角洲城市的商业购物中心展开问卷调查,抽取的市区样本占大多数符合现实状况,抽样比率合理。市区乡镇所占比率如表 32 所示:

表 32　市区乡镇所占比率

		频率	百分比
有效数据	市区	301	76.59
	乡镇	92	23.41
	合计	393	100

　　在有效回收问卷中工作职业所占比率:学生 80 人,占有效比率 20.36%;党政机关 39 人,占有效比率 9.92%;事业单位工作人员 94 人,占有效比率 23.92%;公司企业职员 66 人,占有效比率 16.79%;自由职业者 56 人,占有效比率 14.25%;农村外出务工人员 35 人,占有效比率 8.91%;农林牧鱼劳动者 23 人;占有效比率 5.85%;退休 0 人,占有效比率 0%;无业(包含下岗失业)0 人,占有效比率 0%。本次抽样调查抽取的学生和事业单位工作人员样本人数较多,公司企业职员和自由职业者样本人数中等,党政机关、农村外出务工人员和农林牧鱼劳动者样本人

数较少,退休和无业样本人数为 0。通过抽样调查可以发现,退休样本人数为 0,是由于退休的人群主要均为老年人,与前面年龄选项中未能抽取到 59 岁以上的相呼应,主要是由于年龄越大,越少人了解和使用过 O2O 商业模式。无业样本人数为 0,可能是由于被调查人即便是无业的状况,也难以启齿填写该项,而会填写自由职业者这项。其他工作职业抽取样本基本符合现状,抽样比率合理。工作职业所占比率如表 33 所示:

表 33　工作职业所占比率

		频率	百分比
有效数据	学生	80	20.36
	党政机关	39	9.92
	事业单位工作人员	94	23.92
	公司企业职员	66	16.79
	自由职业者	56	14.25
	农村外出务工人员	35	8.91
	农林牧鱼劳动者	23	5.85
	退休	0	0
	无业	0	0
	合计	393	100

在有效回收问卷中家庭年收入所占比率:低于 8 万元收入 162 人,占有效比率 41.22% ;8 ~ 30 万元收入 171 人,占有效比率 43.51% ;30 ~ 100 万元收入 43 人,占有效比率 10.94% ;100 万元以上收入 17 人,占有效比率 4.33%。本次抽样调查抽取低于 8 万元收入和 8 ~ 30 万元收入家庭占大部分比率,30 ~ 100 万元收入和 100 万元收入家庭占少部分比率。根据 2015 年中国收入等级划分标准可分为家庭年收入低于 8 万元(低收入人群)、8 ~ 30 万元(小康人群)、30 ~ 100 万元(中高收入人群)、100 万元(富人群)。本次抽样调查抽取的家庭年收入低于 8 万元和 8 ~ 30 万元占样本大部分人数,家庭年收入 30 ~ 100 万元和 100 万元占样本少部分人数。通过抽样调查可以发现,低收入人数占样本比率较高,可能由于被调查者在填答问卷时对自身收入相对保守,填答选项与实际收入不太相符,导致不太切合珠江三角洲城市家庭收入状况,但是与真实的情况相差不会太大,不会影响差异化分析的结果。小康、中高收入以及富人群按收入的递增,人数大幅减少,相对就比较符合实际

收入状况,抽样比率合理。家庭年收入所占比率如表 34 所示:

表 34　家庭年收入所占比率

		频率	百分比	累积百分比
有效数据	低于 8 万元	162	41.22	41.22
	8～30 万元	171	43.51	84.73
	30～100 万元	43	10.94	95.67
	100 万元以上	17	4.33	100
	合计	393	100	

在有效回收问卷中接触电子商务年限所占比率:4 年以下 188 人,占有效比率47.84%;4～8 年 155 人,占有效比率 39.44%;9～12 年 35 人,占有效比率 8.90%;12 年以上 15 人,占有效比率 3.82%。本次抽样调查抽取的接触电子商务年限为 4 年以下和 4～8 年占样本大部分人数,9～12 年和 12 年以上占样本少部分人数。由于中国电子商务的 O2O 商业模式发展时间较短,因此以消费者接触电子商务的年限来研究,通过抽样调查可以发现,珠江三角洲城市的人口接触电子商务的年限普遍为 8 年以内,8 年以上的老网购用户所占比重较少,符合中国网购的年龄的现实状况,抽样比率合理。接触电子商务年限所占比率如表 35 所示:

表 35　接触电子商务年限所占比率

		频率	百分比	累积百分比
有效数据	4 年以下	188	47.84	47.84
	4～8 年	155	39.44	87.28
	9～12 年	35	8.90	96.18
	12 年以上	15	3.82	100
	合计	393	100	

此次调查问卷样本抽样的方式是以概率抽样方法为主,因此抽取的样本对总体来说具有一定的代表性,但是描述性统计的基础数据分析仅仅是作为样本初步描述性统计的认知判断,以下内容会重点体现在量表数据的推断统计分析。

4.1.2　量表题项描述性统计

本研究量表设计 45 个题项,能够从整体上来观察研究消费者对 O2O 商业模式接受行为模型的 10 个结构变量,运用均值、方差、标准偏差等描述性统计,可以对结构变量的分布特征以及内部结构获得一个整体的认识,加强对分析与研究结果的解释能力。量表题项数据通过描述性统计分析,结果如下表 36 所示:

表 36 量表题项描述性统计

变量名称	题号	样本数	均值	标准偏差
行为态度	XT1	393	5.24	1.319
	XT2	393	5.20	1.300
	XT3	393	5.33	1.221
	XT4	393	5.20	1.311
	XT5	393	4.34	1.485
主观规范	ZG1	393	**4.15**	**1.514**
	ZG2	393	**4.83**	**1.476**
	ZG3	393	**4.35**	**1.347**
	ZG4	393	**4.16**	**1.531**
知觉行为控制	ZK1	393	5.53	1.292
	ZK2	393	5.40	1.337
	ZK3	393	5.18	1.360
	ZK4	393	5.35	1.333
	ZK5	393	5.14	1.445
易用感知	YG1	393	5.38	1.300
	YG2	393	5.26	1.289
	YG3	393	4.94	1.390
	YG4	393	4.99	1.320
	YG5	393	5.03	1.299
有用感知	YZ1	393	5.40	1.200
	YZ2	393	5.23	1.242
	YZ3	393	5.27	1.170
	YZ4	393	5.21	1.233

变量名称	题号	样本数	均值	标准偏差
任务技术匹配	RP1	393	5.10	1.242
	RP2	393	5.16	1.205
	RP3	393	5.30	1.213
	RP4	393	5.27	1.221
感知风险	GF1	393	**3.20**	**1.441**
	GF2	393	**2.77**	**1.406**
	GF3	393	**3.02**	**1.446**
	GF4	393	**2.89**	**1.342**
	GF5	393	**3.03**	**1.319**
	GF6	393	**2.78**	**1.391**
优惠补贴	YB1	393	4.95	1.294
	YB2	393	4.84	1.271
	YB3	393	5.04	1.227
	YB4	393	5.21	1.280
行为意向	XY1	393	**5.04**	**1.100**
	XY2	393	**5.38**	**1.075**
	XY3	393	**5.18**	**1.205**
	XY4	393	**5.26**	**1.211**
使用行为	SX1	393	**4.34**	**1.191**
	SX2	393	**4.40**	**1.052**
	SX3	393	**4.31**	**1.079**
	SX4	393	**4.22**	**1.140**

注:1 为非常不同意,2 为基本不同意,3 为有点不同意,4 为不确定,5 为有点同意,6 为基本同意,7 为非常同意

从上表 36 可以得出,主观规范、感知风险和使用行为的题项评价的均值普遍偏低,都在分值 5(有点同意)以下,与分值 7(非常同意)的差距较大。其中消费者

感知风险提出的假设是对 O2O 商业模式接受行为等相关变量产生负影响,因此把问卷对应的题号 GF1—GF6 取得数据以 4 为中间值对调(如果分值为 4,则不变),这样采用对调的数据才能使得理论与统计原理提出的假设相符。感知风险评价的均值均低于分值 4(不确定)以下,表明消费者对 O2O 商业模式不存在感知风险的认同度较低;主观规范评价的均值均低于分值 5(有点同意)以下,表明消费者对 O2O 商业模式的主观规范认同度较低;使用行为评价的均值均低于分值 5(有点同意)以下,表明消费者对 O2O 商业模式使用行为的认同度较低。并且感知风险与主观规范的标准偏差分值较高,表明消费者之间对感知风险、主观规范的观点分歧偏差较大,但是使用行为标准偏差分值相对较低,表明消费者之间对使用行为的观点认同相对比较稳定。其他行为态度、知觉行为控制、易用感知、有用感知、任务技术匹配、优惠补贴、行为意向结构变量的均值基本都在分值 5(有点同意)以上,与分值 7(非常同意)的差距相对较小,并且对应的标准偏差分值相对较低,表明消费者对 O2O 商业模式的行为态度、知觉行为控制、易用感知、有用感知、任务技术匹配、优惠补贴、行为意向的观点认同度较高,并且消费者之间的观点认同相对稳定。从以上分析量表题项的描述性统计总体情况来看,样本数据反映数值倾向基本符合问卷调查实际情况。

4.1.3 正态性检验

本研究参照(Bentler & Chou,1987)提出的样本数据量标准,由于回收的样本数据量没有超过观察变量(题项)的 10 倍,但是已经符合观察变量指标 5 倍以上,所以仍需要对量表题项的数据进行正态性检验。要判断量表题项的数据是否符合正态分布主要是检验数据的偏度(Skewness)和峰度(Kurtosis)这两个指标,检验标准如下:如果数据的均值和中位数相近,且偏度小于 2,峰度值小于 5,就可以认为该数据满足正态分布要求,更严格的判断是如果偏度和峰度的绝对值超过 2,那么该样本数据就不满足正态分布的要求(石巧君,2012)。本研究通过对量表题项数据是否满足正态分布进行检验,结果如下表 37 所示:

表 37　量表题项正态性检验

变量名称	题号	均值	中位数	偏度	峰度
行为态度	XT1	5.24	5.00	−0.553	0.300
	XT2	5.20	5.00	−0.534	0.401
	XT3	5.33	5.00	−0.370	−0.171
	XT4	5.20	5.00	−0.545	0.323
	XT5	4.34	4.00	−0.172	−0.165
主观规范	ZG1	4.15	4.00	−0.075	−0.173
	ZG2	4.83	5.00	−0.626	0.316
	ZG3	4.35	4.00	−0.056	0.062
	ZG4	4.16	4.00	−0.023	−0.119
知觉行为控制	ZK1	5.53	6.00	−0.658	0.004
	ZK2	5.40	5.00	−0.660	0.183
	ZK3	5.18	5.00	−0.540	0.102
	ZK4	5.35	5.00	−0.666	0.250
	ZK5	5.14	5.00	−0.557	−0.099
易用感知	YG1	5.38	5.00	−0.414	−0.520
	YG2	5.26	5.00	−0.350	−0.484
	YG3	4.94	5.00	−0.224	−0.511
	YG4	4.99	5.00	−0.378	0.023
	YG5	5.03	5.00	−0.349	−0.073
有用感知	YZ1	5.40	6.00	−0.500	−0.270
	YZ2	5.23	5.00	−0.517	0.158
	YZ3	5.27	5.00	−0.481	0.252
	YZ4	5.21	5.00	−0.482	0.015
任务技术匹配	RP1	5.10	5.00	−0.303	−0.197
	RP2	5.16	5.00	−0.257	−0.233
	RP3	5.30	5.00	−0.391	−0.185
	RP4	5.27	5.00	−0.445	0.095

续表

变量名称	题号	均值	中位数	偏度	峰度
感知风险	GF1	3.20	3.00	0.455	0.022
	GF2	2.77	3.00	0.655	0.372
	GF3	3.02	3.00	0.549	0.081
	GF4	2.89	3.00	0.551	0.280
	GF5	3.03	3.00	0.443	0.248
	GF6	2.78	3.00	0.577	− 0.058
优惠补贴	YB1	4.95	5.00	− 0.436	0.196
	YB2	4.84	5.00	− 0.290	0.118
	YB3	5.04	5.00	− 0.406	0.081
	YB4	5.21	5.00	− 0.405	− .337
行为意向	XY1	5.04	5.00	− 0.491	0.243
	XY2	5.38	6.00	− 1.171	1.356
	XY3	5.18	6.00	− 0.663	− 0.574
	XY4	5.26	6.00	− 1.014	0.288
使用行为	SX1	4.34	4.00	0.217	− 0.676
	SX2	4.40	4.00	0.168	1.114
	SX3	4.31	4.00	0.252	1.364
	SX4	4.22	4.00	0.290	1.684

由上表 37 数据显示,本研究的量表题项数据偏度与峰度绝对值均小于 2,均值和中位数基本相近,满足正态分布的要求,量表题项数据通过正态性检验。参照(Bentler & Chou,1987)提出的标准,如果调查问卷量表题项的数据是服从正态分布的,那么只需要满足观察变量的 5 倍即可,本研究共有 45 个观察变量,而本研究的样本数是 393 个,远大于观察变量 5 倍的标准。

4.2   t 检验与方差分析

4.2.1   t 检验分析

本研究主要通过 t 检验分析样本中有关性别与居住在市区或乡镇问项的分组变量,从而揭示各变量之间因性别的原因导致差异性的变化机制。在运用 t 检验分析之前,需要样本数据基本情况的数据满足以下几个条件,或者说以下的假设应当成立:一是观察对象数据是来自于所研究因素的各个水平之下的独立抽样;二是各个样本均来自正态分布的总体;三是各水平下的总体具有相同的方差。概括起来就是独立性、正态性和方差齐性(张文彤,2011)。这里 t 检验和方差分析每个结构变量数据统计均采用算术平均值方法计算,反映消费者对 O2O 商业模式接受行为的综合意愿。

首先观察对象的数据本身就是来自该研究因素在各个水平之下的独立抽样,各观察值之间是相互独立,不存在相互的影响;其次是各个数据样本在以上章节均通过了正态性检验,可以判断各个样本均来自正态分布的总体,服从正态分布;最后是样本方差齐性检验,在 SPSS 软件中所使用的是 Levene 法,这种方法对于正态性假设是稳定的,Levene 法基本思想是将各组变数值中心化后,利用 F 值分布来检验各组间的差别,如果 P 值小于显著性水平,则应该拒绝原假设,反之就不能拒绝原假设。把样本性别放入分组变量,通过 SPSS 软件可使用方差齐性 Levene 法检验与独立样本 t 检验分析样本性别对各个结构变量的内在关系,结果如下表38 所示:

表38   样本性别男对女 t 检验分析表

变量名称		方差方程 Levene 检验		均值方程 t 检验	
		F 值	P 值 Sig.	t 值	P 值 Sig.(双侧)
行为态度	假设方差相等	0.703	0.402	−1.703	0.089
	假设方差不相等			−1.702	0.090

变量名称		方差方程 Levene 检验		均值方程 t 检验	
		F 值	P 值 Sig.	t 值	P 值 Sig.（双侧）
主观规范	假设方差相等	2.042	0.154	−0.434	0.665
	假设方差不相等			−0.434	0.665
知觉行为控制	假设方差相等	3.245	0.072	−1.233	0.218
	假设方差不相等			−1.232	0.219
易用感知	假设方差相等	2.504	0.114	−0.930	0.353
	假设方差不相等			−0.929	0.353
有用感知	假设方差相等	3.535	0.058	−1.102	0.271
	假设方差不相等			−1.101	0.271
任务技术匹配	假设方差相等	3.489	0.061	−0.811	0.418
	假设方差不相等			−0.810	0.418
感知风险	假设方差相等	2.622	0.106	1.369	0.172
	假设方差不相等			1.368	0.172
优惠补贴	假设方差相等	1.507	0.220	−0.437	0.662
	假设方差不相等			−0.437	0.662
行为意向	假设方差相等	3.224	0.068	−1.643	0.101
	假设方差不相等			−1.642	0.101
使用行为	假设方差相等	0.327	0.568	0.022	0.982
	假设方差不相等			0.022	0.982

由上表38可知,各项结构变量数据的方差齐性 F 值分布来检验的 P 值均大于显著水平(α > 0.05),可以认为各项结构变量数据的总体之间方差无显著差异,方差齐性检验通过。那么在数据在独立性、正态性和方差齐性三个假设成立之后,可以进行 t 检验分析。样本性别 t 检验对应的每个结构变量 t 值分布来检验的 P 值均大于显著性水平(α > 0.05),则不拒绝原假设,说明消费者不同性别对 O2O 商业模式行为态度、主观规范、知觉行为控制、易用感知、有用感知、任务技术匹配、感知风险、补贴优惠、行为意向、使用行为不存在显著性差异。接着是把样本居住市区与乡镇放入分组变量,运行 SPSS 软件方差齐性 Levene 法检验与独立样本 t 检验,结果如下表39所示:

表39　样本居住市区对乡镇 t 检验分析表

变量名称		方差方程 Levene 检验		均值方程 t 检验	
		F 值	P 值 Sig.	t 值	P 值 Sig.（双侧）
行为态度	假设方差相等	0.389	0.533	2.692	**0.007**
	假设方差不相等			2.786	0.006
主观规范	假设方差相等	1.379	0.241	0.891	0.374
	假设方差不相等			0.956	0.340
知觉行为控制	假设方差相等	0.002	0.965	2.586	**0.010**
	假设方差不相等			2.551	0.012
易用感知	假设方差相等	0.014	0.907	2.209	**0.028**
	假设方差不相等			2.233	0.027
有用感知	假设方差相等	0.013	0.909	1.729	0.085
	假设方差不相等			1.753	0.082
任务技术匹配	假设方差相等	2.697	0.101	2.491	**0.013**
	假设方差不相等			2.404	0.018
感知风险	假设方差相等	3.240	0.073	−1.189	0.235
	假设方差不相等			−1.276	0.204
优惠补贴	假设方差相等	0.001	0.976	0.948	0.344
	假设方差不相等			0.961	0.338
行为意向	假设方差相等	0.032	0.857	1.356	0.176
	假设方差不相等			1.395	0.165
使用行为	假设方差相等	0.429	0.513	0.664	0.507
	假设方差不相等			0.692	0.490

　　由上表39可知,同样各项结构变量数据的方差齐性 F 值分布来检验的 P 值均大于显著水平,方差齐性检验通过,进行 t 检验分析。样本居住市区或乡镇 t 检验对应行为态度、知觉行为控制、易用感知、任务技术匹配结构变量的 t 值分布来检验的 P 值为 0.007、0.01、0.028、0.013,均小于显著性水平($\alpha < 0.05$),则拒绝

原假设,说明消费者居住市区或乡镇对 O2O 商业模式行为态度、知觉行为控制、易用感知、任务技术匹配存在显著性差异。其他结构变量 t 值分布来检验的 P 值均大于显著性水平,不存在显著性差异。

4.2.2　方差分析

本研究通过单因素方差分析消费者样本的年龄、学历、婚姻及家庭状况、生活所在地、工作职业、家庭年收入、接触电子商务年限等基础情况对 O2O 商业模式接受行为结构变量的差异性影响,从而揭示各分组变量与结构变量之间的变化机制。在运用单因素方差分析之前,同样也要样本的数据满足独立性、正态性和方差齐性,以上章节都已多次通过检验,这里就不再重复作检验。通过 SPSS 软件进行单因素方差分析,具体分析如下:

(1)年龄对各变量单因素方差分析,如下表 40 所示:

表 40　年龄对各变量单因素方差分析表

变量名称		平方和	均方	F 值	P 值显著性
行为态度	组间	9.321	3.107	2.546	0.056
	组内	474.684	1.220		
	总数	484.005			
主观规范	组间	9.237	3.079	2.035	0.109
	组内	588.651	1.513		
	总数	597.887			
知觉行为控制	组间	10.631	3.544	2.571	0.054
	组内	536.180	1.378		
	总数	546.811			
易用感知	组间	9.452	3.151	2.494	0.060
	组内	491.470	1.263		
	总数	500.922			

变量名称		平方和	均方	F 值	P 值显著性
有用感知	组间	4.799	1.600	1.310	0.271
	组内	474.969	1.221		
	总数	479.768			
任务技术匹配	组间	11.015	3.672	3.109	**0.026**
	组内	459.334	1.181		
	总数	470.349			
感知风险	组间	2.636	0.879	0.685	0.562
	组内	499.252	1.283		
	总数	501.888			
优惠补贴	组间	5.496	1.832	1.545	0.202
	组内	461.214	1.186		
	总数	466.709			
行为意向	组间	9.221	3.074	2.789	**0.040**
	组内	428.678	1.102		
	总数	437.899			
使用行为	组间	5.744	1.915	1.885	0.132
	组内	395.190	1.016		
	总数	400.934			

　　由上表 40 可知,消费者不同年龄对 O2O 商业模式任务技术匹配、行为意向结构变量的方差分析检验 P 值显著性为 0.026、0.04,均小于显著性水平($\alpha <$ 0.05),拒绝原假设并存在显著差异性影响,其他结构变量的方差分析检验 P 值显著性均大于显著性水平,不存在显著性差异。不同年龄的差异性影响具体分析采用 SPSS 软件的 LSD 法进行两两比较,分析结果如下表 41 所示:

表 41　不同年龄的差异性影响分析表

变量名称	年龄 分组(I)	年龄 分组(J)	均值差 (I−J)	标准误	P 值 显著性
任务技术 匹配	A	B	−0.169	0.187	0.367
		C	−0.360	0.190	0.060
		D	0.132	0.222	0.552
	B	A	0.169	0.187	0.367
		C	−0.191	0.127	0.133
		D	0.301	0.171	0.079
	C	A	0.360	0.190	0.060
		B	0.191	0.127	0.133
		D	0.492	0.175	**0.005**
	D	A	−0.132	0.222	0.552
		B	−0.301	0.171	0.079
		C	−0.492	0.175	**0.005**
行为意向	A	B	−0.309	0.180	0.087
		C	−0.385	0.184	**0.037**
		D	0.006	0.215	0.979
	B	A	0.309	0.180	0.087
		C	−0.076	0.123	0.536
		D	0.315	0.165	0.057
	C	A	0.385	0.184	**0.037**
		B	0.076	0.123	0.536
		D	0.391	0.169	**0.021**
	D	A	−0.006	0.215	0.979
		B	−0.315	0.165	0.057
		C	−0.391	0.169	**0.021**

　　由上表 41 可知,在任务技术匹配结构变量 P 值显著性水平上发现,消费者 C(30～44 岁)与 D(45～59 岁)有显著性差异。在行为意向结构变量上发现,消费者 C(30～44 岁)与 A(18 岁以下)、D(45～59 岁)有显著性差异。

（2）学历对各变量单因素方差分析，如下表42所示：

表42   学历对各变量单因素方差分析表

变量名称		平方和	均方	F 值	P 值显著性
行为态度	组间	18.609	6.203	5.185	**0.002**
	组内	465.396	1.196		
	总数	484.005			
主观规范	组间	6.483	2.161	1.422	0.236
	组内	591.404	1.520		
	总数	597.887			
知觉行为控制	组间	15.554	5.185	3.796	**0.010**
	组内	531.257	1.366		
	总数	546.811			
易用感知	组间	3.388	1.129	0.883	0.450
	组内	497.533	1.279		
	总数	500.922			
有用感知	组间	6.151	2.050	1.684	0.170
	组内	473.618	1.218		
	总数	479.768			
任务技术匹配	组间	6.848	2.283	1.916	0.126
	组内	463.501	1.192		
	总数	470.349			
感知风险	组间	3.202	1.067	0.833	0.477
	组内	498.686	1.282		
	总数	501.888			
优惠补贴	组间	0.965	0.322	0.269	0.848
	组内	465.744	1.197		
	总数	466.709			
行为意向	组间	8.917	2.972	2.695	0.056
	组内	428.982	1.103		
	总数	437.899			

续表

变量名称		平方和	均方	F 值	P 值显著性
使用行为	组间	5.087	1.696	1.666	0.174
	组内	395.847	1.018		
	总数	400.934			

由上表 42 可知,消费者不同学历对 O2O 商业模式行为态度、知觉行为控制结构变量的方差分析检验 P 值显著性为 0.002、0.01,均小于显著性水平($\alpha <$ 0.05),拒绝原假设并存在显著差异性影响,其他结构变量的方差分析检验 P 值显著性均大于显著性水平,不存在显著性差异。不同学历的差异性影响两两比较结果如下表 43 所示:

表 43　不同学历的差异性影响分析表

变量名称	年龄分组(I)	年龄分组(J)	均值差(I-J)	标准误	P 值显著性
行为态度	A	B	0.278	0.185	0.134
		C	-0.213	0.162	0.191
		D	-0.333	0.185	0.072
	B	A	-0.278	0.185	0.134
		C	-0.491	0.148	**0.001**
		D	-0.611	0.172	**0.000**
	C	A	0.213	0.162	0.191
		B	0.491	0.148	**0.001**
		D	-0.121	0.148	0.414
	D	A	0.333	0.185	0.072
		B	0.611	0.172	**0.000**
		C	0.121	0.148	0.414

变量名称	年龄 分组(I)	年龄 分组(J)	均值差 (I－J)	标准误	P 值 显著性
知觉行为 控制	A	B	0.216	0.198	0.275
		C	－0.162	0.173	0.352
		D	－0.379	0.197	0.055
	B	A	－0.216	0.198	0.275
		C	－0.378	0.158	**0.018**
		D	－0.595*	0.184	**0.001**
	C	A	0.162	0.173	0.352
		B	0.378	0.158	**0.018**
		D	－0.217	0.158	0.169
	D	A	0.379	0.197	0.055
		B	0.595	0.184	**0.001**
		C	0.217	0.158	0.169

由上表43可知,在行为态度结构变量P值显著性水平上发现,消费者B(大专)与C(本科)、D(研究生)有显著性差异。在知觉行为控制结构上同样发现,消费者B与C、D有显著性差异。

(3)婚姻及家庭状况对各变量单因素方差分析,如下表44所示:

表44　婚姻及家庭状况对各变量单因素方差分析表

变量名称		平方和	均方	F 值	P 值显著性
行为态度	组间	7.440	2.480	2.024	0.110
	组内	476.565	1.225		
	总数	484.005			
主观规范	组间	6.055	2.018	1.327	0.265
	组内	591.832	1.521		
	总数	597.887			
知觉行为控制	组间	12.296	4.099	2.983	**0.031**
	组内	534.515	1.374		
	总数	546.811			

续表

变量名称		平方和	均方	F 值	P 值显著性
易用感知	组间	3.019	1.006	0.786	0.502
	组内	497.903	1.280		
	总数	500.922			
有用感知	组间	2.044	0.681	0.555	0.645
	组内	477.724	1.228		
	总数	479.768			
任务技术匹配	组间	2.254	0.751	0.624	0.600
	组内	468.095	1.203		
	总数	470.349			
感知风险	组间	5.087	1.696	1.328	0.265
	组内	496.801	1.277		
	总数	501.888			
优惠补贴	组间	4.818	1.606	1.353	0.257
	组内	461.891	1.187		
	总数	466.709			
行为意向	组间	4.470	1.490	1.337	0.262
	组内	433.429	1.114		
	总数	437.899			
使用行为	组间	1.852	0.617	0.602	0.614
	组内	399.082	1.026		
	总数	400.934			

　　由上表44可知,消费者不同婚姻及家庭状况对O2O商业模式知觉行为控制结构变量的方差分析检验P值显著性为0.031,小于显著性水平($\alpha < 0.05$),拒绝原假设并存在显著差异性影响,其他结构变量的方差分析检验P值显著性均大于显著性水平,不存在显著性差异。不同婚姻及家庭状况的差异性影响两两比较结果如下表45所示:

表45 不同婚姻及家庭状况的差异性影响分析表

变量名称	年龄分组(I)	年龄分组(J)	均值差(I-J)	标准误	P值显著性
知觉行为控制	A	B	0.051	0.190	0.791
		C	-0.343	0.131	**0.009**
		D	0.118	0.265	0.656
	B	A	-0.051	0.190	0.791
		C	-0.394	0.196	**0.045**
		D	0.067	0.302	0.823
	C	A	0.343	0.131	**0.009**
		B	0.394	0.196	**0.045**
		D	0.461	0.269	0.087
	D	A	-0.118	0.265	0.656
		B	-0.067	0.302	0.823
		C	-0.461	0.269	0.087

由上表45可知,在知觉行为控制结构变量P值显著性水平上发现,消费者C(已婚有子女)与A(未婚)、B(已婚无子女)有显著性差异。

(4)生活所在地对各变量单因素方差分析,如下表46所示:

表46 生活所在地对各变量单因素方差分析表

变量名称		平方和	均方	F值	P值显著性
行为态度	组间	13.476	1.685	1.375	0.206
	组内	470.529	1.225		
	总数	484.005			
主观规范	组间	8.163	1.020	0.664	0.723
	组内	589.725	1.536		
	总数	597.887			
知觉行为控制	组间	13.272	1.659	1.194	0.301
	组内	533.539	1.389		
	总数	546.811			

变量名称		平方和	均方	F 值	P 值显著性
易用感知	组间	7. 139	0.892	0.694	0.697
	组内	493.782	1.286		
	总数	500.922			
有用感知	组间	10. 082	1.260	1.030	0.412
	组内	469.687	1.223		
	总数	479.768			
任务技术匹配	组间	7. 571	0.946	0.785	0.616
	组内	462.778	1.205		
	总数	470.349			
感知风险	组间	20. 049	2.506	1.997	0.056
	组内	481.838	1.255		
	总数	501.888			
优惠补贴	组间	7. 931	0.991	0.830	0.577
	组内	458.778	1.195		
	总数	466.709			
行为意向	组间	12. 428	1.554	1.402	0.194
	组内	425.471	1.108		
	总数	437.899			
使用行为	组间	5. 600	0.700	0.680	0.709
	组内	395.334	1.030		
	总数	400.934			

由上表46可知,消费者生活所在地对O2O商业模式行为态度、主观规范、知觉行为控制、易用感知、有用感知、任务技术匹配、感知风险、补贴优惠、行为意向、使用行为结构变量方差分析检验P值显著性均大于显著性水平($\alpha > 0.05$),不拒绝原假设,说明消费者不同的生活所在地所对O2O商业模式结构变量不存在显著性差异。

(5)工作职业对各变量单因素方差分析,如下表47所示:

表 47 工作职业对各变量单因素方差分析表

变量名称		平方和	均方	F 值	P 值显著性
行为态度	组间	5.592	0.932	0.752	0.608
	组内	478.413	1.239		
	总数	484.005			
主观规范	组间	11.616	1.936	1.275	0.268
	组内	586.271	1.519		
	总数	597.887			
知觉行为控制	组间	8.124	1.354	0.970	0.445
	组内	538.687	1.396		
	总数	546.811			
易用感知	组间	1.772	0.295	0.228	0.967
	组内	499.150	1.293		
	总数	500.922			
有用感知	组间	1.728	0.288	0.233	0.966
	组内	478.041	1.238		
	总数	479.768			
任务技术匹配	组间	2.110	0.352	0.290	0.942
	组内	468.239	1.213		
	总数	470.349			
感知风险	组间	2.407	0.401	0.310	0.932
	组内	499.481	1.294		
	总数	501.888			
优惠补贴	组间	3.690	0.615	0.513	0.799
	组内	463.019	1.200		
	总数	466.709			
行为意向	组间	1.840	0.307	0.271	0.950
	组内	436.059	1.130		
	总数	437.899			

变量名称		平方和	均方	F 值	P 值显著性
使用行为	组间	4.091	0.682	0.663	0.680
	组内	396.844	1.028		
	总数	400.934			

由上表 47 可知,消费者工作职业对 O2O 商业模式行为态度、主观规范、知觉行为控制、易用感知、有用感知、任务技术匹配、感知风险、补贴优惠、行为意向、使用行为结构变量方差分析检验 P 值显著性均大于显著性水平($\alpha > 0.05$),不拒绝原假设,说明消费者不同的工作职业对 O2O 商业模式结构变量不存在显著性差异。

(6)家庭年收入对各变量单因素方差分析,如下表 48 所示:

表48 家庭年收入对各变量单因素方差分析表

变量名称		平方和	均方	F 值	P 值显著性
行为态度	组间	15.567	5.189	4.309	**0.005**
	组内	468.438	1.204		
	总数	484.005			
主观规范	组间	5.783	1.928	1.266	0.286
	组内	592.105	1.522		
	总数	597.887			
知觉行为控制	组间	11.879	3.960	2.879	**0.036**
	组内	534.932	1.375		
	总数	546.811			
易用感知	组间	6.988	2.329	1.834	0.140
	组内	493.934	1.270		
	总数	500.922			
有用感知	组间	5.686	1.895	1.555	0.200
	组内	474.083	1.219		
	总数	479.768			

变量名称		平方和	均方	F 值	P 值显著性
任务技术匹配	组间	7.092	2.364	1.985	0.116
	组内	463.256	1.191		
	总数	470.349			
感知风险	组间	2.121	0.707	0.550	0.648
	组内	499.767	1.285		
	总数	501.888			
优惠补贴	组间	8.110	2.703	2.293	0.078
	组内	458.599	1.179		
	总数	466.709			
行为意向	组间	6.493	2.164	1.952	0.121
	组内	431.406	1.109		
	总数	437.899			
使用行为	组间	1.343	0.448	0.436	0.727
	组内	399.591	1.027		
	总数	400.934			

　　由上表48可知,消费者不同家庭年收入对O2O商业模式行为态度、知觉行为控制结构变量的方差分析检验P值显著性为0.005、0.036,均小于显著性水平（α<0.05）,拒绝原假设并存在显著差异性影响,其他结构变量的方差分析检验P值显著性均大于显著性水平,不存在显著性差异。不同家庭年收入的差异性影响两两比较结果如下表49所示:

表49　不同家庭年收入的差异性影响分析表

变量名称	年龄分组(I)	年龄分组(J)	均值差(I-J)	标准误	P值显著性
行为态度	A	B	-0.430	0.120	**0.001**
		C	-0.170	0.188	0.368
		D	-0.273	0.280	0.329
	B	A	0.430	0.120	**0.001**
		C	0.261	0.187	0.164
		D	0.157	0.279	0.574
	C	A	0.170	0.188	0.368
		B	-0.261	0.187	0.164
		D	-0.104	0.314	0.742
	D	A	0.273	0.280	0.329
		B	-0.157	0.279	0.574
		C	0.104	0.314	0.742
知觉行为控制	A	B	-0.372*	0.129	**0.004**
		C	-0.292	0.201	0.147
		D	-0.212	0.299	0.478
	B	A	0.372*	0.129	**0.004**
		C	0.080	0.200	0.691
		D	0.159	0.298	0.593
	C	A	0.292	0.201	0.147
		B	-0.080	0.200	0.691
		D	0.080	0.336	0.812
	D	A	0.212	0.299	0.478
		B	-0.159	0.298	0.593
		C	-0.080	0.336	0.812

由上表49可知,在行为态度结构变量P值显著性水平上发现,消费者A(低于8万元)与B(8~30万元)有显著性差异。在知觉行为控制结构上同样发现,消费者A(低于8万元)与B(8~30万元)有显著性差异。

（7）接触电子商务年限对各变量单因素方差分析，如下表 50 所示：

表 50　接触电子商务年限对各变量单因素方差分析表

变量名称		平方和	均方	F 值	P 值显著性
行为态度	组间	9.990	3.330	2.733	**0.044**
	组内	474.015	1.219		
	总数	484.005			
主观规范	组间	0.392	0.131	0.085	0.968
	组内	597.495	1.536		
	总数	597.887			
知觉行为控制	组间	21.115	7.038	5.208	**0.002**
	组内	525.696	1.351		
	总数	546.811			
易用感知	组间	6.665	2.222	1.749	0.157
	组内	494.257	1.271		
	总数	500.922			
有用感知	组间	7.150	2.383	1.962	0.119
	组内	472.618	1.215		
	总数	479.768			
任务技术匹配	组间	9.311	3.104	2.619	0.051
	组内	461.038	1.185		
	总数	470.349			
感知风险	组间	6.546	2.182	1.714	0.164
	组内	495.342	1.273		
	总数	501.888			
优惠补贴	组间	6.468	2.156	1.822	0.143
	组内	460.241	1.183		
	总数	466.709			
行为意向	组间	5.062	1.687	1.516	0.210
	组内	432.837	1.113		
	总数	437.899			

变量名称		平方和	均方	F 值	P 值显著性
使用行为	组间	5.395	1.798	1.769	0.153
	组内	395.539	1.017		
	总数	400.934			

由上表 50 可知,消费者不同接触电子商务年限对 O2O 商业模式行为态度、知觉行为控制结构变量的方差分析检验 P 值显著性为 0.044、0.002,均小于显著性水平($\alpha < 0.05$),拒绝原假设并存在显著差异性影响,其他结构变量的方差分析检验 P 值显著性均大于显著性水平,不存在显著性差异。不同接触电子商务年限的差异性影响两两比较结果如下表 51 所示:

表51 不同接触电子商务年限的差异性影响分析表

变量名称	年龄分组(I)	年龄分组(J)	均值差(I-J)	标准误	P 值显著性
行为态度	A	B	-0.323	0.120	**0.007**
		C	-0.332	0.203	0.103
		D	-0.223	0.296	0.452
	B	A	0.323	0.120	**0.007**
		C	-0.009	0.207	0.964
		D	0.099	0.298	0.739
	C	A	0.332	0.203	0.103
		B	0.009	0.207	0.964
		D	0.109	0.341	0.750
	D	A	0.223	0.296	0.452
		B	-0.099	0.298	0.739
		C	-0.109	0.341	0.750

变量名称	年龄分组(I)	年龄分组(J)	均值差(I−J)	标准误	P值显著性
知觉行为控制	A	B	−0.360	0.126	**0.005**
		C	−0.680	0.214	**0.002**
		D	−0.543	0.312	0.082
	B	A	0.360	0.126	**0.005**
		C	−0.320	0.218	0.142
		D	−0.183	0.314	0.560
	C	A	0.680	0.214	0.002
		B	0.320	0.218	0.142
		D	0.137	0.359	0.702
	D	A	0.543	0.312	0.082
		B	0.183	0.314	0.560
		C	−0.137	0.359	0.702

由上表51可知,在行为态度结构变量P值显著性水平上发现,消费者A(4年以下)与B(4~8年)有显著性差异。在知觉行为控制结构上发现,A(4年以下)与B(4~8年)、C(9~12年)有显著性差异。

4.3　结构方程模型分析

4.3.1　信度与效度分析

在采用SEM模型分析之前,还需要对正式发放问卷回收的样本数据进行信度与效度分析,SEM模型数据有别于传统的统计回归方法的信度与效度分析,一般要进行内在信度、组成信度、收敛效度及区别效度等分析,具体分析如下:

(1)内在信度与组成信度分析

SEM模型信度分析除了做克隆巴赫α系数内在信度分析,还需对SEM模型结构变量的组成信度(Composite Reliability)的CR值与平均变异萃取量(Average Variance Extracted)的AVE值分析。结构变量的CR值为测量变项信度的组成,表示构面指标的内部一致性,信度越高显示指针的一致性越好,在 0.6~0.7 之间的信度是可接受的,0.7 以上代表研究模型的内部一致性良好(Fornell & Larcker,1981)。平均变异萃取量 AVE 值是计算各测量变项对该结构变量的变异解释力,若 AVE 值越高,则表示变量间的测量题项相关就越高,一致性也越高,结构变量就有越高的信度,AVE 值需大于 0.5 以上(Fornell & Larcker,1981)。具体分析如下表 52 所示:

表 52　内在信度与组合信度分析表

变量	题号	项已删除的 α 值	α 值	CR 值	AVE 值
行为态度	XT1	0.864	0.892	0.901	0.649
	XT2	0.859			
	XT3	0.854			
	XT4	0.852			
	XT5	0.811			
主观规范	ZG1	0.835	0.862	0.865	0.616
	ZG2	0.844			
	ZG3	0.819			
	ZG4	0.795			
知觉行为控制	ZK1	0.907	0.921	0.923	0.706
	ZK2	0.901			
	ZK3	0.898			
	ZK4	0.893			
	ZK5	0.918			
易用感知	YG1	0.890	0.909	0.910	0.66
	YG2	0.883			
	YG3	0.888			
	YG4	0.890			
	YG5	0.893			

变量	题号	项已删除的 α 值	α 值	CR 值	AVE 值
有用感知	YZ1	0.911	0.934	0.935	0.783
	YZ2	0.925			
	YZ3	0.900			
	YZ4	0.919			
任务技术匹配	RP1	0.904	0.920	0.921	0.731
	RP2	0.895			
	RP3	0.887			
	RP4	0.896			
感知风险	GF1	0.888	0.897	0.899	0.598
	GF2	0.873			
	GF3	0.874			
	GF4	0.877			
	GF5	0.875			
	GF6	0.890			
优惠补贴	YB1	0.852	0.883	0.884	0.657
	YB2	0.843			
	YB3	0.826			
	YB4	0.877			
行为意向	XY1	0.935	0.939	0.941	0.799
	XY2	0.912			
	XY3	0.905			
	XY4	0.928			
使用行为	SX1	0.922	0.927	0.93	0.768
	SX2	0.895			
	SX3	0.894			
	SX4	0.908			
整体模型 α 值:0.954					

由上表52可知,正式问卷每个结构变量的克隆巴赫 α 值、CR 值均大于0.8,AVE 值大于0.5,并且 CR 值略大于克隆巴赫 α 值。说明样本数据整体信度较好,而且每个题项已删除的克隆巴赫 α 值比未删除时小,说明各个题项对该层面的内部一致性较高,均不应该删除,但是总体比预测试样本的克隆巴赫 α 值略小,因为样本数量增大许多倍,总样本产生信度也相应变小一些,这也是合乎原理的。因此样本内在信度与组成信度通过检验,说明该问卷的各个题项设计良好,有足够的一致性,样本数据信度良好适合进行结构方程分析。

(2)收敛效度分析

收敛效度是利用同一结构变量中变项之间的相关程度的大小加以评估,又称为内部一致性效度。主要是确保一个结构变量中变项之间至少有中度的相关。本研究针对所有结构变量采用验证式因素分析(CFA)等方法进行收敛效度分析,相关指标需符合以下几个标准:第一,因素负荷量大于或等于0.7;第二,组成信度 CR 值大于或等于0.7;第三,平均变异数萃取量 AVE 值大于0.5;第四,多元相关系数平方 SMC 值大于或等于0.5;第五,克隆巴赫 α 值大于或等于0.7(Hair,Black,Babin & Anderson,2010)。整体模型的10个结构变量经收敛效度分析后,因素负荷量均大于0.7,且为显著;多元相关系数平方 SMC 值大于0.5,CR 值、AVE 值及克隆巴赫 α 值在信度分析时已经过检验,均符合标准。因此结构变量符合 SEM 模型收敛效度标准,并且拟合数值偏高,仍属可接受范围。因此10个结构变量均具有良好的收敛效度。收敛效度及模型参数估计值具体见表53所示。

(3)区别效度分析

区别效度分析是验证不同的两个结构变量相关在统计上是否有差异,在不同的结构变量的题项应该不具有高度相关,如有高度相关,则表示这些题项是衡量同一件事,通常这会使结构变量的定义有过度的重叠。本研究采用信赖区间法,建立变量之间相关系数的信赖区间,如果未能包含1,即完全相关,则表示变量之间具有区别效度(Torkzadeh,Koufteros & Pflughoeft,2009)。在 SEM 要建立相关系数的信赖区间,在95%的信心水平下,利用 bootstrap 的估计方式,如果信赖区间不包含1,则拒绝虚无假设,称两变量因素具有区别效度;反之,则无区别效度。在估计路径系数时,(Hancock & Nevitt,1999)建议 bootstrapping 至少要250次以上,本研究通过 AMOS 软件执行 bootstrapping 程序时设定重复抽样1000次,在95%信心水平下,估计标准化相关系数的信赖区间。AMOS 软件的 bootstrap 提供两种信赖区间的估计方式,一为 Bias - corrected Percentile Method,另一为 Percentile Method 估计,如果这两种方法估计的所有标准化相关系数信赖区间均未包含1,则表示所有变量与变量之间具有区别效度。区别效度信赖区间见表54所示。

表 53　收敛效度及模型参数估计值表

变量名称	题项	STD	UNSTD	S.E.	C.R. (t-value)	P值	SMC值	α值	CR值	AVE值
行为态度	XT1	0.827	1.215	0.095	12.808	***	0.684	0.892	0.901	0.649
	XT2	0.83	1.201	0.094	12.829	***	0.689			
	XT3	0.884	1.201	0.09	13.342	***	0.781			
	XT4	0.85	1.241	0.095	13.031	***	0.723			
	XT5	0.605	1				0.666			
主观规范	ZG1	0.759	0.897	0.055	16.334	***	0.576	0.862	0.865	0.616
	ZG2	0.731	0.842	0.054	15.565	***	0.534			
	ZG3	0.808	0.849	0.048	17.638	***	0.653			
	ZG4	0.837	1				0.701			
知觉行为控制	ZK2	0.858	1.09	0.054	20.357	***	0.736	0.921	0.923	0.706
	ZK3	0.853	1.103	0.055	20.181	***	0.728			
	ZK4	0.891	1.129	0.052	21.563	***	0.794			
	ZK5	0.781	1.073	0.06	17.784	***	0.61			
	ZK1	0.814	1				0.663			

续表

变量名称	题项	STD	UNSTD	S. E.	C. R. (t-value)	P值	SMC值	α值	CR值	AVE值
易用感知	YG1	0.879	1.162	0.062	18.656	***	0.773	0.909	0.910	0.66
	YG2	0.883	1.158	0.062	18.757	***	0.78			
	YG3	0.771	1.09	0.068	15.974	***	0.594			
	YG4	0.763	1.025	0.065	15.794	***	0.582			
	YG5	0.757	1				0.573			
有用感知	YZ2	0.841	0.977	0.042	23.345	***	0.707	0.934	0.935	0.783
	YZ3	0.929	1.017	0.035	29.315	***	0.863			
	YZ4	0.876	1.01	0.04	25.5	***	0.767			
	YZ1	0.891	1				0.794			
任务技术匹配	RP1	0.832	0.984	0.046	21.34	***	0.692	0.920	0.921	0.731
	RP2	0.833	0.957	0.045	21.409	***	0.694			
	RP3	0.893	1.033	0.042	24.373	***	0.797			
	RP4	0.86	1				0.74			

续表

变量名称	题项	STD	UNSTD	S. E.	C. R. (t-value)	P 值	SMC 值	α 值	CR 值	AVE 值
感知风险	GF1	0.712	1.037	0.078	13.335	***	0.507	0.897	0.899	0.598
	GF2	0.807	1.146	0.076	15.048	***	0.651			
	GF3	0.802	1.172	0.078	14.964	***	0.643			
	GF4	0.8	1.085	0.073	14.933	***	0.64			
	GF5	0.801	1.067	0.071	14.942	***	0.642			
	GF6	0.712	1				0.507			
优惠补贴	YB1	0.8	1.039	0.062	16.82	***	0.64	0.883	0.884	0.657
	YB2	0.791	1.01	0.061	16.596	***	0.626			
	YB3	0.869	1.071	0.058	18.561	***	0.755			
	YB4	0.778	1				0.605			
行为意向	XY1	0.925	1.078	0.043	24.885	***	0.856	0.939	0.941	0.799
	XY2	0.944	1.234	0.048	25.844	***	0.891			
	XY3	0.863	1.134	0.052	21.993	***	0.745			
	XY4	0.838	1				0.702			

续表

变量 名称	题项	STD	UNSTD	S. E.	C. R. （t - value）	P 值	SMC 值	α 值	CR 值	AVE 值
使用行为	SX2	0.904	0.97	0.043	22.384	***	0.817	0.927	0.93	0.768
	SX3	0.91	1.001	0.044	22.609	***	0.828			
	SX4	0.865	1.005	0.048	20.909	***	0.748			
	SX1	0.823	1				0.677			

注：*** 、** 、* 分别表示通过 1%、5%、10% 显著性检定

表 54　区别效度信赖区间表

变量名称			Estimate	Bias - corrected			Percentile		
				下限	上限	P 值	下限	上限	P 值
行为态度	<---	优惠补贴	0.689	0.587	0.776	0.002	0.591	0.779	0.002
行为态度	<---	任务技术匹配	0.772	0.668	0.843	0.002	0.67	0.843	0.002
行为态度	<---	易用感知	0.731	0.624	0.815	0.002	0.621	0.812	0.002
行为态度	<---	感知风险	-0.354	-0.486	-0.187	0.003	-0.498	-0.207	0.002
主观规范	<---	行为态度	0.59	0.492	0.681	0.002	0.491	0.681	0.002
主观规范	<---	易用感知	0.451	0.329	0.564	0.002	0.327	0.562	0.002
主观规范	<---	感知风险	-0.727	-0.277	-0.024	0.001	-0.777	-0.022	0.002
优惠补贴	<---	任务技术匹配	0.514	0.393	0.62	0.002	0.393	0.62	0.002
优惠补贴	<---	任务技术匹配	0.721	0.608	0.809	0.002	0.607	0.808	0.002
优惠补贴	<---	易用感知	0.653	0.534	0.753	0.002	0.535	0.754	0.002
优惠补贴	<---	感知风险	-0.416	-0.565	-0.269	0.002	-0.567	-0.271	0.002
优惠补贴	<---	主观规范	0.557	0.442	0.651	0.002	0.442	0.651	0.002
任务技术匹配	<---	易用感知	0.884	0.822	0.926	0.003	0.825	0.927	0.002
任务技术匹配	<---	感知风险	-0.372	-0.521	-0.239	0.001	-0.512	-0.224	0.002
易用感知	<---	感知风险	-0.339	-0.491	-0.206	0.001	-0.482	-0.198	0.002

从上表 54 可知,信赖区间法的 Bias – corrected Percentile Method 和 Percentile Method 的估计方法估计的所有标准化相关系数信赖区间均未包含 1,因此表示本研究的结构变量之间具有良好的区别效度。

综上所述,本研究消费者对 O2O 商业模式接受行为问卷调查的样本数据经过内在信度、组成信度、收敛效度及区间效度检验,数据具有良好的信度效度,适合使用 SEM 模型分析。

4.3.2　共同方法偏差检验

在本研究过程中,由于同一份调查问卷由一个受访者独立填答,那么这个受访者在认知、接收信息与处理信息时,会以一些准则快速分编、归纳信息;在这个过程中,一些不尽相同的信息可能被编制为一类,这就导致信息处理的概化及后续解读的类化。因此,受访者在填答问卷的过程中,可能因信息的类化致使填答的结果呈现变量之间得到相关性膨胀,此现象称为共同方法偏差(Avolio,Yammarino & Bass,1991)。相关研究表明,共同方法偏差可能对研究结果产生影响,为了得到精确的研究结果,应对共同方法偏差进行检验(D Harold Doty & William H Glick,1998;周文光,2013)。本研究采用(Meade,Watson & Kroustalis,2007;P. M. Podsakoff,S. B. MacKenzie,J. – Y. Lee & N. P. Podsakoff,2003)推荐的单因素 CFA 共同方法偏差检定的方法进行检验,利用 CFA 分析是非常直觉的方法,这也是一个比较宽松的检定,由于多因素的 CFA 必定巢型于单因素的 CFA 模型之下,因此可以采用卡方差异值与配适度等检定,只要差异限制,至少可以说明共同方法偏差不明显(张伟豪,2011)。具体做法为:首先将所有题项指定给一个共同的结构变量,进行 CFA 分析,称这个模型为模型 1;然后将所有题项指定给各自所测量的结构变量,再进行验证性因素 CFA 分析,称这个模型为模型 2。如果模型 2比模型 1 有显著的改进,则不存在显著的共同方法偏差;如果模型 2 与模型 1 差别不大,则存在明显的共同方法偏差(周文光,2013)。本研究使用 AMOS 软件进行检验,检验结果如表 55 所示:

表 55　单因素 CFA 共同方法偏差表

模型名称	χ^2	df	RMSEA	GFI	AGFI	CFI	TLI	NFI
模型 1	6881.1	945	0.127	0.475	0.425	0.632	0.614	0.598
模型 2	2429.884	917	0.065	0.773	0.744	0.906	0.900	0.858

从表 55 中可知,模型 1 的 χ^2 值非常大,RMSEA 值远超过 0.08,χ^2 与 df 的比值远超过 5,而 GFI 值、AGFI 值、CFI 值、TLI 值、NFI 值都在 0.7 以下,这说明模型 1 配适度不好,模型的拟合度很差。模型 2 的 χ^2 值与 RMSEA 值比模型 1 明显减小,RMSEA 值为 0.065 小于 0.08,χ^2 与 df 的比值在 3 以内,非常理想,GFI 值、AGFI 值、CFI 值、TLI 值、NFI 值都比较大,这说明模型 2 的拟合度较好。因此,模型 2 比模型 1 有明显的改进,本研究中的样本数据不存在明显的共同方法偏差。

4.3.3　SEM 模型路径分析

本研究经过信度、效度和共同方法偏差检验后,进行 SEM 模型路径分析,并说明各路径估计的结果。运用 AMOS 软件分析,估计方法采用最大似然法(Maximum Likelihood)估计参数,运算后估计值均达到收敛,SEM 非标准化与标准化路径分析模型如图 36、37 所示:

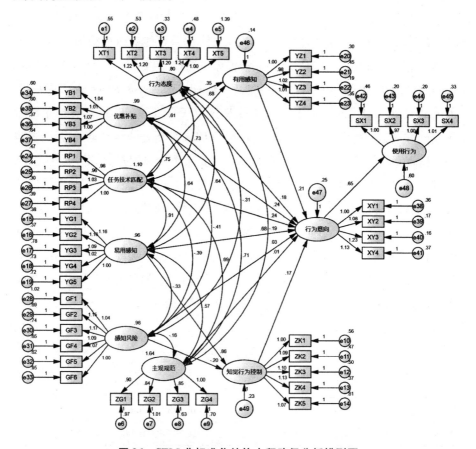

图 36　SEM 非标准化结构方程路径分析模型图

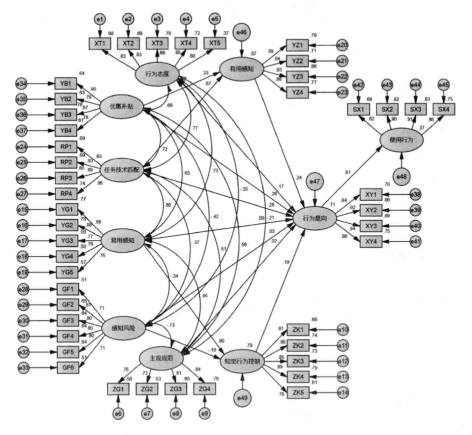

图 37 SEM 标准化结构方程路径分析模型图

4.3.4 SEM 模型配适度检验

模型的配适度检验,主要目的是判断本研究所构建的 SEM 模型是否能够对实际观察所得的数据予以合理的解释,可见模型的外在质量。本研究应用 SEM 模型作为消费者对 O2O 商业模式接受行为理论模型的验证时,SEM 模型配适度检验分析的必要条件,配适度越好即代表模型期望共变异数矩阵与样本共变异数矩阵愈接近。本研究按照配适度基本配适度标准、整体模型配适度、模型内在结构配适度准则衡量。以下依序对各适配度指标说明,并评估 SEM 模型的评估适配度指标标准,结果如下表 56 所示:

表 56　SEM 模型配适度汇总表

评鉴项目	标准值	实证结果
一、基本配适标准:检验模型基本误差、辨认问题或输入有误等		
1.是否没有负的误差变异	是	符合
2.误差变异是否都达显著水平	是	符合
3.因素负荷量是否大于或等于0.7	是	符合
4.是否没有很大的标准误	是	符合
二、整体模型配适度:评价整个模型与观察变量的配适程度		
1. Model Fit→CMIN:χ^2 卡方值;P<0.05 显著水平	χ^2 值越小越好 P 值显著	2429.884;*****
2. Model Fit→CMIN:χ^2/df 卡方与自由度比(Kline,2015)	<3	2.65
3. Model Fit→RMR,GFI:SRMR 均方根残差值(张伟豪,2011)	<0.08	0.065
4. Model Fit→RMR,GFI:GFI 配适度指标(Baumgartner & Homburg,1996;Doll,Xia & Torkzadeh,2012)	>0.8	**0.773**
5. Model Fit→RMR,GFI:AGFI 调整后配适度指标(Baumgartner & Homburg,1996;Doll et al.,2012)	>0.8	**0.744**
6. Model Fit→RMSEA:RMSEA 近似均方根误差(Hu & Bentler,1999)	≤0.06	0.065
7. Model Fit→Baseline Comparisons:CFI 比较配适度指标(张伟豪,2011)	>0.9	0.906
8. Model Fit→Baseline Comparisons:NFI 基准配适度指标(Tabachnick & Fidell,2007)	>0.8	0.858
9. Model Fit→Baseline Comparisons:TLI 非规范配适度指标(Hu & Bentler,1999)	≥0.9	0.900
10. Model Fit→Baseline Comparisons:IFI 成长配适度指标(张伟豪,2011)	≥0.9	0.907
11. Model Fit→RMR,GFI:PGFI 精简配适度指标(吴明隆,2009)	>0.5	0.685

评鉴项目	标准值	实证结果
12. Model Fit→Parsimony – Adjusted Measures：PCFI 精简调整配适度指标(吴明隆,2009)	>0.5	0.839
13. Model Fit→Parsimony – Adjusted Measures：PNFI 精简规范配适度指标(吴明隆,2009)	>0.5	0.795
14. Model Fit→ NCP ：NCP 非集中性参数(张伟豪,2011)	越小越好	1512.884
15. Model Fit→ AIC ：AIC 赤池讯息指针(张伟豪,2011)	越小越好	2665.884
16. Model Fit→ AIC ：BIC 贝氏讯息指针(张伟豪,2011)	越小越好	3134.793
17. Model Fit→ECVI ：ECVI 期望交叉效度指标(张伟豪,2011)	越小越好	6.801
三、模型内在结构配适度：评价模型内在估计参数的显著程度、各指针及结构变量的信度		
1. 内在信度(克隆巴赫 α 系数)	>0.7	符合
2. 组成信度(CR)	>0.7	符合
3. 平均变异萃取量(AVE)	>0.5	符合

注：＊＊＊ ＊＊ ＊分别表示通过1%、5%、10% 显著性检定

（1）基本配适度标准

基本配适度标准有四项标准必须检验：1、误差变异数不能为负值；2、误差变异需达显著水平；3、因素负荷量需大于或等于0.7,且须达显著水平；4、不能有太大的标准误(吴明隆,2009)。本研究 SEM 模型基本配适度衡量的结果如下表57所示。结果为模型的误差变异数未有负值,且皆达显著水平；因素负荷量均大于0.7 以上,且皆达显著水平；亦未发现有较高的标准误,因此对整体 SEM 模型而言,模型配适度基本可达接受水平。

（2）整体模型配适度

整体模型配适度可分为四种形态：分别为绝对配适度指标、增值配适度指标、精简配适度指标及竞争配适度指标。绝对配适度指针只评估整体模型但不对过程拟合做修正；增值配适度指针是以提出模型与研究者指定的对比模式做比较；精简配适度指标是对自由度做调整；竞争配适度指针用于模型中有多个模型比较

时使用(张伟豪,2011)。

绝对配适度衡量是用来确定整体模型可以预测共变异数或相关矩阵的程度，衡量指标包含卡方值(χ^2)、卡方与自由度比(χ^2/df)、标准化均方根残差值(SRMR)、配适度指标(GFI)、调整后配适度指标(AGFI)、近似均方根误差(RMSEA)等。本研究整体 SEM 模型的绝对适合度衡量指标为 $\chi^2 = 2429.884$,$\chi^2/df = 2.65$,SRMR $= 0.065$,GFI $= 0.773$,AGFI $= 0.744$,RMSEA $= 0.065$。其中 GFI 与 AGFI 略低于标准，其他指标皆达到标准值范围内。

增值配适度衡量是比较所发展的理论模型与虚无模型，衡量指针包含比较配适度指标(CFI)、基准配适度指标(NFI)、非规范配适度指标(TLI)、成长配适度指标(IFI)等,本研究整体 SEM 模型的增值适合度衡量指标为 CFI $= 0.906$,NFI $= 0.858$,TLI $= 0.900$,IFI $= 0.907$,均在可接受的范围内。

精简配适度衡量是调整适合度衡量，能比较含有不同估计系数数目的模式，以决定每一估计系数所能获得的适合程度。衡量指标包含精简配适度指标(PGFI)、精简调整配适度指标(PCFI)、精简规范配适度指标(PNFI),本研究整体模型的简要适合度衡量指标为 PGFI $= 0.685$,PCFI $= 0.839$,PNFI $= 0.795$,均达到可接受的范围内。

竞争配适度指针多用于非巢型结构中，也可用于巢型结构,由于没有一个或一组指标是公认为最好的,所以就各种类型各选一个或两个作为配适度指标,衡量指标包含非集中性参数(NCP)、赤池讯息指针(AIC)、贝氏讯息指针(BIC)、期望交叉效度指标(ECVI)等,本研究整体模型的简要适合度衡量指标为 NCP $= 1512.884$,AIC $= 2665.884$,BIC $= 3134.793$,ECVI $= 6.801$,均在可接受的范围内。

(3)模型内在结构配适度

模型内在结构配适度是在评估模式内估计参数的显著程度、各指针及结构变量的信度等,可从结构变量题项的内在信度克隆巴赫 α 系数和结构变量的组成信度 CR 值是否在 0.70 以上,以及结构变量的平均萃取变异量 AVE 值是否在 0.5 以上的可接受水平(吴明隆,2009)。本研究 SEM 模型内在结构配适度的结果如表 57 所示。α 值、CR 值均大于 0.7 以上,AVE 值均大于 0.5 以上,且皆达显著水平。因此对整体 SEM 模型而言,模型内在结构配适度基本可达接受水平。

4.3.5 SEM 模型修正

本研究 SEM 模型整体模型配适度中的绝对配适度 GFI 和 AGFI 指标略低于

标准,表示 SEM 模型还必须修正,SEM 假设理论模型的修正必须有其理论或经验的依据,可将没有达到显著水平的影响路径删除,或将不合理的影响路径删除,此外可以参考 AMOS 软件提供的修正指针(Modification indices)数据来判别,即对模型增列或删除某些参数,模型的改善可以得到合理的解释(吴明隆,2009)。根据 SEM 模型的路径分析可得:主观规范对行为意向的路径系数不显著,并且与其他结构变量不产生中介作用,因此予以删除。然后通过 AMOS 运行修正指标分析,结果如下表 57 所示:

表 57　SEM 模型修正指针分析表

观测题项误差项			修正指标值 (MI)	期望参数改变值 (Par Change)
e11	< - - >	e14	44.496	−0.237
e11	< - - >	e10	55.531	0.223
e14	< - - >	e13	31.093	0.181
e4	< - - >	e5	24.717	0.232
e3	< - - >	e5	22.098	0.165
e2	< - - >	e5	28.879	−0.194
e29	< - - >	e28	33.07	0.277
e16	< - - >	e15	72.813	0.196
e19	< - - >	e15	23.707	−0.149
e18	< - - >	e15	56.449	−0.23
e18	< - - >	e17	46.068	0.28
e18	< - - >	e19	68.577	0.327
e28	< - - >	e29	24.169	0.128

　　较大的修正指标(MI)搭配较大的期望参数改变值(Par Change)表示该参数因被放宽,因为放宽的结果可以是整体契合度的卡方值降低许多,且获得较大的参数改变(吴明隆,2009)。由上表 57 可知,e15 误差项对应 e16、e18、e19 误差项有较大的 MI 值和 Par Change 值,并且从对应 YG1 题项(我认为 O2O 操作学习起来很容易)在结构变量易用感知中与其他观察题项的概念有重复测量,因此予以删除 YG1 题项。e5 与 e11 误差项与对象误差项较大的 MI 值和 Par Change 值,并且对应的 XT5 题项(使用 O2O 购物令我着迷)与 ZK2 题项(我有机会和资源渠道

175

使用 O2O 购物）也在结构变量中与其他观察题项的概念有重复测量，同样予以删除 XT5、ZK2。最后剩余较大 MI 值和 Par Change 值 e13 与 e14、e28 与 e29 误差项，根据理论与经验的实际考虑，e13 与 e14 对应的 ZK4 题项（我能熟练使用 O2O 购物）与 ZK5 题项（我可以随意选择任何 O2O 平台方式购物）具有内容上的相关性，e28 与 e29 对应 GF1 题项（我认为 O2O 的网上支付存在安全风险，会导致资金被盗等经济损失）与 GF2 题项（我认为使用 O2O 购物时，会存在泄露个人信息的风险）也具有内容上的相关性。因此，予以放宽 e13 与 e14、e28 与 e29 误差项的共变关系，增加 e13 与 e14、e28 与 e29 误差项的相关性路径。至此，AMOS 软件提供的 SEM 模型修正指针已全部修正完毕，并且在理论或经验方面得到了合理的解释与依据。通过 AMOS 软件对修正后的模型采用最大似然法估计参数，迭代运算后估计均达到收敛，修正后的 SEM 非标准化与标准化模型路径分析如图 38、39 所示：

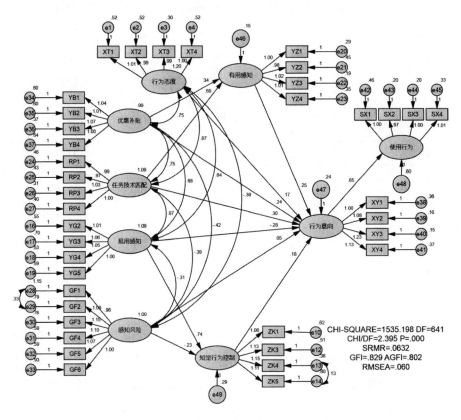

图 38　修正后 SEM 非标准化结构方程路径分析模型图

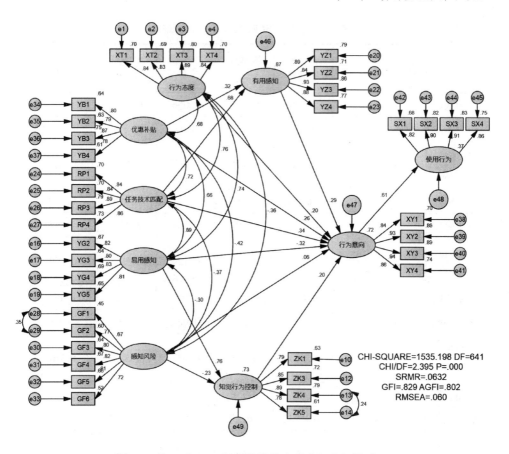

图 39　修正后 SEM 标准化结构方程路径分析模型图

由以上 SEM 模型修正后分析结果可知,模型的配适度 SRMR = 0.0632,GFI = 0.829,AGFI = 0.802,RMSEA = 0.06,均在可接受的范围内。其中 GFI、AGFI 指标虽然未达到0.9,但是已经符合(Baumgartner & Homburg,1996;Doll et al.,2012)建议的0.8以上的水平。因此,本研究 SEM 模型经过修正后,各项适配度指标均已达标,模型拟合效果良好,修正后 SEM 模型路径分析系数如下表58所示:

表 58 修正后 SEM 模型路径分析表

变量名称			非标准化系数	标准化系数	S. E.	C. R.(t - value)	P 值
行为意向	- - >	使用行为	0.648	0.608	0.056	11.665	***
行为态度	- - >		0.169	0.201	0.05	3.39	***
知觉行为控制	- - >		0.176	0.196	0.069	2.534	0.011
易用感知	- - >		−0.284	−0.324	0.111	−2.559	0.101
有用感知	- - >		0.246	0.287	0.102	2.426	0.015
任务技术匹配	- - >	行为意向	0.297	0.337	0.129	2.302	0.021
感知风险	- - >		0.053	0.058	0.039	1.352	0.176
优惠补贴	- - >		0.237	0.257	0.064	3.692	***
主观规范（未修正）	- - >		0.013	0.018	0.033	0.382	0.702
易用感知	- - >	知觉行为控制	0.739	0.756	0.053	13.892	***
感知风险	- - >		−0.232	−0.228	0.042	−5.536	***
任务技术匹配	- - >	有用感知	0.692	0.676	0.049	14.069	***
优惠补贴	- - >		0.343	0.32	0.048	7.18	***

注: *** ** * 分别表示通过 1% 、5% 、10% 显著性检定

4.3.6 SEM 模型中介效果分析

本研究经修正后 SEM 模型路径分析,可以检验出各个结构变量对彼此之间的直接影响,此外,当该模型的假设路径成立时,即可进而检验具有中介影响效果的中介变量,若外生变量经路径由中介变量途径影响另一变量时,此效果即是透过中介变量产生部分中介或是完全中介影响。在检验是否具备中介效果的变量路径,可采用(Sobel,1982)提出的 Sobel 检定法、(Baron & Kenny,1986)提出的因果步骤法、系数乘积法和 Bootstrap 法(信赖区间法或拔靴法)等方法。(David P. Mackinnon,Lockwood & Williams,2004)用模拟研究比较了 Sobel 检定法、因果步骤

法、系数乘积法和 Bootstrap 法等多种方法,发现 Bootstrap 法在中介效应分析中的表现优于其他方法。(Hayes,2009)也提出 Sobel 检定法可以用来补充因果步骤法,但是 Sobel 检定法有一个重大缺陷,它需要的假设是间接影响抽样分布是正常的,但是变量路径可能趋于对称,即偏度与峰度非 0,Bootstrap 法则不需要这样的假设,它比 Sobel 检定法更强大。Bootstrap 法提供了最准确的置信区间估计,并且统计功效最高;Bootstrap 法适用于中、小样本和各种中介效应模型,且目前常用的各种统计软件都能进行 Bootstrap 法运算(包括 AMOS 软件)(方杰,张敏强 & 邱皓政,2012)。运用 Bootstrap 法的估计方式进行特定的信赖区间检定(95% 信赖水平),若直接效果信赖区间不包含 0,表示具部分中介效果,若信赖区间包括 0,则表示属于完全中介,和利用 Bootstrap 法的估计方式,估计中介效果的标准误及非标准化系数,再计算中介效果的显著水平 z 值,将这个 z 值和基于标准正态分布的临界 z 值(绝对值大于或等于 1.96)进行比较,如果 z 值大于临界 z 值,说明中介效应存在,如果 z 值小于临界 z 值,说明中介效应不存在。因此,显著水平 z 值是否显著可以来判定中介效果是否存在,并确定是否部分或完全中介(David Peter MacKinnon,2008;D. P. Mackinnon,Fairchild & Fritz,2007;方杰,张敏强 & 李晓鹏,2011)。本研究执行 AMOS 软件 Bootstrapping 程序时设定重复抽样 2000 次,在 95% 信心水平下,估计标准化相关系数的信赖区间(Hayes,2009)。AMOS 软件 Bootstrap 法提供两种信赖区间的估计方式,一为 Bias - corrected Percentile Method,另一为 Percentile Method 估计,运算结构如下表 59 所示:

表 59　修正后 SEM 模型中介效果报告汇总表

变量名称	点估计值	Product of coefficients		Bootstrapping			
		SE	z 值	Bias - corrected 95% CI		Percentile 95% CI	
				Lower	Upper	Lower	Upper
Total Effects(总效果)							
任务技术匹配→有用感知→行为意向	0.467	0.134	3.49	0.229	0.753	0.226	0.746
优惠补贴→有用感知→行为意向	0.321	0.090	3.57	0.151	0.508	0.142	0.498

变量名称	点估计值	Product of coefficients		Bootstrapping			
		SE	z 值	Bias‐corrected 95% CI		Percentile 95% CI	
				Lower	Upper	Lower	Upper
易用感知→知觉行为控制→行为意向	-0.154	0.105	-1.46	-0.386	0.032	-0.375	0.042
感知风险→知觉行为控制→行为意向	0.012	0.037	0.32	-0.067	0.086	-0.058	0.094
Indirect Effects（间接效果）							
任务技术匹配→有用感知→行为意向	0.170	0.069	2.46	0.029	0.360	0.082	0.330
优惠补贴→有用感知→行为意向	0.084	0.039	2.15	0.008	0.231	0.026	0.209
易用感知→知觉行为控制→行为意向	0.130	0.063	2.06	0.017	0.305	0.014	0.298
感知风险→知觉行为控制→行为意向	-0.041	0.0206	-1.99	-0.098	-0.005	-0.096	-0.004
Direct Effects（直接效果）							
任务技术匹配→有用感知→行为意向	0.297	0.128	2.32	0.015	0.691	0.021	0.730
优惠补贴→有用感知→行为意向	0.237	0.104	2.28	0.071	0.404	0.079	0.414
易用感知→知觉行为控制→行为意向	-0.284	0.171	-1.66	-0.549	0.048	-0.560	0.058
感知风险→知觉行为控制→行为意向	0.053	0.044	1.20	-0.026	0.140	-0.023	0.146

从上表59的分析结果来看,间接效果 Bias‐corrected Percentile Method、PercentileMethod 估计的值都不包含0,并且通过非标准化系数与中介效果的标准误

计算 z 值,z 值的绝对值均大于 1.96,因此各变量间接效果均显著,表示都存在中介效果。直接效果 Bias - corrected Percentile Method、PercentileMethod 估计的值,其中任务技术匹配通过有用感知进而影响行为意向和优惠补贴通过有用感知进而影响行为意向都不包含 0,并且 z 值的绝对值均大于 1.96,表示这两组中介的结构影响效果为部分中介效果;易用感知通过知觉行为控制进而影响行为意向和感知风险通过知觉行为控制进而影响行为意向都包含 0,并且 z 值的绝对值均小于 1.96,表示这两组中介的结构影响效果为完全中介效果。以上结论结合 SEM 模型路径分析,得出最终影响效果路径分析结果,如下表 60 所示:

表 60　最终影响效果路径分析表

变量名称	中介类型	直接效果	间接效果	总效果
任务技术匹配→行为意向	无中介	0.297	–	0.297
优惠补贴→行为意向	无中介	0.237	–	0.237
易用感知→行为意向	无中介	–		
感知风险→行为意向	无中介	–		
任务技术匹配→有用感知→行为意向	部分中介	0.297	0.170	0.467
优惠补贴→有用感知→行为意向	部分中介	0.237	0.084	0.321
易用感知→知觉行为控制→行为意向	完全中介	–	0.130	0.130
感知风险→知觉行为控制→行为意向	完全中介	–	- 0.041	- 0.041

4.4　博弈论分析

4.4.1　博弈主线模型分析

首先在进行博弈主线模型分析之前,要对消费者、商家及 O2O 企业网络平台三方以及所处的环境做一些前提基本假设,以方便分析,具体假设内容如下:

假设一:在 O2O 商业模式运作和交易过程当中,消费者、商家及 O2O 企业网络平台三方都为完全理性的主体,并且从事行为决策都是理性的,最大化自己的利益。

假设二:三方主体对于 O2O 商业模式市场信息的规则以及各自对策略集合、

得益等都有完全以及准确的认识,即这些知识都为共同知识,并且每个主体对所处环境及其他博弈方的行为形成正确信念与预期。

假设三:三方主体在选择自己相应策略时的每次博弈均各自独立,不会传递到下一阶段博弈方的决策中。

假设四:在博弈过程中不考虑 O2O 企业网络平台对商家的监管及奖励与处罚的措施。

假设五:不考虑政府的法律法规等政策方面对于 O2O 商业模式的干预,且不考虑第三方平台商业行为对 O2O 商业模式的干预。

根据第三章中博弈模型的研究设计,本研究的主线博弈模型为完美信息动态博弈,模型可分为五个阶段:第一阶段是 O2O 企业网络平台决策是否给予消费者优惠补贴;第二阶段是商家决策是否入驻 O2O 平台经营;第三阶段是消费者决策是否接受使用 O2O 平台消费;第四阶段是商家决策给予 O2O 消费者传统消费(消费者不采用 O2O 模式的消费)的同等商品、服务,还是给差于传统消费的同等商品、服务;第五阶段是消费者决策在 O2O 平台给予商家差评或好评。整体主线博弈模型可用博弈扩展形(博弈树)图形表示,具体如图 40 所示。

如图 40 所示:主线博弈模型分为 L_1 —— L_5 五个阶段,其中"平"代表 O2O 企业网络平台,"商"代表商家,"消"代表消费者;L_1 阶段的 Y 表示 O2O 企业网络平台决策给予消费者优惠补贴,BY 表示不给;在给定 Y 或 BY 的前提下进入 L_2 阶段,商家在 Y 的情况下决策入驻 Z 或不入驻 BZ,在 BY 的情况下决策入驻 Z' 或不入驻 BZ';在给定 Y 或 BY 的前提下进入 L_3 阶段,消费者在 Y 的情况下决策接受使用 M 或不接受使用 BM,消费者在 BY 的情况下决策接受使用 M' 或不接受使用 BM';在给定 Y 或 BY 的前提下进入 L_4 阶段,商家在 Y 的情况下决策给同等商品、服务 S 或给差于同等商品、服务 DS,商家在 BY 的情况下决策给同等商品、服务 S' 与给差于同等商品、服务 DS';最后在给定 Y 或 BY 和 S 或 DS、Y 或 BY 和 S 或 DS 前提下进入 L_5 阶段,消费者有八种决策,分别为好评 G_1、差评 W_1、好评 G_2、差评 W_2、好评 G_3、差评 W_4、好评 G_3、差评 W_4,以上是主线博弈的博弈方、阶段和节点的决策方式及表达含义。

在主线的得益函数中,设企业搭建 O2O 平台的成本为 a,a 是指企业投资人力、物力及资金的总合。设商家入驻的成本为 b,b 是指商家入驻 O2O 平台缴纳的保证金、每笔生意收取的服务费与平台的广告推广费用等。设消费者接受使用 O2O 平台的得益为 c_i,在 $Y\&S$ 情况下,消费者给好评为 c_1 或给差评为 c_2;在

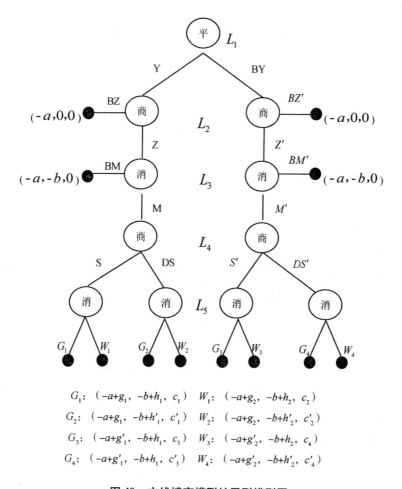

图40　主线博弈模型扩展型模型图

$Y\&DS$ 情况下,消费者给好评为 c'_1 或给差评为 c'_2 ;在 $BY\&S$ 情况下,消费者给好评为 c_3 或给差评为 c_4 ;在 $BY\&DS$ 情况下,消费者给好评为 c'_3 或给差评为 c'_4 。由于消费者给予好评的得益必定大于差评的得益,因此 $c_1 > c_2$, $c'_1 > c'_2$, $c_3 > c_4$, $c'_3 > c'_4$ 。设 O2O 平台在消费者接受使用后获得的得益为 g_i ,在 Y 情况下,消费者给好评为 g_1 或给差评为 g_2 ;在 BY 情况下,消费者给好评为 g'_1 或给差评为 g'_2 。由于消费者给予好评的得益必定大于差评的得益,因此 $g_1 > g_2$, $g'_1 > g'_2$ 。设商家在消费者接受使用后获得的得益为 h_i ,在 S 情况下,消费者给好评为 h_1 或给差评为 h_2 ;在 DS 情况下,消费者给好评为 h'_1 或给差评为 h'_2 。由于商家给差于同等商品、服务的得益必定大于给同等商品、服务的得益,消费者给予好评的得益必定大于差评的得益,因此 $h'_1 > h_1$, $h'_2 > h_2$, $h_1 > h_2$, $h'_1 > h'_2$ 。

最后根据设定的值,可在每个完节点上标上三方得益函数。

根据完全信息动态博弈的逆推归纳法逻辑操作方法,从博弈的最后阶段开始逆推。首先 L_5 消费者决策阶段,在 G_1 或 W_1 节点上,由于 $c_1 > c_2$,因此选择 G_1 ,三方得益 $(-a + g_1, -b + h_1, c_1)$ 进阶;在 G_2 或 W_2 节点上,由于 $c'_1 > c'_2$,因此选择 G_2 ,三方得益 $(-a + g_1, -b + h'_1, c'_1)$ 进阶;在 G_3 或 W_3 节点上,由于 $c_3 > c_4$,因此选择 G_3 ,三方得益 $(-a + g'_1, -b + h_1, c_3)$ 进阶;在 G_4 或 W_4 节点上,由于 $c'_3 > c'_4$,因此选择 G_4 ,三方得益 $(-a + g'_1, -b + h'_1, c'_3)$ 进阶。逆推到 L_4 商家决策阶段,在 S 或 DS 节点上,由于 $-b + h'_1 > -b + h_1$,因此选择 DS ,三方得益 $(-a + g_1, -b + h'_1, c'_1)$ 进阶;在 S' 或 DS' 节点上,由于 $-b + h'_1 > -b + h_1$,因此选择 DS' ,三方得益 $(-a + g'_1, -b + h'_1, c'_3)$ 进阶。逆推到 L_3 消费者决策阶段,在 M 或 BM 节点上,由于 O2O 平台给予了消费者优惠补助,那么消费者的得益 c'_1 必定是大于 0,因此选择 M ,三方得益 $(-a + g_1, -b + h'_1, c'_1)$ 进阶;在 M' 或 BM' 节点上,由于消费者没能享受到 O2O 平台的优惠补助,又购买到商家的差于同等商品、服务,那么消费者的得益 c'_3 必定是小于 0,因此选择 BM' ,三方得益 $(-a, -b, 0)$ 进阶。逆推到 L_2 商家决策阶段,在 Z 或 BZ 节点上,由于商家通过 O2O 平台增加了营业量,即使有投入成本 b ,但是从长远经营的角度来分析,$-b + h'_1$ 必定是大于 0,因此选择 Z ,三方得益 $(-a + g_1, -b + h'_1, c'_1)$ 进阶;在 Z' 或 BZ' 节点上,由于 $0 > -b$,因此选择 BZ' ,三方得益 $(-a, 0, 0)$ 进阶。最后逆推到 L_1 O2O 平台决策阶段,在 Y 或 BY 节点上,由于 $-a + g_1 > -a$,因此选择 Z 。通过逆推归纳法最终得出主线模型的子博弈完美纳什均衡策略组合为 (Y, Z, M, DS, G_3) ,即(O2O 平台给优惠补贴,商家入驻,消费者接受使用,商家给差于同等商品、服务,消费者给好评)这一系列三方决策策略组合为博弈模型的最终子博弈完美纳什均衡,且三方得益为 $(-a + g_1, -b + h'_1, c'_1)$ 。

4.4.2　博弈支线模型分析

根据第三章中博弈模型的研究设计,本研究的支线博弈模型分为三个方面,分别是 O2O 平台之间的优惠补贴博弈、商家之间的入驻博弈、消费者与商家之间的有限理性演化博弈。针对三个方面各自所属的博弈类型与采用的博弈分析法有所区别,因此本研究分为四个支线博弈模型来分别进行博弈分析:

(1)支线一:O2O 平台 A 与 O2O 平台 B 之间的优惠补贴博弈

O2O 平台之间的优惠补贴博弈设计是假定为只有 A 与 B 两个已经营的 O2O

平台之间竞争环境的完全信息静态博弈。A 与 B 两个 O2O 平台博弈方都是具有同时决策的条件,都为完全理性的主体,并且从事行为决策都是理性的,最大化自己的利益。双方对于 O2O 商业模式市场信息的规则以及各自对策略集合、得益等都有完全以及准确的认识,并且对所处环境及对方的行为形成正确信念与预期。在该支线博弈中,如果 O2O 平台 A 与 O2O 平台 B 都不采取对消费者进行优惠补贴策略,那么 A 与 B 则平分整个市场,这里设 A 的经营收入利润得益为 P_a、B 的经营收入利润得益为 P_b;如果 A 与 B 都采取对消费者进行优惠补贴策略,双方也平分整个市场,设 A 的优惠补贴成本为 μ_a、B 的优惠补贴成本为 μ_b,其中任意一方的优惠补贴成本都不能大于双反的收入利润,即 $\mu_a < P_a$ 且 $\mu_a < P_b$、$\mu_b < P_a$ 且 $\mu_b < P_b$;如果一方采取对消费者优惠补贴策略,一方不采取对消费者优惠补贴策略,那么消费者就全部转向使用具有优惠补贴的 O2O 平台,不采取策略的 O2O 平台所有的市场消费就会被采取策略的 O2O 平台全部抢占,则不采取策略的 O2O 平台收入利润得益为 0。该支线博弈模型用博弈得益矩阵的分析图形来表示,具体如图 41 所示:

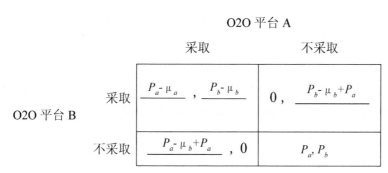

图41　支线一博弈模型得益矩阵模型图

由图 41 可知:A 与 B 都不采取对消费者优惠补贴策略时的得益为(P_a,P_b);A 与 B 都采取对消费者优惠补贴策略时得益为各自收入利润减去自身的优惠补贴成本($P_a - \mu_a$,$P_b - \mu_b$);一方采取一方不采取,那么不采取的一方得益为 0,采取的一方得益为各自收入利润减去自身的优惠补贴成本再加上对方的收入利润,则 A 采取 B 不采取的得益为($P_a - \mu_a + P_b$,0),B 采取 A 不采取的得益为(0,$P_b - \mu_b + P_a$)。该支线博弈模型采用得益矩阵的划线法来分析纳什均衡,即任一博弈方在既定的决策后,则另一方对应选择对自身最佳的策略,并在该最佳的策略的得益函数下划线,如果某一组合策略的得益函数都被划线,则意味这个策略组合中的双方策略都是对对方的最佳策略,并且该组合策略为博弈模型的纳什均衡(谢识予,2006)。在 B 选定采取对消费者优惠补贴策略时,对于 A 来说,采取的得益为 $P_a - \mu_a$,不采取的得益为 0,由于 $P_a - \mu_a > 0$,因此 A 选择采取为最佳策略,并在得益 $P_a - \mu_a$ 下划线;在 B 选定不采取对消费者优惠补贴策略时,对于 A 来说采取的得益为 $P_a - \mu_a + P_b$,不采取的得益为 P_a,由于 $P_a - \mu_a + P_b > P_a$,因此 A 选择采取为最佳策略,并在得益 $P_a - \mu_a + P_b$ 下划线;在 A 选定采取对消费者优惠补贴策略时,对于 B 来说,采取的得益为 $P_b - \mu_b$,不采取的得益为 0,由于 $P_b - \mu_b > 0$,因此 B 选择采取为最佳策略,并在得益 $P_b - \mu_b$ 下划线;在 A 选定不采取对消费者优惠补贴策略时,对于 B 来说,采取的得益为 $P_b - \mu_b + P_a$,不采取的得益为 P_b,由于 $P_b - \mu_b + P_a > P_b$,因此 B 选择采取为最佳策略,并在得益 $P_b - \mu_b + P_a$ 下划线。策略组合(采取,采取)的得益函数都被划线,因此 O2O 平台 A 采取对消费者优惠补贴策略和 O2O 平台 B 也采取对消费者优惠补贴策略为该支线博弈的纳什均衡,并且是唯一的纳什均衡,纳什均衡双方的得益为($P_a - \mu_a$, $P_b - \mu_b$)。

(2)支线二:纯网络电商的线上商家与传统线下实体商家之间的入驻博弈

商家之间的入驻博弈的博弈设计是假定纯网络电商的线上商家与传统线下实体商家互相之间争夺线上、线下的顾客,各自采取吸引只在线上的消费顾客到吸引只在线下的消费顾客的一个连续策略集合的连续博弈。两个博弈方都是具有同时决策的条件,都为完全理性的主体,并且从事行为决策都是理性的,最大化自己的利益。双方对于 O2O 商业模式市场信息的规则以及各自对策略集合、得益等都有完全以及准确的认识,并且对所处环境及对方的行为形成正确信念与预期。假定顾客的消费立场用[0,1]区间的数字表示,0 为只在线上消费的顾客,1 为只在线下消费的顾客,顾客根据自己的消费立场均匀分布在[0,1]之间。那么对于双方的商家可选的连续策略集合也在区间[0,1]上,0 代表吸引只在线上消费的顾客策略,1 代表吸引只在线下消费的顾客策略,$\frac{1}{2}$ 代表商家入驻 O2O 平台策略,即吸引了常在线上消费顾客又吸引了常在线下消费顾客和线上与线下 O2O 商业模式的消费顾客群。设纯网络电商的线上商家用 D 表示,传统线下实体商家用 R 表示,双方策略集合都在[0,1]区间,X_i (i = D,R)表示两个博弈方的策略组合。该支线博弈模型用[0,1]区间分析图形来表示,具体如图 42 所示:

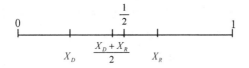

图42　支线二博弈模型区间分析图

由图42可知,若 $X_D < X_R$ 时,即商家 D 比商家 R 更注重吸引线上的顾客时,那么在商家 D 左边的顾客会在 D 消费,商家 R 右边的顾客会在 R 消费,在 X_D 和 X_R 之间的顾客会在离自己立场更近的商家消费,设保持中立的顾客的位置为 $\dfrac{X_D + X_R}{2}$,在 $\dfrac{X_D + X_R}{2}$ 左边的顾客会在 D 消费,在 $\dfrac{X_D + X_R}{2}$ 右边的顾客会在 R 消费。当 $\dfrac{X_D + X_R}{2} < \dfrac{1}{2}$,商家 R 的策略就会吸引更多的顾客;当 $\dfrac{X_D + X_R}{2} > \dfrac{1}{2}$,商家 D 的策略就会吸引更多的顾客。若 $X_D > X_R$ 时,分析情况与此类相似。当 $\dfrac{X_D + X_R}{2} < \dfrac{1}{2}$,商家 D 的策略就会吸引更多的顾客;当 $\dfrac{X_D + X_R}{2} > \dfrac{1}{2}$,商家 R 的策略就会吸引更多的顾客。若 $X_D = X_R$ 时,则商家 D 与商家 R 吸引的顾客相同,因为商家在区间上选择的策略是一样的。那么当 $X_D < X_R$ 时, X_D 取值为 $\dfrac{1}{2}$ 时, $\dfrac{X_D + X_R}{2}$ 值总会大于 $\dfrac{1}{2}$;当 $X_D > X_R$, X_D 取值为 $\dfrac{1}{2}$ 时, $\dfrac{X_D + X_R}{2}$ 值总会小于 $\dfrac{1}{2}$ 。这两种情况下,商家 D 选择 $X_D = \dfrac{1}{2}$ 的策略总会吸引更多的顾客。当 $X_D = X_R$ 时, X_D 取值为 $\dfrac{1}{2}$ 时, $X_D = X_R = \dfrac{1}{2}$,商家 D 与商家 R 吸引的顾客相同。因此,对于商家 D 来说,商家 R 的策略集合 $[0,1]$ 区间中无论选择任何策略,商家 D 选择 $X_D = \dfrac{1}{2}$ 的策略为商家 D 的最佳策略。商家 R 的分析情况相似,商家 R 选择 $X_R = \dfrac{1}{2}$ 的策略为商家 R 的最佳策略,由于 $\dfrac{1}{2}$ 代表商家入驻 O2O 平台策略,那么纯网络电商的线上商家与传统线下实体商家之间(入驻,入驻)策略组合为该支线博弈的纳什均衡,纳什均衡双方的得益为 $\left(\dfrac{1}{2}, \dfrac{1}{2} \right)$ 。

(3)支线三:消费者与商家有限理性演化博弈

消费者与商家有限理性演化博弈设计是在主线的完全信息动态博弈的第三

阶段与第四阶段中的博弈部分,即消费者决策是否接受使用 O2O 平台消费和商家决策给予 O2O 消费者传统消费的同等商品、服务,还是给差于传统消费的同等商品、服务。根据完全信息动态博弈中的逆推归纳法分析子博弈完美纳什均衡,如图 43 所示:

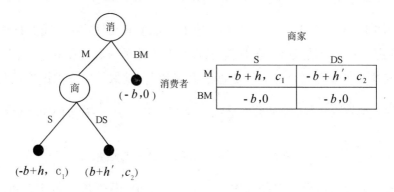

商家

	S	DS
M	$-b+h,\ c_1$	$-b+h',\ c_2$
BM	$-b, 0$	$-b, 0$

消费者

图43　支线三博弈模型扩展型与得益矩阵模型图

如图 43 所示,消费者仍然是先决策接受使用 M 或不接受使用 BM ,商家在消费者 M 的情况下决策给同等商品、服务 S 或给差于同等商品、服务 DS ,得益函数组合与主线博弈中的双方的得益相同,其中 $h_1' > h_1$, $c_1 > c_2$ 情况不变。根据完全信息动态博弈的逆推归纳法分析推导出博弈模型的子博弈完美纳什均衡策略组合为(M , DS),双方得益为($-b+h', c_2$),与主线博弈中分析的情况相同。由于在现实当中消费者和商家并不都是完全理性的博弈个体,尤其是在面对社会经济环境和 O2O 商业模式决策问题较为复杂的时候,双方理性的局限性是非常明显的,通常是通过有限理性试错等方式来达到最终的博弈均衡,即演化稳定策略,与市场经济演化的原理具有共性。本支线博弈是假定消费者和商家在非完全理性的情况非对称进行博弈,双方通过长期反复博弈、学习和调整策略的演化过程;博弈双方经济行为的变化是缓慢的演化而不是快速的学习,双方组成的理性层次不高的群体随机配对,反复博弈,并且双方的理性程度受到了群体决策的影响;存在小部分的突变决策的个体入侵后,当可以创造比群体平均期望高的得益时,群体中使用这个决策的比例就会升高,当得益比平均期望值低的时候,群体中使用这个决策的比例就会降低,即顺应市场经济演化的决策依据自然选择机制代替不顺应的决策。

在上述假定的条件下,在有限理性情况下,双方就不会一开始就找最佳策略,即消费者和商家就不可能所有博弈结果为(M , DS)策略组合,这里可以把采用不同决策的博弈方看作不同类型的博弈方,但这种类型不是给定的,而是随着博弈方策略而改变。令商家群体中采用 S 决策的比例为 x ,那商家群体中采用 DS 决策的比例为 $1-x$;同时令消费者群体中采用 M 决策的比例为 y ,那消费者群体中采用 BM 决策的比例为 $1-y$ 。这样令商家的 S 与 DS 两类期望得益为 μ_{1S} 、μ_{1DS} ,平均得益为 $\bar{\mu}_1$,代入双方得益函数分别为:

$$\mu_{1S} = y \times (-b+h) + (1-y) \times (-b+h')$$
$$\mu_{1DS} = y \times -b + (1-y) \times -b \qquad (4.1)$$
$$\bar{\mu}_1 = x \times \mu_{1S} + (1-x) \times \mu_{1DS}$$

在方程(4.1)中,令 $e_1 = -b+h$ 、$e_2 = -b+h'$,代入方程经计算得出:

$$\mu_{1S} = ye_1 + e_2 - ye_2$$
$$\mu_{1DS} = -b \qquad (4.2)$$
$$\bar{\mu}_1 = x(ye_1 + e_2 - ye_2) + (1-x) \times -b$$

同样令消费者的 M 与 BM 两类期望得益为 μ_{2M} 、μ_{2BM} ,平均得益为 $\bar{\mu}_2$,代入双方得益函数分别为:

$$\mu_{2M} = x \times c_1 + (1-x) \times c_2$$
$$\mu_{2BM} = x \times 0 + (1-x) \times 0 \qquad (4.3)$$
$$\bar{\mu}_2 = y \times \mu_{2M} + (1-y) \times \mu_{2BM}$$

方程(4.3)经代入计算得出:

$$\mu_{2M} = xc_1 + c_2 - xc_2$$
$$\mu_{2BM} = 0 \qquad (4.4)$$
$$\bar{\mu}_2 = y \times (xc_1 + c_2 - xc_2)$$

消费者与商家博弈双方策略类型比例动态变化是有限理性博弈分析的核心,其关系是动态变化的速度(方向可由速度的正负号反映)。上述动态比例变化的速度则取决于博弈方学习模仿的速度。博弈方学习模仿的速度则取决于两个因素,一是模仿对象的数量大小,可用相应的类型博弈方比例表示,这关系到观察和模仿的难易程度;二是模仿对象的成功程度,可用模仿对象策略得益超过平均得益的幅度表示,因为这关系到判断难易程度和对模仿激励的大小(谢识予,2006)。这里以商家与消费者采用 S 与 M 决策的比例为例,其动态变化速度可以用动态微分方程表示: $\dfrac{dx}{dt} = x(\mu_{1S} - \bar{\mu}_1)$ 、$\dfrac{dy}{dt} = y(\mu_{2M} - \bar{\mu}_2)$ 。

这种分析方式为有限理性的复制动态和演化稳定策略分析方法。因此,采用复制动态方程,代入方程(4.2)、(4.4)经计算可得出:

$$\frac{\mathrm{d}x}{\mathrm{d}t} = x(\mu_{1S} - \mu_1) = \{ye_1 + e_2 - ye_2 - [x(ye_1 + e_2 - ye_2) + (1 - x) \times - b]\}$$

$$\frac{\mathrm{d}y}{\mathrm{d}t} = y(\mu_{2M} - \mu_2) = [xc_1 + c_2 - xc_2 - y(xc_1 + c_2 - xc_2)] \qquad (4.5)$$

在方程(4.5)中,把 $-b + h = e_1$、$-b + h' = e_2$ 代回方程(4.5),最终可得:

$$\frac{\mathrm{d}x}{\mathrm{d}t} = x(1 - x)[h' - y(h' - h)]$$

$$\frac{\mathrm{d}y}{\mathrm{d}t} = y(1 - y) = [c_2 - x(c_2 - c_1)] \qquad (4.6)$$

根据方程(4.6)计算结果与商家群体的复制动态方程分析,当 $y = \dfrac{h}{h' - h}$ 时,其中 $\dfrac{h}{h' - h} > 1$,那么 $\dfrac{\mathrm{d}x}{\mathrm{d}t}$ 始终为 0,也就是所有 x 都是稳定状态;当 $y > \dfrac{h}{h' - h}$ 时,$x' = 0$ 和 $x' = 1$ 是 x 的两个稳定状态,其中 $x' = 0$ 是演化稳定策略;当 $y < \dfrac{h}{h' - h}$ 时,$x' = 0$ 和 $x' = 1$ 仍然是 x 的两个稳定状态,但 $x' = 1$ 是演化稳定策略。同样根据方程(4.6)计算结果与消费者群体的复制动态方程分析,当 $x = \dfrac{c_2}{c_2 - c_1}$ 时,其中 $\dfrac{c_2}{c_2 - c_1} < -1$,那么 $\dfrac{\mathrm{d}y}{\mathrm{d}t}$ 始终为 0,也就是所有 y 都是稳定状态;当 $x < \dfrac{c_2}{c_2 - c_1}$ 时,$y' = 0$ 和 $y' = 1$ 是 y 的两个稳定状态,其中 $y' = 0$ 是演化稳定策略;当 $x > \dfrac{c_2}{c_2 - c_1}$ 时,$y' = 0$ 和 $y' = 1$ 仍然是 y 的两个稳定状态,但 $y' = 1$ 是演化稳定策略。这里可以采用坐标相位图的方式分别对以上六种情况下的动态趋势和稳定性做出分析,具体分析如图44所示:

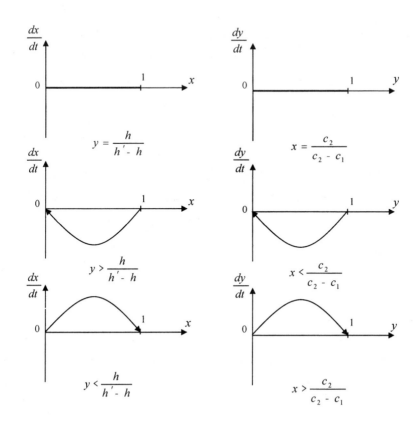

图 44　支线三博方群体复制动态坐标相位图

根据图44进一步分析,把上述两个群体决策类型比例变化复制动态的关系以两个比例为坐标在平面图上表示出来,如图45所示:

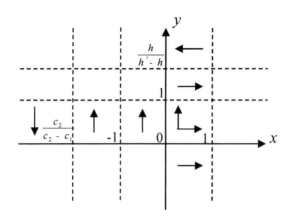

图 45　支线三消费者与商家群体复制动态的关系和稳定性坐标图

根据图 45 所反映的复制动态和稳定性,可以分析本支线博弈的演化稳定策略只有 $x' = 1$ 和 $y' = 1$,其他所有的情况下的所有点都不是复制动态中收敛和具有抗扰动的稳定状态。这意味着有限理性的消费者与商家通过长期反复博弈、学习和调整策略的演化过程结果是,一旦存在有少部分商家采取 S 决策入侵后,商家群体经过长期演化后全都会转变为采取 S 决策,而存在有少部分消费者采取 BM 入侵后,消费者群体商家经过长期演化后仍然全都采取 M ,最终双方演化稳定策略组合为(M , S),即(消费者接受使用 O2O 平台,商家给同等商品、服务),双方得益为($-b + h, c_1$)。非对称有限理性的演化稳定策略即为该支线博弈的纳什均衡,该均衡与完全信息动态博弈下的子博弈完美纳什均衡不一致。

4.5　本章小结

本章通过对问卷抽样调查取得的数据进行整理,并运用 SPSS 和 AMOS 软件对数据进行一系列的统计分析,包括描述性统计、t 检验、方差分析、SEM 模型分析等,对接受行为理论模型和相关假设进行了验证,得出了消费者对 O2O 商业模式接受行为结构模型。其中 SEM 模型在经过信度与效度检验、共同方法偏差检验、配适度检验及模型修正后,模型拟合效果良好。最后设计的主线与支线博弈模型在基于博弈方与所处环境的前提假设下,根据不同的博弈类型与分析方式,得出了主线与支线博弈模型的纳什均衡。

第五章　结论与建议

5.1　研究结论

5.1.1　研究发现

本文经过以上章节分析讨论,已对研究提出的三个问题进行了详细的论证。并围绕着本文的研究目的,通过理论研究与实证研究、定性与定量研究相结合的形式,得出了如下五个方面的研究发现:

(1)抽样调查发现

本次研究共抽取了393份有效样本,抽取的样本基本符合珠江三角洲9个城市的分层抽样设计。从抽样信息中可以发现男女人数比率大致相当,年龄结构以18~44岁的青年人为主,未能抽取到60岁以上会使用O2O消费购物的老年人;市区样本人数占大多数,学历层次总体偏高,婚姻及家庭状况大部分为未婚和已婚有子女;工作职业抽样分布较为均匀,未能抽取到退休与无业的人员;家庭年收入低于8万元和8~30万元、接触电子商务年限为4年以下和4~8年占样本大部分人数。

(2)变量的差异性发现

本研究通过t检验和方差分析发现对消费者样本不同的基础情况在各变量上的差异性检验结果表明:消费者的性别、生活所在地、工作职业三个基础情况对O2O商业模式接受行为模型的各个结构变量都不存在显著性差异,其他基础情况对应结构变量有各自相应的显著性差异,汇总如下表61所示;

表 61　基础情况对变量的差异性检验结果汇总表

编号	假设内容	检验结果
1	消费者居住市区与乡镇对行为态度存在显著性差异	成立
2	消费者居住市区与乡镇对知觉行为控制存在显著性差异	成立
3	消费者居住市区与乡镇对易用感知存在显著性差异	成立
4	消费者居住市区与乡镇对任务技术匹配存在显著性差异	成立
5	消费者不同年龄对任务技术匹配存在显著性差异	成立
	30～44 岁与 45～59 岁有显著性差异	
6	消费者不同年龄对行为意向存在显著性差异	成立
	30～44 岁与 18 岁以下、45～59 岁有显著性差异	
7	消费者不同学历对行为态度存在显著性差异	成立
	大专与本科、研究生有显著性差异	
8	消费者不同学历对知觉行为控制存在显著性差异	成立
	大专与本科、研究生有显著性差异	
9	消费者不同婚姻及家庭状况对知觉行为控制存在显著性差异	成立
	消费者已婚有子女与未婚、已婚无子女有显著性差异	
10	消费者不同家庭年收入对行为态度存在显著性差异	成立
	消费者家庭年收入低于 8 万元与 8～30 万元有显著性差异	
11	消费者不同家庭年收入对知觉行为控制存在显著性差异	成立
	消费者家庭年收入低于 8 万元与 8～30 万元有显著性差异	
12	消费者接触电子商务不同年限对行为态度存在显著性差异	成立
	消费者接触 4 年以下与 4～8 年有显著性差异	
13	消费者接触电子商务不同年限对知觉行为控制存在显著性差异	成立
	消费者接触 4 年以下与 4～8 年、9～12 年有显著性差异	

（3）接受行为理论模型发现

首先,消费者对 O2O 商业模式接受行为依据文献的搜集、鉴别及整理,并结合了访谈内容分析,归纳出消费者对 O2O 商业模式接受行为的影响因素;其次,采用解释结构模型化归纳演算出解释结构模型,再根据解释结构模型化最终提出消费者对 O2O 商业模式接受行为理论模型(模型详见第三章图 33)。其中优惠补贴、易用感知、感知风险、任务技术匹配、行为态度、主观规范为模型的外生变量,有用感知、知觉行为控制、行为意向、使用行为为模型的内生变量。由于消费者对O2O商业模式所有的接受行为的结构变量都是指向最终的使用行为结果变量，那么行为意向变量作为一个中间过渡的结果变量来解释消费者的使用行为，对整体模型起着承上启下的作用。另外，有用感知又作为优惠补贴和任务技术匹配的中介变量间接影响行为意向，知觉行为控制也作为易用感知和感知风险中介变量间接影响行为意向。因此，结合以上消费者对O2O商业模式接受行为理论模型的研究发现，提出模型的研究假设。

（4）接受行为SEM模型发现

消费者对O2O商业模式接受行为SEM模型在经过信度与效度检验、共同方法偏差检验、配适度检验及模型修正后，模型拟合效果良好。经过路径与中介效果分析，模型总体变量之间路径影响效果分类降序排列如下表62所示：

表62 变量之间路径影响效果分类降序表

序号	变量名称	中介类型	总效果	C.R.(t – value)	P值
a1	任务技术匹配→行为意向	无中介	0.297	2.302	0.021
a2	有用感知→行为意向	无中介	0.246	2.426	0.015
a3	优惠补贴→行为意向	无中介	0.237	3.692	***
a4	知觉行为控制→行为意向	无中介	0.169	3.39	***
a5	行为态度→行为意向	无中介	0.176	2.534	0.011
a6	感知风险→行为意向	无中介	**0.053**	1.352	**0.176**
a7	主观规范→行为意向（未修正）	无中介	**0.013**	0.382	**0.702**
a8	易用感知→行为意向	无中介	**−0.284**	−2.559	**0.101**
b1	任务技术匹配→有用感知	无中介	0.692	14.069	***
b2	优惠补贴→有用感知	无中介	0.343	7.18	***
c1	易用感知→知觉行为控制	无中介	0.739	13.892	***
c2	感知风险→知觉行为控制	无中介	−0.232	−5.536	***
d1	行为意向→使用行为	无中介	0.648	11.665	***
e1	任务技术匹配→有用感知→行为意向	部分中介	0.467		
e2	优惠补贴→有用感知→行为意向	部分中介	0.321		
e3	易用感知→知觉行为控制→行为意向	完全中介	0.130		
e4	感知风险→知觉行为控制→行为意向	完全中介	−0.041		

在经过消费者对 O2O 商业模式接受行为 SEM 整体模型样本数据检验与配适度检验评估分析后,总体模型假设成立,即模型期望共变异数矩阵与样本共变异数矩阵没有差异检验结果为成立,再根据表 62 的变量之间路径影响效果可得出模型具体的假设检验结果,如表 63 所示:

表 63　研究假设摘要表

编号	研　究　假　设	检验结果
H_1	行为态度对行为意向有正向影响	成立
H_2	优惠补贴对行为意向有正向影响	成立
H_3	有用感知对行为意向有正向影响	成立
H_4	任务技术匹配对行为意向有正向影响	成立
H_5	易用感知对行为意向有正向影响	不成立
H_6	知觉行为控制对行为意向有正向影响	成立
H_7	感知风险对行为意向有负向影响	不成立
H_8	主观规范对行为意向有正向影响	不成立
H_9	优惠补贴对有用感知有正向影响	成立
H_{10}	任务技术匹配对有用感知有正向影响	成立
H_{11}	易用感知对知觉行为控制有正向影响	成立
H_{12}	感知风险对知觉行为控制有负向影响	成立
H_{13}	行为意向对使用行为有正向影响	成立
H_{14}	优惠补贴通过有用感知中介进而正向影响行为意向	成立
H_{15}	任务技术匹配通过有用感知中介进而正向影响行为意向	成立
H_{16}	易用感知通过知觉行为控制中介进而正向影响行为意向	成立
H_{17}	感知风险通过知觉行为控制中介进而负向影响行为意向	成立

(5)三方决策博弈模型发现

本研究博弈模型基于博弈方与所处环境的前提假设下,主线博弈与支线博弈模型经分析可得出以下发现:消费者、商家及 O2O 企业网络平台三方的完美信息动态博弈主线模型采用逆推归纳法推导的子博弈完美纳什均衡为(O2O 平台给优惠补贴,商家入驻,消费者接受使用,商家给差于同等商品、服务,消费者给好评);O2O 平台 A 与 O2O 平台 B 之间优惠补贴完全信息静态支线博弈采用得益矩阵的划线法分析得出纳什均衡为(A 采取对消费者优惠补贴,B 采取对消费者优惠补贴）；纯网络电商的线上商家与传统线下实体商家之间入驻连续的支线博弈分析出纳什均衡为（入驻，入驻）；消费者与商家有限理性演化支线博弈分析出演化稳定策略为（消费者接受使用 O2O 平台，商家给同等商品、服务）。

5.1.2　总体结论

根据以上研究发现，综合本文全部的研究内容，可对本研究总体做出如下八点结论：

结论一：高学历、中产阶级、青年消费者为接受使用 O2O 商业模式的主力军。

由于本研究的抽样调查属于分层次的系统随机抽样，并且对抽取的受访者要求必须了解 O2O 商业模式和使用过 O2O 商业模式购物，如果不了解或没有使用过则放弃调查该受访者。因此，从抽样调查发现的消费者各类基础信息中可以得出，大学（含大专）以上学历、家庭年收入在 30 万元以内、18～44 岁的青年消费者是使用 O2O 购物消费的主要构成群体，即高学历、中产阶级、青年消费者为接受使用 O2O 商业模式的主力军。该结论契合现实状况，且抽取的样本对总体来说具有一定的代表性。

结论二：消费者名义类型的基础情况无差异，而顺序类型的基础情况有差异，且差异性主要表现在行为态度与知觉行为控制。

从本研究 t 检验和方差分析可以发现，消费者的性别、生活所在地、工作职业三个基础情况对 O2O 商业模式接受行为模型的各个结构变量都不存在显著性差异，居住市区或乡镇、年龄、学历、婚姻及家庭状况、家庭年收入存在显著性差异。从消费者基础情况的属性来看，前者一般属于名义类型的尺度，后者一般属于顺序类型的尺度。说明差异性的本质来源于消费者自身层次的差异与所处生活环境的差异。其次，差异性主要表现在消费者的行为态度与知觉行为控制，说明消费者自身层次与所处生活环境的差异造就了其行为态度与控制能力等。例如在现实当中，老年人都不太会使用移动 App 上的 O2O 购物，学历层次低的可能缺乏掌握 O2O 的能力，居住在乡镇可能由于大部分商家暂未入驻 O2O 平台等情况。

结论三：使用行为是在其自身行为意向的影响下发生的，但有意向并不代表一定会接受使用。

从消费者对 O2O 商业模式接受行为模型可以发现所有的接受行为影响因素都是通过行为意向进而解释消费者的使用行为，这同理性与计划行为、技术接受行为等诸多模型一样，也是个人使用行为在其自身行为意向的影响下发生，且行为意向受到了内在和外在的影响因素影响。但是通过 SEM 模型分析得出行为意向对使用行为的路径系数为 0.648，统计意义为每增加或减少 1 个单位的行为意向，才增加或减少 0.648 单位的使用行为，表明行为意向对使用行为影响效果并不是太理想。那么在实际情况下，即使消费者对 O2O 商业模式有一定使用行为意向，也并不代表一定就会接受使用它。

结论四：消费者习惯和适应 O2O 购物及消费者个人能力与 O2O 技术功能相一致性等需求(任务技术匹配需求)高于优惠补贴需求，且通过有用性层面更加强对行为意向的影响。

根据 SEM 模型分析得出，任务技术匹配对行为意向直接影响的路径系数(0.279)大于优惠补贴对行为意向直接影响的路径系数(0.239)，并且任务技术匹配通过有用感知的部分中介与直接影响行为意向的总效果(0.467)也大于优惠补贴通过有用感知的部分中介与直接影响行为意向的总效果(0.321)。表明消费者习惯和适应 O2O 购物及消费者个人能力与 O2O 技术功能相一致性等需求高于优惠补贴需求，而且任务技术匹配更贴近于 O2O 有用性层面，因此任务技术匹配通过有用感知的总效果远大于优惠补贴的总效果。在现实的 O2O 商业模式市场竞争的环境下，具有优惠补贴的 O2O 平台表面上能吸引更多的消费者，但现今 O2O 平台基本都存在给消费者优惠补贴(支线博弈一中已分析论证)，只是优惠补贴的力度不同，那么这个时候优惠补贴就不是影响消费者行为意向的关键，而任务技术匹配性才是影响的关键因素，并且通过有用性层面更加强对行为意向的影响效果。

结论五：消费者的个人行为态度要强于他人行为评价的主观规范，且主观规范对消费者接受使用 O2O 的行为意向影响效果不显著。

根据 SEM 模型分析得出，行为态度对行为意向直接影响的路径系数(0.176)大于主观规范对行为意向直接影响的路径系数(0.013)，并且主观规范路径系数的 C.R. 值(0.382)与 P 值(0.702)都代表该系数不显著，即假设 H_8 (主观规范对行为意向有正向影响)不成立。表明消费者对接受使用 O2O 商业模式的个人行为态度要强于他人行为评价的主观规范，且主观规范对消费者接受使用 O2O 商业模式意向影响效果不显著。由于 O2O 商业模式有别于一些传统的电子商务模式，特别是 O2O 的线下消费体验，不像以往仅仅靠他人评价的影响就在线上购买消费，而是因为体验才导致消费，并且体验成为个人态度决定的关键，也是消费者做出购买决策的重要依据。

结论六：易用感知是消费者所感受到在使用O2O可以掌控的情况下对于行为意向才体现出易用性，感知风险是消费者所感受到在使用O2O无法掌控（失控）的情况下对于行为意向才会有风险。

根据SEM模型分析得出，易用感知对行为意向直接影响的路径系数为-0.284，但路径系数的C.R.值（0.382）与P值（0.702）都代表该系数不显著，即假设H_5（易用感知对行为意向有正向影响）不成立，而易用感知通过知觉行为控制完全中介影响行为意向路径系数为0.130，且经过中介检验效果显著。表明易用感知对行为意向的直接影响效果不显著，通过知觉行为控制完全中介影响效果显著，即易用感知在消费者所感受到行为可以掌握的情况下对于行为意向才体现出易用性。感知风险对行为意向直接影响的路径系数为0.053，但路径系数的C.R.值（1.352）与P值（0.176）都代表该系数不显著，即假设H_7（感知风险对行为意向有负向影响）不成立，而感知风险通过知觉行为控制完全中介影响行为意向路径系数为-0.041，且经过中介检验效果显著。表明感知风险对行为意向的直接影响效果不显著，通过知觉行为控制完全中介影响效果显著。即感知风险在消费者所感受到行为无法掌握（失控）的情况下对于行为意向才会有风险。在现实的移动App上的O2O平台应用时，单纯的简易操作往往并不是消费者首选的因素，需在知识与能力、机会与渠道以及过去的经验掌控下，消费者能感受到易用性的价值。感知风险的道理实际与易用性相似，由于现今的网络购物的普及性致使消费者对风险因素的认知不敏感，而消费者在以上所有知觉行为能力都失控的情况下，才会产生一定的风险感知。

结论七：O2O平台优惠补贴会成为长期的竞争手段，并且O2O会改变消费者对生活服务类等商务的消费理念与习惯，O2O是商家在线上与线下抢占的最后一块市场。

本研究的三方主线博弈分析得出O2O平台给优惠补贴，商家入驻O2O，消费者接受使用O2O；O2O平台与平台之间的优惠补贴支线博弈分析得出O2O平台都会采用优惠补贴；商家与商家之间入驻支线博弈分析得出商家都会入驻O2O；消费者与商家有限理性演化支线博弈分析得出消费者经过长期演化仍然接受使用O2O平台。因此，无论从主线博弈分析还是支线博弈分析得出的结论均是O2O平台给予消费者优惠补贴、商家入驻O2O、消费者接受使用O2O。现今资本市场的不断涌入加速了O2O商业模式的发展。众多O2O企业平台以各种样式进行着优惠补贴，其最终目的无非就是以利益换市场，抢占客户打击对手，那么优惠补贴就成为必需的竞争手段。入驻 O2O 平台是作为纯网络电商的线上商家与传统线下实体商家抢占的最后一块市场,谁没有进入势必会出局,那么入驻 O2O 成为必要的竞争方式。O2O 商务模式本身是面向生活消费领域,它将直接改变每位消费者对生活服务类等商务的消费理念与习惯,从而使作为消费者的每个人的生活方式从"为产品而消费"改变至"为生活而消费",因此,消费者接受使用 O2O 是消费行为必然选择。

结论八:商家存在给 O2O 消费者的商品、服务差于传统消费的同等商品、服务,且消费者通过给差评也未能起到作用,但商家通过长期演化后会有所改善。

本研究的三方主线博弈分析得出商家会给 O2O 消费者差于传统消费的同等商品、服务,消费者会给好评,而消费者与商家有限理性演化支线博弈分析得出一旦存在有少部分商家采取给同等商品、服务决策入侵后,那么商家群体经过长期演化后全都会转变为给传统消费的同等商品、服务决策。以上博弈分析表明了商家存在给 O2O 消费者差于传统消费的商品、服务,且消费者通过给差评也未能起到作用,但商家通过长期演化后会改善。由于现今 O2O 商业模式正处起步与成长期,在相关的营运的规章制度并不是很健全情况下,O2O 平台之间又相互在打优惠补贴的"价格战",势必会造成一些商家存在货不对板的现象,那么消费者可能是由于不清楚实际的商品、服务,或是认为在优惠补贴下的商品、服务质量相对也会下降,甚至是不愿花费时间精力去给予评价等。但是随着 O2O 商业模式与电子商务市场越来越健全,法律法规与 O2O 企业平台监管制度越来越严格,最终商家会遵守一个良性循环的 O2O 市场规则。

5.2　研究建议

根据本文的研究目的,围绕以上研究发现与结论,可为 O2O 企业运营管理提供以下六点建议。

建议一:采用大数据化构架下的 O2O 运营管理

O2O 商业模式是跨渠道的,包括线下传统业务数据和线上电商数据以及可能需要对接的全网数据。而数据一部分是结构化的交易数据和服务数据,另一部分是碎片化、非结构化的社交数据,还有一部分是全网用户的卷标数据。每一次线上的社交行为、线上的消费行为和每一次 O2O 的活动、事件,跟踪数据都会不断产生。如何利用这些数据信息,在适当的时间、适当的地点,将适当的商品服务以适当的数量和适当的价格提供给适当的消费者,进而获得适当的利润用以回报社会。O2O平台的生产、销售、结算等记录的大数据信息正好涵盖了O2O的时间、地点、商品、数量、价格、消费者、利润等(张波,2013)。因此,建议采用大数据化构架下的O2O运营管理。第一是构建大数据平台和关系型数据库。由于当前O2O平台的数据量越来越大,非结构化数据也越来越多,可能就会遇到性能瓶颈,这时就需要构架大数据平台用于海量数据的存储和运算;同时在大数据的查询统计上采用关系型数据库处理小数据量的查询。总体是大数据平台将数据清洗、整理、运算之后,加载到一个关系型数据库,再通过数据库工具进行统计、分析、展现。第二是采用大数据构架下的统一客户数据管理。在基于主数据模型的设计基础上,经过客户的ID统一和大数据的应用,基本上构成了大会员系统,通过会员ID进行统一和唯一识别,这样就形成了对客户主数据的统一,同时还需要分析整体业务数据,这就意味着建立数据仓库,在数据仓库中抽取和完善客户数据,并进行建模和分析,形成不同主题的数据集市,再通过软件工具进行统计、分析、展现和数据可视化,使分析结果更直观,对决策更有裨益。第三是在大数据环境下采用数据挖掘。在现今的移动互联化的O2O,包含着几亿的手机App客户,几千万的线下实体商店和线上商家,并且用户时刻产生各种各样的文本、视频、图片、位置等大数据信息,如果将这些信息进行适当的数据挖掘与开放,那么这将是一个庞大的数据金矿。通过对大数据进行挖掘,可实时分析客户的当前场景及历史记录,创建迎合客户的需求模型,为客户提供更精准的匹配技术与商品,将商品内容发布到更精准的O2O渠道,基于更精准的消费行为分析,建立新型的O2O客户关系链网络等方向,那么最终O2O领域会进行一个新的营销变革(黄取治,2015;王志军 & 王智慧,2015;叶开,2015;张波,2013)。

建议二:采用个性化定制理念下的O2O运营管理

消费互联网已激发了消费者的各项消费需求,但是消费经济已经步入了过剩的时代,商品与服务的标准化已成为过时的理念,消费者的需求逐步向个性化定制方向发展,那么互联网个性化定制最好的方向是消费者参与到以线上线下消费体验为核心的电子商务O2O商业模式。因此,建议采用个性化定制理念下的O2O运营管理。第一是产品定制。通过产品的形态、外观和配置进行定制,在家电、电子产品等生产制造行业较多。产品定制为了满足消费者彰显的个性、表现自我,即使是购买和使用产品,产品定制也有展现与众不同的一面,所以定制的个性化产品更容易获得消费者的青睐。第二是私人定制。私人定制是采用一对一的个性化定制体验,形成庞大的社交传播与转化的一种 O2O 方式,在美容、服装设计等服务行业较多。私人定制是给消费者量身定做的产品与服务,让消费者感受到独一无二的定制体验,这类定制一般面向生活质量比较高、购买能力强、社交影响力比较大的小众群体。第三是众包定制。通过社会化众包来实现大规模的定制方式,在外卖、出行等配送行业较多。众包定制的关键在于搭建一个平台面对消费者的个性化需求并快速响应,通过社会化众包的形式生产和配送。核心是共享经济,将需求共享出去,通过众包来实现(顾晓慧,2015;王志军 & 王智慧,2015;叶开,2015)。

建议三:采用新技术匹配概念下 O2O 运营管理

O2O 不是一个行业,而是一种技术浪潮,是电子商务商业模式在新技术与消费者需求匹配上更大范围的应用。新技术本身并不会改变商品与服务的本质,但是利用新技术可以更好地引导和匹配消费者参与到更多的消费中。因此,建议采用新技术匹配概念下 O2O 运营管理。第一是智能化匹配。通过 O2O 平台大数据的积累、分析和人工智能的学习、模仿、识别、延伸等新技术,能够精准地清楚了解到消费者的潜在消费需求,O2O 平台就能够实现提前推送,从而实现智能化匹配。第二是虚拟化匹配。通过 O2O 平台内部服务性模块嵌入 VR 与 AR 等虚拟化技术,虚构模拟的场景让消费者能够身临其境地了解商品与服务,并可以进一步了解相关的背景信息,如源产地和加工生产过程等(李岩峰,陈冬林 & 桂雁军,2015;詹秀丽 & 戴向东,2016;张波,2013)。

建议四:采用优惠补贴平衡下的 O2O 运营管理

O2O 企业为了快速推广和普及自己的产品,采用优惠补贴的方式,使得优惠补贴推广蔚然成风。优惠补贴的本质其实是为了提高消费者的黏性,O2O 企业一般通过高额的补贴以及超低的价格撬开市场大门,但是也存在隐患。一部分消费者如果仅仅是为了获得更低的价格,那么在优惠补贴降低与价格出现反弹之后,这部分只为补贴而来的消费者可能不会继续使用该 O2O 平台。因此,建议采用优惠补贴平衡下的 O2O 运营管理。第一是寻找优惠补贴与成本之间的平衡。加大优惠补贴确实可以快速获取客户,不过成本支出也会快速增加,所以在快速扩张同时,还需把控成本以求公司持续发展,在优惠补贴与成本中间寻找平衡。第二是寻找优惠补贴与利润之间的平衡。优惠补贴力度太大,客户与成交量提升,但可能利润赚取得很少,补贴力度太小,客户与成交量降低,同样利润不多。因此有针对性地运用商品定价和差异补贴等手段,在优惠补贴与利润之间寻找平衡。

第三是寻找优惠补贴与战略之间的平衡。优惠补贴只是一种营销手段,优惠补贴在没有威胁到公司战略时,都是可以侧面突围的。优惠补贴最终还是要服从公司的长期规划和战略,寻求优惠补贴与战略之间的平衡(孔维琛,2015;李崇磊,2016;王志军 & 王智慧,2015)。

建议五:采用综合评价体系下的 O2O 运营管理

O2O 商业模式仅仅靠好评与差评进而决定商品与服务的价值,或给予一些简单文字上的评价,并不能很好地发挥消费者评价的作用。真正的评价是消费者在消费过程获得的满足感、荣誉感而形成对外逐步递增的口碑宣传效应,消费者满意并不仅仅是对结果满意,更多的是对过程的挑剔。只有满足了需求的消费者才会自觉自愿地传扬口碑。因此,建议采用一种综合的口碑评价体系来决定一个商品与服务的真实价值。第一是口碑搜索聚合。口碑搜索聚合是关于消费者的个性与需求的搜索平台,是关于商品价值与对比的聚合,将以积分、信誉等各种口碑信息为标准,以衡量商家的商品的价格与质量、服务的态度等综合评价。第二是口碑信息关注。消费者将基于定制口碑搜索的基础上,形成口碑信息关注,不仅仅是关注商品的信息(如参数、性能、价格)等,积分、信誉等口碑信息的评价将成为最核心关注的要素。第三是口碑分享机制。将自己购买和体验过的商品价格、质量、优惠信息等分享,作为一种主动、公益的分享行为,一旦这种分享的机制形成,那么许多购买的体验形成记录并用积分、信誉等口碑信息来评价,进而形成利于消费者大众的口碑分享机制(板砖大余 & 姜亚东,2014;梅蕾 & 张景,2016;吴金铃,2014;叶开,2015)。

建议六:采用监管机制下的 O2O 运营管理

随着 O2O 商业模式不断拓展,服务与质量等环节不可控的问题日益显现。目前法律暂没有明确规定 O2O 平台方有义务对接入的商家进行审核并且负责,导致很多平台的监管存在滞后问题,完善对 O2O 监管机制的构建和加强 O2O 监管手段的创新,是促进电子商务 O2O 商业模式更稳定安全的重要基础,是提高 O2O 平台的服务质量和信用水平的必然要求,是促进 O2O 商业模式更好地带动经济发展的重要保障。因此,建议采用监管机制下的 O2O 运营管理。第一是建立第三方信用服务机构。要积极鼓励第三方信用服务的发展,对其信用信息的获取给予政策和法律支持,尽快出台标准化的信用评级方法。消费者可通过第三方信用服务机构对 O2O 平台上的企业进行信用查询,促使平台提高自身的信用水平。第二是完善法律法规与规章制度。政府在推动 O2O 发展给予政策扶持的同时,相应的监管法律法规也要齐头并进,同时对 O2O 企业商家出台相应的管理规章制度,起到监管的作用。第三是建立科学统一的行业标准。相关部门应组织实地调研获得基础数据,建立科学统一的行业标准,设立合适的准入门槛,促进 O2O 平台上的商家规范运营。第四是创新监管手段,提高监管效率。将 O2O 平台的信息库与政府有关部门的数据库进行对接,设计监控模型,通过检测入网基础信息和动态信息实施自动化监管,消费者也可以实时获得权威信息,对相应商家进行鉴别。同时,也可以通过消费者回馈,及时、精确地获得相关的第一手数据,进行精确执法,以提高执法效率(邓勇 & 董万元,2016;李洪玉,王晨兴 & 周文秀,2016;李璐,2016)。

5.3　贡献与不足

5.3.1　研究贡献

(1)编制了接受行为调查问卷,并从事实践

本研究在沿用现有量表的基础上,结合访谈内容与相关文献,注意本土化与翻译等问题,编制了具有良好信度与效度的《消费者对 O2O 商业模式接受行为调查问卷》,并在珠江三角洲 9 个城市从事了实践的抽样调查研究,为消费者对 O2O 商业模式接受行为 SEM 模型数据分析提供了依据。

(2)提出了接受行为理论模型,并加以验证

本研究根据文献访谈内容与相关文献,归纳出接受行为的影响因素,再根据解释结构模型化提出接受行为理论模型,最后依据问卷调查收集数据,采用 SEM 对理论模型加以验证,最终得出修正后的消费者对 O2O 商业模式接受行为 SEM 结构模型,为研究结论提供依据。

(3)设计了行为决策博弈模型,并分析均衡

本研究基于博弈方与所处环境的前提假设下,设计行为决策主线博弈模型和支线博弈模型,再根据博弈模型的类型和分析方法推导出模型的纳什均衡,为研究结论提供依据。

(4)得出了总体的研究结论,并提供建议

本研究依据修正后的 SEM 结构模型、行为决策博弈模型纳什均衡与其他论

文所做出的研究,得出总体的研究结论,给 O2O 企业运营管理提供可行的建议,预期可将研究的成果应用于实践操作,促进电子商务 O2O 商业模式的新发展。

5.3.2　研究不足与展望

本文对消费者对 O2O 商业模式接受行为及决策博弈的研究取得了一些成果,但由于时间、人员、经费与能力的限制,研究还存在一定的不足,展望今后在进行相关的研究时有改进和提升的空间。

(1)研究普遍性的不足

本研究抽样调查样本主要集中于珠江三角洲 9 个城市,存在研究普遍性的不足。因此,后续的研究可以扩大研究范围,涉及更多的人群类型和地域范围,使得研究结果更具普遍性。

(2)研究适用性的不足

本研究选择对 O2O 商业模式的整体行业领域进行研究,是由于现今 O2O 商业模式大部分适用在类似于"美团""百度糯米""大众点评"这类包含餐饮、旅游、出行、票务等综合行业领域的平台,但是也有部分 O2O 商业模式用于一些单独的行业领域,整体行业领域存在研究适用性的不足,因此,后续的研究可以细分到具体研究某一个 O2O 商业模式适用的行业领域,使得研究结果更具适用性。

(3)研究完整性的不足

本研究在消费者对 O2O 商业模式接受行为理论模型的研究上,归纳了一些接受行为影响因素,但影响消费者接受行为的影响因素还有很多;对于消费者、商家及 O2O 企业网络平台三方的行为决策博弈的研究,设计了一些决策博弈,但仍有一些决策过程的博弈未考虑到。两方面的研究都存在完整性的不足。因而,后续的研究可以在本研究的基础上进一步扩展和延伸接受行为影响因素,以提升研究模型的完整性。

参考文献

英文部分

1. Afuah, A. & Tucci, C. L. (2001). Internet Business Models and Strategies: Text and Cases.

2. Ajzen, I. (1985). *From Intentions to Actions: A Theory of Planned Behavior*: Springer Berlin Heidelberg.

3. Ajzen, I. & Driver, B. L. (1992). Application of the Theory of Planned Behavior to Leisure Choice. *Journal of Leisure Research*, 24(3), 207 – 224.

4. Ajzen, I. & Fishbein, M. (1980). *Understanding attitudes and predicting social behavior*: Prentice – Hall.

5. Avolio, B. J., Yammarino, F. J. & Bass, B. M. (1991). Identifying common methods variance with data collected from a single source: An unresolved sticky issue. *Journal of Management*, 17(3), 571 – 587.

6. Babbie, E. (2001). The practice of social research (9th ed.).

7. Bagozzi, R. P. & Kimmel, S. K. (1995). A comparison of leading theories for the prediction of goal – directed behaviours. *British Journal of Social Psychology*, 34(4), 437 – 461.

8. Bagozzi, R. P., Lee, K. H. & Loo, M. F. V. (2001). Decisions to donate bone marrow: The role of attitudes and subjective norms across cultures. *Psychology & Health*, 16(1), 29 – 56.

9. Baker, D. A. & Crompton, J. L. (2000). Quality, satisfaction and behavioral intentions. *Annals of Tourism Research*, 27(3), 785 – 804.

10. Baron, R. M. & Kenny, D. A. (1986). The moderator – mediator variable dis-

tinction in social psychological research: Conceptual, strategic, and statistical considerations. *Journal of Personality and Social Psychology*(6).

11. Bauer, R. A. (1960). Consumer behavior as risk taking. *Dynamic marketing for a changing world*, 398 – 400.

12. Baumgartner, H. & Homburg, C. (1996). Applications of structural equation modeling in marketing and consumer research: A review. *International Journal of Research in Marketing*, 13(2), 139 – 161.

13. Bazeley, P. (2010). Book Review: V. L. Plano Clark and J. W. Creswell (Eds.) The Mixed Methods Reader. Thousand Oaks, CA: SAGE, 2008, 617 pp. Supplied by Footprint Books. *Journal of Mixed Methods Research*, 4(1), 79 – 81.

14. Bentler, P. M. & Chou, C. P. (1987). Practical Issues in Structural Modeling. *Sociological Methods Research*, 16(1), 78 – 117.

15. Bollen, K. A. (1989). *Structural equations with latent variable*: Wiley.

16. Chen, Y. W. & Ma, J. W. (2013). E – commerce Consumers Purchase Decision and Its Influencing Factors. *Advances in Psychological Science*, 20(1), 27 – 34.

17. Chin, W. W. (1998). Issues and opinion on structural equation modeling. *Mis Quarterly*, 22(1), 1 – 10.

18. Chooprayoon, V. , Fung, C. C. & Depickere, A. A. (2007). *TECTAM, A modified technology acceptance model to assess E – commerce technologies adoption by Thai SME.* Paper presented at the TENCON 2007 – 2007 IEEE Region 10 Conference.

19. Cox, D. F. (1967). Risk taking and information handling in consumer behavior.

20. Cunningham, S. M. (1967). The major dimensions of perceived risk. *Risk taking and information handling in consumer behavior*, 1, 82 – 111.

21. Curran, P. J. & Hussong, A. M. (2003). The Use of Latent Trajectory Models in Psychopathology Research. *Journal of Abnormal Psychology*, 112(4), 526 – 544.

22. Davis, F. D. (1989). Perceived Usefulness, Perceived Ease of Use, and User Acceptance of Information Technology. *Mis Quarterly*, 13(3), 319 – 340.

23. Denzin, N. K. (1970). A Research Act. A Theoretical Introduction to Sociological Methods. *Butterworths*, 352 – 355.

24. Denzin, N. K. (2009). The research act: A theoretical introduction to sociologi-

cal methods. *Teaching Sociology*, 17(4).

25. Dishaw, M. T. & Strong, D. M. (1999). Extending the technology acceptance model with task – technology fit constructs. *Information & Management*, 36(1), 9 – 21.

26. Doll, W. J., Xia, W. & Torkzadeh, G. (2012). A Confirmatory Factor Analysis of the End – User Computing Satisfaction Instrument. *Selected Topics in Signal Processing IEEE Journal of*, 6(8), 971 – 981.

27. Doty, D. H. & Glick, W. H. (1998). Common methods bias: does common methods variance really bias results? *Organizational research methods*, 1 (4), 374 – 406.

28. Doty, D. H. & Glick, W. H. (1998). Common Methods Bias: Does Common Methods Variance Really Bias Results?" Organizational Research Methods (4), October, pp. *My Publications*.

29. Du, H. S., Yu, H., Fang, Y. & Wang, S. (2012). Empirical Investigation of EachNet: The eBay Model of C2C Online Auction in China. *Engineering Management IEEE Transactions on*, 59(1), 160 – 175.

30. Engel, J., Blackwell, R. & Miniard, P. (2005). Consumer Behavior (10th.): New York: The Dryden Press.

31. Engel, J. F., Blackwell, R. D., Miniard, P. W. & Barone, M. J. (1995). *Teaching transparencies, Consumer behavior, eighth edition, James F. Engel, Roger D. Blackwell, Paul W. Miniard*: Dryden Press.

32. Fayad, R. & Paper, D. (2015). The Technology Acceptance Model E – Commerce Extension: A Conceptual Framework. *Procedia Economics & Finance*, 26, 1000 – 1006.

33. Featherman, M. S. & Pavlou, P. A. (2003). Predicting e – services adoption: a perceived risk facets perspective. *International journal of human – computer studies*, 59 (4), 451 – 474.

34. Fishbein, B. M. & Belief, A. I. (2010). attitude, intention, and behavior: an introduction to theory and research.

35. Fornell, C. & Larcker, D. F. (1981). Evaluating structural equation models with unobservable variables and measurement error. *Journal of Marketing Research*, 18 (1), 39 – 50.

36. Goodhue, D. L. & Thompson, R. L. (1995). Task – technology fit and individual performance. *Mis Quarterly*, 19(2), 213 – 236.

37. Hair, B. J., Black, W., Babin, B. & Anderson, R. (2010). Multivariate Data Analysis. 7th Edition. Pearson Education, Upper Saddle River.

38. Hajiha, A., Shahriari, M. & Vakilian, N. (2014). *The role of perceived value on customer E – shopping intention using technology acceptance model, (TAM)*. Paper presented at the IEEE International Conference on Industrial Engineering and Engineering Management.

39. Hancock, G. R. & Nevitt, J. (1999). Bootstrapping and the Identification of Exogenous Latent Variables Within Structural Equation Models. *Structural Equation Modeling A Multidisciplinary Journal*, 6(4), 394 – 399.

40. Hansen, T. (2008). Consumer values, the theory of planned behaviour and online grocery shopping. *International Journal of Consumer Studies*, 32(2), 128 – 137.

41. Hawkins, D. I., Mothersbaugh, D. L. & Best, R. J. (2013). *Consumer behavior: Building marketing strategy*: McGraw – Hill Irwin.

42. Hayes, A. F. (2009). Beyond Baron and Kenny: Statistical Mediation Analysis in the New Millennium. *Communication Monographs*, 76(4), 408 – 420.

43. Horsti, A. (2006). *Combining Critical Success Factors and Life Cycle Model to Enable Evaluation of e – business models*: Springer US.

44. House, T. W. (1997). A Framework for Global Electronic Commerce. *Catherine L Mann*, 181 – 185.

45. Howard, J. A. & Sheth, J. N. (1969). The Theory of Buyer Behavior. *Journal of the American Statistical Association*.

46. Hsieh, P. A. & Keil, M. (2006). Understanding Digital Inequality: Comparing Continued Use Behavioral Models of the Socio – Economically Advantaged and Disadvantaged. *Mis Quarterly*, 32(32), 97 – 126.

47. Hu, L. t. & Bentler, P. M. (1999). Cutoff Criteria for Fit Indexes in Covariance Structure Anaysis: Conventional Criteria Versus New Alternatives. *Structural Equation Modeling A Multidisciplinary Journal*, 6(1), 1 – 55.

48. Huizingh, E. K. R. E. (2002). Towards succesful E – business strategies: A hierarchy of three management models. *Journal of Marketing Management*, 7/8(7), 721 –

747.

49. Jacoby, J. & Kaplan, L. B. (1972). *The components of perceived risk.* Paper presented at the SV – Proceedings of the third annual conference of the association for consumer research.

50. Jang, S. & Lee, J. (2014). An Investigation of Factors Affecting Consumer Intention to Use Branded App : Focused on Technology Acceptance Model (TAM). *Journal of the Korea Society of It Services*, 13(3), 51 – 76.

51. Jarvenpaa, S. L. & Todd, P. A. (1996). Consumer reactions to electronic shopping on the World Wide Web. *International journal of electronic commerce*, 1(2), 59 – 88.

52. Johnson, M. W., Christensen, C. M. & Kagermann, H. (2008). Reinventing your business model. *Harvard Business Review*, 87(12), 52 – 60.

53. Kline, R. B. (2006). Principles and practice of structural equation modeling. *Journal of the American Statistical Association*, 101(12).

54. Kline, R. B. (2015). Principles and Practice of Structural Equation Modeling : Fourth Edition.

55. Kotler, P., Keller, K. L. & James, S. W. (2009). *A framework for marketing management : integrated with PharmaSim*: Pearson/Prentice Hall.

56. Kuhn, T. S. (2012). *The structure of scientific revolutions*: University of Chicago press.

57. Ledley, F. (2015). *Why Business Models Matter in Innovation.* Paper presented at the American Association for the Advancement of Science.

58. Liao, C., Palvia, P. & Chen, J. L. (2009). Information technology adoption behavior life cycle : Toward a Technology Continuance Theory (TCT). *International Journal of Information Management*, 29(4), 309 – 320.

59. Limayem, M. & Khalifa, M. (2000). *Business – to – Consumer Electronic Commerce: A Longitudinal Study.* Paper presented at the Computers and Communications, 2000. Proceedings. ISCC 2000. Fifth IEEE Symposium on.

60. Liu, Y. (2015). Analysis of College Students Adopting Mobile E – commerce. *Atlantis Press.*

61. MacKinnon, D. P. (2008). *Introduction to statistical mediation analysis*: Rout-

ledge.

62. Mackinnon, D. P. , Fairchild, A. J. & Fritz, M. S. (2007). Mediation analysis. *Annual Review of Psychology*, 58 – 60.

63. Mackinnon, D. P. , Lockwood, C. M. & Williams, J. (2004). Confidence Limits for the Indirect Effect: Distribution of the Product and Resampling Methods. *Multivariate Behavioral Research*, 39(1), 99 – 128.

64. Mahmood, M. A. (2004). Testing the Technology – to – Performance Chain Model. *Journal of Organizational & End User Computing*, 16(4), 17 – 36.

65. Markides, C. & Charitou, C. D. (2004). Competing with Dual Business Models: A Contingency Approach. *Academy of Management Executive*, 18(3), 22 – 36.

66. Meade, A. W. , Watson, A. M. & Kroustalis, C. M. (2007). *Assessing common methods bias in organizational research.* Paper presented at the 22nd annual meeting of the society for industrial and organizational psychology, New York.

67. Mehrabian, A. & Russell, J. A. (1974). An approach to environmental psychology. *Cognition & Psychology*.

68. Moore, G. C. & Benbasat, I. (1991). Development of an Instrument to Measure the Perceptions of Adopting an Information Technology Innovation. *Information Systems Research*, 2(3), 192 – 222.

69. Morris, M. , Schindehutte, M. & Allen, J. (2005). The entrepreneur's business model: toward a unified perspective. *Journal of Business Research*, 58(6), 726 – 735.

70. Mueller, C. W. , Bollen, K. A. & Long, J. S. (1994). Testing Structural Equation Models. *Contemporary Sociology*, 23(1).

71. Murdock, J. (2007). The impact of e – commerce on the tourist purchase decision: an empirical analysis. *Alcamentos*, 30(9), 1135 – 1157.

72. Neuman, W. L. (2011). Social research methods : qualitative and quantitative approaches. *Social Research Methods Qualitative & Quantitative Approaches*, 39(3), 447 – 448.

73. Nicosia, F. M. (1966). Consumer Decision Processes: Marketing and Advertising Implications. *Journal of Marketing Research*, 5(3), 334 – 336.

74. Nilashi, M. , Fathian, M. , Gholamian, M. R. & Ibrahim, O. B. (2011). Propose a Model for Customer Purchase Decision in B2C Websites Using Adaptive Neuro –

Fuzzy Inference System. *International Journal of Business Research & Management*,147 (1),181 – 200.

75. Notani,A. S. (1998). Moderators of Perceived Behavioral Control's Predictiveness in the Theory of Planned Behavior: A Meta – Analysis. *Journal of Consumer Psychology*,7(3),247 – 271.

76. Park,H. S. (2000). Relationships among attitudes and subjective norms: Testing the theory of reasoned action across cultures. *Communication Studies*,51(2),162 – 175.

77. Pavlou,P. A. & Fygenson,M. (2006). Understanding and Predicting Electronic Commerce Adoption: An Extension of the Theory of Planned Behavior. *Mis Quarterly*,30 (1),115 – 143.

78. Peter,J. P. & Tarpey,L. X. (1975). A comparative analysis of three consumer decision strategies. *Journal of consumer research*,2(1),29 – 37.

79. Pisano,P. ,Pironti,M. & Rieple,A. (2015). Business Models,Business Strategy and Innovation. *Entrepreneurship Research Journal*,43(2 – 3),172 – 194.

80. Podsakoff,P. M. ,MacKenzie,S. B. ,Lee,J. – Y. & Podsakoff,N. P. (2003). Common method biases in behavioral research: a critical review of the literature and recommended remedies. *Journal of Applied Psychology*,88(5),879 – 880.

81. Podsakoff,P. M. ,Mackenzie,S. B. ,Lee,J. Y. & Podsakoff,N. P. (2003). Common method biases in behavioral research: A critical review of the literature and recommended remedies. *Journal of Applied Psychology*,88(5),879 – 903.

82. Ragheb,M. G. & Beard,J. G. (1982). Measuring leisure attitude. *Journal of Leisure Research*,14(2),155 – 167.

83. Ramayah,T. & Aafaqi,B. (2005). *Intention to shop online amongst MBA students: Applicability of the theory of reasoned action (TRA)*.

84. Rogers,E. M. (2003). *Diffusion of Innovations*,5th Edition.

85. Roselius,T. (1971). Consumer rankings of risk reduction methods. *The journal of marketing*,56 – 61.

86. Ross,B. H. (2002). The role of the business model in capturing value from innovation. *Indust Corporate Change*,11(3),529 – 555.

87. Sobel,M. E. (1982). Asymptotic Confidence Intervals for Indirect Effects in

Structural Equation Models. *Sociological Methodology*,13(13),290 – 312.

88. Stone,R. N. & Grønhaug,K. (1993). Perceived risk:Further considerations for the marketing discipline. *European Journal of Marketing*,27(3),39 – 50.

89. Tabachnick,B. G. & Fidell,L. S. (2007). Using multivariate statistics (5th ed.). *Instructor*,43(21),3867 – 3877.

90. Taylor,S. & Todd,P. (1995). Assessing IT Usage:The Role of Prior Experience. *Mis Quarterly*,19(4),561 – 570.

91. Tinsley,H. E. & Tinsley,D. J. (1987). Uses of factor analysis in counseling psychology research. *Journal of Counseling Psychology*,34(4),414 – 424.

92. Torkzadeh,G. ,Koufteros,X. & Pflughoeft,K. (2009). Confirmatory Analysis of Computer Self – Efficacy. *Structural Equation Modeling A Multidisciplinary Journal*, 10(2),263 –275.

93. Venkatesh,V. & Bala,H. (2008). Technology Acceptance Model 3 and a Research Agenda on Interventions. *Decision Sciences*,39(2),273 –315.

94. Venkatesh,V. & Davis,F. D. (2000). A Theoretical Extension of the Technology Acceptance Model:Four Longitudinal Field Studies. *Management Science Journal of the Institute for Operations Research & the Management Sciences*,46(2),186 –204.

95. Venkatesh,V. ,Morris,M. G. ,Davis,G. B. & Davis,F. D. (2003). User Acceptance Of Information Technology:Toward A Unified View. *Mis Quarterly Management Information Systems*,27(3),425 –478.

96. Woodside,A. G. (1968). *Group influence and consumer risk taking:an experimental study*:Pennsylvania State University.

97. Wu,J. H. & Wang,S. C. (2005). What drives mobile commerce? :An empirical evaluation of the revised technology acceptance model. *Information & Management*, 42(5),719 –729.

98. Wu,T. J. ,Zhao,R. H. & Tzeng,S. Y. (2015). An empirical research of consumer adoption behavior on catering transformation to mobile O2O. *Journal of Interdisciplinary Mathematics*,18(6),769 –788.

99. Zhang,N. N. & Deng,Q. T. (2014). Analysis on adverse selection in the C2C Electronic Commerce Model. *Applied Mechanics & Materials*,644 – 650,5477 – 5480.

100. Zheng,T. (2012). *A model for recommend system acceptance of e – commerce*

based on TAM. Paper presented at the International Conference on Information Management, Innovation Management and Industrial Engineering.

中文部分

101. 安圣慧.(2011). 消费者行为学:对外经济贸易大学出版社.

102. 板砖大余,姜亚东.(2014).O2O 进化论:中信出版社.

103. 布拉德伯尔尼.(2011).问卷设计手册:重庆大学出版社.

104. 曾强.(2001).中国电子商务蓝皮书:中国经济出版社.

105. 曾雪鹃.(2008).TTF 模型的研究进展综述.现代图书情报技术(5)27 - 32.

106. 陈江涛.(2005).我国住宅消费中的购后不协调研究.特区经济(3)245 - 246.

107. 陈向明.(2000).质的研究方法与社会科学研究:教育科学出版社.

108. 陈晓萍,徐淑英,樊景立.(2012).组织与管理研究的实证方法:北京大学出版社.

109. 陈彦如,杨进广,蒋阳升.(2014).食品网购行为意愿影响的实证研究——以结构方程模型为基础.西南交通大学学报:社会科学版(3)115 - 122.

110. 陈有利,杨秀刚.(2015).消费者选择 O2O 模式消费意愿影响因素研究:基于(TAM)技术接受模型.管理观察(28)51 - 56.

111. 成文,王迎军,高嘉勇,张敬伟.(2014).商业模式理论演化述评.管理学报 11(3)462 - 465.

112. 程书强.(2006).消费者购物介入成本分析.当代经济科学 28(4)119 - 123.

113. 程愚,孙建国.(2013).商业模式的理论模型:要素及其关系.中国工业经济(1)141 - 153.

114. 邓根华.(2016).关于 O2O 电子商务模式的探讨.计算机知识与技术(3).

115. 邓勇,董万元.(2016).医药 O2O 商业模式下的政策法律风险及防范.中国食品药品监管(7)36 - 39.

116. 董大海,李广辉,杨毅.(2005).消费者网上购物感知风险构面研究.管理学报 2(1)55 - 60.

117. 董进全,张玉. (2015). O2O电子商务用户接受影响因素研究. 经济论坛 (10)105 – 110.

118. 段文婷,江光荣. (2008). 计划行为理论述评. 心理科学进展16(2) 315 – 320.

119. 樊茗玥. (2011). 网络调查数据质量控制研究. 江苏大学.

120. 范伟达. (2008). 市场调查教程(第2版):复旦大学出版社.

121. 方杰,张敏强,李晓鹏. (2011). 中介效应的三类区间估计方法. 心理科学 进展19(5)765 – 774.

122. 方杰,张敏强,邱皓政. (2012). 中介效应的检验方法和效果量测量:回顾 与展望. 心理发展与教育28(1)105 – 111.

123. 福勒. (2010). 调查问卷的设计与评估:重庆大学出版社.

124. 高芙蓉,高雪莲. (2011). 国外信息技术接受模型研究述评. 研究与发展 管理23(2)95 – 105.

125. 高铁山. (2003). 西藏外经贸企业开展电子商务的构想. 四川大学.

126. 龚文婷. (2014). 电商O2O运作机理及立体营销研究. 南昌大学.

127. 顾晓慧. (2015). "社交 + 个性化"小区O2O模式研究. 合作经济与科技 (16)143 – 145.

128. 哈林顿. (2012). 哈林顿博弈论:中国人民大学出版社.

129. 韩振华,任剑峰. (2002). 社会调查研究中的社会称许性偏见效应. 华中 科技大学学报:社会科学版16(3)47 – 50.

130. 何钦. (2011). UTAUT模型在我国信息采纳中的研究现状. 科技信息 (11).

131. 何小洲,彭露. (2014). 礼品消费购买意向研究——基于Fishbein理性行 为修正模型的探讨. 江西社会科学(10)216 – 221.

132. 洪美娜,石岿然,吴佳. (2015). O2O视角下基于信任的卖方决策研究. 商 业时代(5)82 – 83.

133. 侯杰泰. (2004). 结构方程模型及其应用:教育科学出版社.

134. 华锦阳. (2015). 技术创新扩散决策模型:综合回顾及新模型构建. 科技 进步与对策(5)5 – 10.

135. 黄敏,于凤娥,邵良杉. (2015). 基于解释结构模型的城乡结合部突发事 件触发源研究. 中国安全生产科学技术(1)65 – 70.

136. 黄取治.(2015).大数据环境下 O2O 电商用户数据挖掘探讨.湖南科技学院学报(5)122－124.

137. 霍要峰,张啸雄.(2012).电子商务 O2O 中的安全体系分析.信息安全与通信保密(11)121－123.

138. 姜奇平.(2011).O2O 商业模式剖析.互联网周刊(19)18－23.

139. 蒋绪军.(2013).基于消费行为特性的 3C 电子商务营销策略研究.市场论坛(9)73－74.

140. 金勇进.(2008).抽样技术:中国人民大学出版社.

141. 孔维琛.(2015).O2O 烧钱需理性.中国经济信息(18)58－59.

142. 孔学峰.(2004).企业信息化过程的"信息悖论".区域经济评论(1)50－51.

143. 黎冲森.(2014).O2O 四大模式.经理人(6).

144. 黎雪微.(2013).电子商务概论:清华大学出版社.

145. 李爱雄,江文.(2016).农产品电子商务环境下信任对购买意愿的影响——基于感知风险的中介效应.商业经济研究(5)150－152.

146. 李宝库,周贺.(2015).电子商务群体渠道选择的演化博弈分析——基于 LBS 的 O2O 餐饮行业.资源开发与市场 31(12)1450－1454.

147. 李宝强,成颖,和进发.(2011).面向网络学术信息资源利用的任务——技术适配量表开发.情报学报 30(9)997－1008.

148. 李碧武.(2015)."互联网＋教育"的冷思考.中国信息技术教育(17)96－99.

149. 李崇磊.(2016).O2O 补贴之殇.清华管理评论(1)34－36.

150. 李丹.(2013).基于位置的 O2O 电子商务用户接受影响因素研究.北京邮电大学.

151. 李东进,吴波,武瑞娟.(2009).中国消费者购买意向模型——对 Fishbein 合理行为模型的修正.管理世界(1)121－129.

152. 李洪玉,王晨兴,周文秀.(2016).浅谈 O2O 餐饮模式特点与监管方式探析.中国食品药品监管(2)51－52.

153. 李建明,曲成毅.(2004).结构方程模式浅谈.科技情报开发与经济 14(8)184－185.

154. 李金林,赵中秋,马宝龙.(2011).管理统计学 第 2 版:清华大学出版社.

155. 李璐.(2016)."互联网+"业态下O2O监管机制构建与创新.市场研究(5)30-31.

156. 李普聪,钟元生.(2014).移动O2O商务线下商家采纳行为研究.当代财经(9)75-87.

157. 李小斌.(2013).基于O2O模式的移动购物生命周期策略研究.中国市场(43)92-95.

158. 李欣颖,徐恺英,崔伟.(2015).移动商务环境下O2O使用者信息行为影响因素研究.图书情报工作(7)23-30.

159. 李岩峰,陈冬林,桂雁军.(2015).汽车售后服务智能电子商务O2O平台构建.生产力研究(1)139-143.

160. 李志.(2012).社会科学研究方法导论:重庆大学出版社.

161. 林丹霞.(2013).O2O双管齐下的电子商务应用模式剖析.中国商贸(12)91-92.

162. 林建煌.(2011).消费者行为:北京大学出版社.

163. 刘洪国.(2015).O2O餐饮平台顾客感知价值对持续使用意愿的影响研究.华南理工大学.

164. 刘巧红.(2012).基于解释结构模型的巢湖富营养化分析评价研究.合肥工业大学.

165. 刘文雯,高平,徐博艺.(2005).企业信息技术采纳行为研究综述.研究与发展管理17(3)52-58.

166. 刘莹.(2013).本地服务电子商务团购感知风险构面研究.武汉理工大学学报:信息与管理工程版(1)132-135.

167. 刘聪仁,林孟正.(2011).餐券销售网点的顾客接受行为模式分析.营销评论8-10.

168. 楼永俊.(2014).基于O2O模式的连锁零售企业营运模式探析.江苏商论(2)20-21.

169. 鲁耀斌,徐红梅.(2006).技术接受模型的实证研究综述.研究与发展管理18(3)93-99.

170. 罗美娟.(2007).市场主导型发展模式对旅游地居民心理的影响——以云南楚雄彝族自治州黑井镇为例.旅游研究18(2)28-33.

171. 罗长利,朱小栋.(2015).基于TAM/TPB和感知风险的余额宝使用意愿影响因素实证研究.现代情报 35(2)143－149.

172.吕丽莉.(2014).餐饮业电子商务 O2O 新运营模式研究.中国市场(10)59－62.

173.马青,芮胜利,赵静,延玉莲.(2014).O2O 电子商务模式探析.中国商贸(14).

174.梅蕾,张景.(2016).网络口碑对消费者购买决策行为的影响研究.商业经济研究(1)39－41.

175.穆瞳,黄奇栋,马剑虹.(2011).基于计划行为理论的网络消费行为研究.人类工效学 17(3)10－13.

176.纽曼,郝大海.(2007).社会研究方法——定性和定量的取向:中国人民大学出版社.

177.彭丹霖.(2006).递阶结构模型技术在概要设计时间的应用.武汉大学学报(工学版)39(1)137－142.

178.彭思舟,许立群,黄永进.(2012).在线购物者购买行为之实证研究:科技接受模式之权变观点.顾客满意学刊 8－9.

179.乔艳,陇小渝.(2016).基于 TAM 的移动 O2O 电子商务用户接受影响因素研究.信息技术与信息化(3).

180.邱皓政.(2009).结构方程模型的原理与应用:中国轻工业出版社.

181.邱文宏,刘生财,纪慧如,张震冬.(2015).倾听乡民声音:交易性社群网站消费决策行为比较.中山管理评论 23(1)443－502.

182.任维廉,吕堂荣,刘柏廷.(2009).科技接受行为模式之整合分析——三个主要模式之比较.MIS 评论:国际期刊 15.

183.荣泰生.(2011).企业研究方法:五南图书出版股份有限公司.

184.沈晖.(2010).三角校正法的意义及其在社会研究中的应用.华中师范大学学报人文社会科学版 49(4)47－51.

185.沈蕾,郑智颖.(2014).网络消费行为研究脉络梳理与网络消费决策双轨模型构建.外国经济与管理 36(08)53－61.

186.石巧君.(2012).农村中小企业创业导向与企业绩效之间关系研究——基于湖南农村中小企业的数据.经济研究参考(41)88－93.

187.孙金丽.(2011).网络购物中消费者决策行为模型的构建.中国管理信息化(18)101－103.

188.孙锦霞,廖福成,田立勤,冀铁果.(2008).基于博弈论框架的用户行为决策模型.计算机工程34(9)159-161.

189.孙进.(2006).作为质的研究与量的研究相结合的"三角测量法"——国际研究回顾与综述.南京社会科学(10)122-128.

190.孙元.(2010).基于任务——技术匹配理论视角的整合性技术接受模型发展研究.杭州:浙江大学管理学院.

191.孙悦,郭醒.(2014).电子商务O2O模式发展研究综述.中国管理信息化(19)85-85.

192.孙悦,郭醒,徐欣欣.(2013).O2O电子商务模式剖析.电子商务(11)5-6.

193.谭跃进.(2010).系统工程原理:科学出版社.

194.陶安,覃艳华.(2014).逆向O2O模式消费者使用意愿研究——基于消费价值理论和理性行为理论的视角.科技与经济27(4)86-90.

195.陶永明.(2011).问卷调查法应用中的注意事项.中国城市经济(20)305-306.

196.田江,肖爽.(2013).电子商务环境下基于消费者价值的行为决策研究.价值工程(12)24-26.

197.汪应洛.(2008).系统工程学(第3版):高等教育出版社.

198.王国才.(2014).基于大学生视角的旅游电子商务感知风险实证研究.现代经济信息(7)361-362.

199.王锦,章仁俊.(2006).基于ISM技术对我国知识化水平的评价.科技管理研究26(7)63-64.

200.王静,杨屹,傅灵菲,顾沈兵.(2011).计划行为理论概述.健康教育与健康促进(4)290-291.

201.王珏辉.(2007).电子商务模式研究.吉林大学.

202.王祺.(2014).中国O2O电子商务模式研究.商场现代化(5).

203.王若军.(2016).互联网时代商业模式创新中的动力与活力.北京市经济管理干部学院学报31(1)16-21.

204.王莎莎.(2015).我国O2O电子商务模式发展研究.山东师范大学.

205.王学颖.(2006).欧洲电子商务应用现状.商场现代化(1)77-78.

206.王燕茹,梅佳,迟藤,卓银凤,马光耀.(2014).基于O2O模式的年轻消费群体团购行为影响因素分析.商业时代(29)65 - 68.

207.王语睿,马晓梅.(2014).O2O 模式便利店营销模式的嬗变.中国商贸(3).

208.王志军,王智慧.(2015).O2O + 精细化管理:机械工业出版社.

209.韦荷琳,张超,李思敏,李家漫.(2016).O2O 团购运营模式发展研究.商业经济(4)83 - 85.

210.魏江,刘洋,应瑛.(2012).商业模式内涵与研究框架建构.科研管理 33(5)107 - 114.

211.吴金铃.(2014).口碑营销对 O2O 旅游电商模式的影响研究.商场现代化(23)86 - 87.

212.吴俊杰,张锴.(2011).农村青年信用户评级模型研究——基于模糊综合评价模型.金融理论与实践(5)45 - 48.

213.吴瑞林.(2013).基于结构方程模型的测验分析方法:北京大学出版社.

214.吴芝新.(2012).简析 O2O 电子商务模式.重庆科技学院学报:社会科学版(13)73 - 74.

215.吴济华,叶晋嘉,周佳仪.(2005).高雄都会区女性住宅消费行为意向之研究.住宅学报 14 - 15.

216.吴明隆.(2009).结构方程模式:AMOS 的操作与应用:台北市五南出版社.

217.吴亚馨,朱素玥,方文昌.(2008).网络购物信任与科技接受模式之实证研究.信息管理学报(15)123 - 152.

218.肖立.(2011).消费者行为学:北京大学出版社.

219.肖学文.(2010).SZT 公司开发高校校园物流业务项目可行性研究.南昌大学.

220.谢识予.(2006).经济博弈论(第 2 版):复旦大学出版社.

221.徐东明.(2006).基于绩效预测的工程项目施工承包商选择模型.西安建筑科技大学.

222.徐亮.(2015).O2O 电子商务模式下消费者行为研究.上海大学.

223.许博,邵兵家,杨海峰.(2010).C2C 电子商务感知风险影响因素的实验研究.软科学 24(7)125 - 128.

224.许丽萍.(2015)."互联网 +"风口上的 O2O 到家服务.上海信息化(7)

33 - 35.

225. 薛彩霞. (2013). 西部地区农户林地生产技术效率研究. 西北农林科技大学.

226. 薛薇. (2013). SPSS 统计分析方法及应用: 电子工业出版社.

227. 闫聪. (2016). O2O 模式的发展历程研究. 中外企业家 (2).

228. 严小丽, 黄怡浪. (2015). 建设项目安全事故对城市公共安全影响的评价. 上海工程技术大学学报 (4).

229. 颜端武, 刘国晓. (2012). 近年来国外技术接受模型研究综述. 现代情报 32 (2) 167 - 177.

230. 晏国祥. (2008). 消费者行为理论发展脉络. 经济问题探索 (4) 31 - 36.

231. 杨枫. (2016). "互联网 +" 环境下电网企业管理风险研究. 科技与企业 (6) 45 - 46.

232. 杨庆. (2005). WTO 背景下的电子商务研究. 武汉大学.

233. 姚国章. (2009). 电子商务与企业管理: 北京大学出版社.

234. 叶开. (2015). O2O 实践: 互联网 + 战略落地的 O2O 方法: 机械工业出版社.

235. 尹世久, 吴林海, 杜丽丽. (2008). 基于计划行为理论的消费者网上购物意愿研究. 消费经济 24 (4) 35 - 39.

236. 于丹, 董大海, 金玉芳, 李广辉. (2006). 基于消费者视角的网上购物感知风险研究. 营销科学学报 2 (2).

237. 余思琴, 王明宇, 刘淑贞. (2013). O2O 模式对移动电子商务带来的机遇与挑战探析. 中国商论 (9) 84 - 85.

238. 岳修志. (2011). 虚拟企业的竞争情报系统案例分析. 情报科学 (1) 42 - 46.

239. 詹秀丽, 戴向东. (2016). 基于虚拟现实技术的家具 O2O 销售模式初探. 家具与室内装饰 (9).

240. 张波. (2013). O2O: 移动互联网时代的商业革命: 机械工业出版社.

241. 张剑涛. (2003). 基于人力资本的企业家薪酬分析. 浙江工业大学.

242. 张锦, 郑全全. (2012). 计划行为理论的发展、完善与应用. 人类工效学 18 (1) 77 - 81.

243. 张婷婷, 原磊. (2008). 基于 "3 - 4 - 8" 构成体系的商业模式分类研究.

244. 张伟. (2013). 质的研究——访谈法探析. 南昌教育学院学报 (5) 132-141.

245. 张炜一. (2013). O2O 电子商务模式下中国大众用户接受行为影响因素探究. 北京邮电大学.

246. 张文彤. (2011). SPSS 统计分析基础教程: 高等教育出版社.

247. 张尧, 杨樱. (2014). 地方政府 G2C 电子化公共服务满意度的结构方程模型研究. 经济研究导刊 (15) 166-169.

248. 张玉峰, 周磊, 杨威, 龙飞. (2011). 电子商务团购消费者感知风险研究. 情报科学 29 (10) 1505-1508.

249. 张宏裕, 林淑琼. (2013). 以消费价值观点探讨 O2O (Offline to Online) 模式.

250. 张伟豪. (2011). SEM 论文写作不求人: 台北鼎茂图书出版股份有限公司.

251. 赵桂珺. (2013). O2O 模式在零售行业中的应用研究. 中外企业家 (10) 42-44.

252. 赵军伟, 薛凌云. (2012). 移动互联时代的电子商务服务模式探索. 江苏商论 (32) 169-170.

253. 赵卫东, 黄丽华. (2007). 电子商务模式. 系统管理学报 16 (1).

254. 周文光. (2013). 吸收能力与流程创新绩效之间关系的实证研究——基于知识产权风险的调节作用. 南开管理评论 16 (5) 51-60.

255. 朱丽叶, 潘明霞, 卢泰宏. (2007). 感知风险如何影响消费者购买行为?——国内消费者知觉风险结构实证研究. 现代管理科学 (8) 13-15.

附录 1　半结构访谈提纲

尊敬的××：

您好！本人目前正进行关于中国电子商务 O2O 商业模式的研究，为了了解消费者对 O2O 商业模式接受行为与决策博弈，拟对相关问题进行学术性调查访谈研究。请您对以下内容赐予宝贵意见：

1. 请您简单地介绍一下个人的情况。

2. 请您谈谈对电子商务 O2O 商业模式的认识。

3. 您认为消费者接受使用 O2O 是受哪些因素的影响。

4. 请您谈谈消费者、商家与 O2O 平台三方之间决策博弈。

5. 请您对 O2O 商业模式发展提供一些建议。

6. 您是否还有其他内容补充？

最后，由衷感谢您的关心与帮助。您提出的宝贵意见对本人完成本研究非常重要，衷心祝福您万事如意！

澳门城市大学　王东

敬上

附录2　半结构访谈录音文字数据

（专家学者）

访问日期:2016 年 5 月 4 日　　　　起止时间:16:05～16:30
访问地点:北京理工大学珠海学院
受访者：徐老师(副教授)　　　　联系方式:1860743＊＊＊＊
访谈转录内容:

1. 请您简单地介绍一下个人的情况。

我是北京理工大学珠海分校老师,从事电子商务的教学工作,对电子商务O2O 商业模式比较了解。

2. 请您谈谈对电子商务 O2O 商业模式的认识。

O2O 商业模式其实就是在线到线下,它最核心的环节就是在线支付,依托实体店,利用网络平台推广服务及商品。这个模式起源于美国,在中国刚兴起的时候遭到很多质疑,特别是因为 O2O 模式在美国属于一个失败的案例。如果抛开在线支付这个重要环节,平台发展就成了为他人做嫁衣,因为消费者最后不再需要第三方平台就可以直接进店消费了,这样一来平台发展会越来越艰难。目前,O2O 模式在中国体现在像"饿了么"这样的送餐服务,还有滴滴打车,以及一些上门服务等等,O2O 模式在国内属于一个服务性的电商模式。

3. 您认为消费者接受使用 O2O 是受哪些因素的影响?

我认为更多的应该是便利和服务的因素,还有大量的资本补贴。现在的消费者越来越挑剔,很多 O2O 平台都是用打折来吸引消费者,这就需要 O2O 背后一个大量资本的补贴。目前,很多 O2O 平台是被一个虚假的泡沫掩盖了它的真实状况,一旦补贴不存在,泡沫就会破裂。另外,O2O平台其实也丰富了产品多样性,集合了很多商家的信息,有的分得特别细致。再从便利的角度来说,O2O平台通常会零售一些常用的家居用品,替代了超市、便利店和一些品牌店。另外,O2O模式和B2C模式有很多的相同点:O2O更加侧重的是服务性的消费,比如餐饮、看电影、旅游、租车、租房;而B2C更侧重于购物。O2O模式需要注重客流因素,很多O2O平台都在做大量的推广,不光是在广告方式上的推广,也有客户与客户之间的推广。O2O也是一种必然的趋势。

4. 请您谈谈消费者、商家与O2O平台三方之间决策博弈。

三方之间肯定会有博弈。O2O模式采用在线和线下的模式,不管是品牌商还是零售商,他们都极力想把自己的产品推广出去,需要的是盈利。对于消费者而言,更需要的是实惠。平台方为他们提供了这样一个平台。当然很多时候是商家和商家之间的博弈,那么消费者、商家与O2O平台三方是一种共赢的关系。

5. 请您对O2O商业模式发展提供一些建议。

对平台而言,最主要是解决假货的问题,对用户的维护和转化都带了这个压力。O2O模式表面上的状况优于B2C模式,主要是因为存在在线和线下的交互,消费者可以更加直观地去线下实际调研,所以就更迫切需要解决假货这个问题。

6. 您是否还有其他内容补充?

我认为,主要还是由于全民对互联网的介入,才有这么可观的发展态势。

(专家学者)

访问日期:2016年5月12日　　　　起止时间:15:10~15:40
访问地点:广东省科技干部职业学院
受访者:黄老师(副教授)　　　　　联系方式:1316966****
访谈转录内容:

1. 请您简单地介绍一下个人的情况。

我是管理学博士,在广东省科技干部职业学院工作,长期从事电子商务教学工作,目前是工程师职称、副教授,拥有高级电子商务师资格。

2. 请您谈谈对电子商务O2O商业模式的认识。

这个模式我认识得比较早,最早是通过拉手网,后来慢慢有美团,再到现在的百度糯米等。最早出现的拉手网现在已经退出市场了,主要的原因是O2O模式的线上和线下没搭配好。美团虽然起步晚,但是借鉴了拉手网的模式,美团和糯米仿照拉手网,又根据它的情况做了一些改变,所以才可以生存到现在。

3. 您认为消费者接受使用O2O是受哪些因素的影响?

第一是价格,消费者都希望通过O2O平台来购买比线下购物要便宜一些。第二是便捷,传统线下购物需要一家一家去看,在O2O平台上购买的话,可以在网上把所有商家的东西都看到,并慢慢挑选。第三是速度,我在O2O平台购买商品以后,希望商家或平台以最快的速度送上门;或是我在网上下单以后,商家可以迅速收到我这个订单,并且我到现场就可以直接验证和消费,不需要等两三个小时。现在艺龙网这个体验就做得不好,有的时候需要等几个小时,它需要根据商家自己的平台来查看订单。如果我在艺龙上下了订单,5分钟之内,商家就必须打开它的平台看到订单,并给我回复是否接单,这样就比较好。艺龙的体验感不强主要是因为酒店前台的服务人员没有及时打开客户端操作,相比之下,携程等同类酒店订房的平台比艺龙就会快很多。我想这是因为艺龙网商家太多,没有对每个商家进行督促,如果它能让这些商家在固定时间内给出回复的话,用户体验感会更好一点。第四是流行的原因,大家现在都在使用O2O平台,如果我不用,那就显得我OUT了。第五是安全角度,包括几个方面,如吃的东西不卫生就会导致食品安全问题,现在央视也曝光了很多外卖平台的商家都是无牌无证的作坊。

4. 请您谈谈消费者、商家与O2O平台三方之间决策博弈。

主要是价格之间的博弈,消费者希望东西便宜,而商家希望赚得更多,平台也希望盈利,那么总有一家要吃亏,总有一方要付出。就目前市场而言,比如滴滴打车、百度糯米等放出的优惠、红包、券等补贴确实很多,尤其是百度外卖,商家直接先送3元券,满20再直接优惠2元,这个优惠力度确实很大。这笔补贴还是出自平台,但平台为什么要这样补贴呢? 我认为首要原因还是为了打开市场,其次是为了在金融或融资上面有所突破,前期靠这个赚钱可能赚不到,但想通过资本运作,通过多轮融资上市是可行的。现在很多平台都是这样运作的,到后期打开了市场,盈利就是显而易见的。

另外,虽然平台现在优惠的力度很大,但是一旦该平台优惠收缩,消费者很容易从一个平台跳到另一个平台,所以现在有些平台在搞收购,比如滴滴打车收购了优步,那么消费者就没有选择的余地了。这样就形成了一种垄断的格局,本来滴滴打车就是滴滴与快滴的合并。行业的并购兼并很多,也很正常,尤其是现在许多互联网行业的商家不挣钱,而是在"烧钱",如果大家并在一起,"烧钱"量就会减少,这很正常。即使不是"烧钱"的企业,合并之后也会形成一个规模效应。那么随着时间的推移,补贴还是要逐步取消,不可能以后一直补贴下去,还得回到正常的运作模式。

5. 请您对O2O商业模式发展提供一些建议。

我认为体验感很重要,现在很多O2O模式的体验感很差,比如外卖服务。有些外卖的配送时间是很长的,尤其是午餐和晚餐时间,无法按照承诺的时间送达,也没有什么惩罚措施。现在有些平台采用了第三方配送的形式,如蜂鸟配送,这种方式就很好,如果全部是商家配送的话,可能会忙不过来。

在O2O模式里,必须注入新鲜的东西,才能和别人玩得不一样。例如送餐骑士上门,"当当当"敲三下,间隔十秒。进门后先鞠躬并诚恳地说:"对不起我来晚了,让您久等了。"然后在送餐箱上铺好垫桌纸,把餐盒放在纸上。塑料袋上贴有封条,骑士会提醒顾客:"请检查您的餐品及封条是否无误。"顾客付款完成后,骑士再鞠躬:"祝您用餐愉快,我是10号送餐员,请对我的服务作出评价。谢谢,再见。"如果有垃圾,就顺手把垃圾带走并扔到垃圾箱。比如有一次我们订餐,刚好赶上暴雨,骑士用了两个小时才把外卖送上门。进门后发现我们四个人已经买好了花生、啤酒,就等着外卖了。骑士身上被暴雨淋透了,进门见状一个鞠躬,我们的脾气全没了。骑士说:"给您打个折吧。"我们连说不要。"你们也挺辛苦的。"

另外,从技术层面来说,未来可以考虑利用VR、AR技术对O2O模式做一些突破,因为现在O2O模式的线上购物是一个平面的,如果利用VR、AR技术合成一个3D或4D状态的,那么这种感觉就类似于在实体店里购物。如果能把这些技术应用到O2O平台,那这种购物体验就非常好。

最后,可以针对客户的年龄段做出调整,现在使用O2O平台的大部分是年轻人,中年人和老年人使用得并不多,如果操作方式能够更简便,很多中老年人也能够完成。尤其是支付模式,比如使大部分手机实现指纹支付,就更便于中老年人操作。

6. 您是否还有其他内容补充?

没有什么补充了,期望你的研究能取得圆满的成果。

（专家学者）

访问日期:2016 年 8 月 16 日　　　　起止时间:10:00~11:10

访问地点:北京师范大学珠海学院

受访者：王老师(教授)　　　　　　　联系方式:1552160＊＊＊＊

访谈转录内容:

1. 请您简单地介绍一下个人的情况。

我在珠海工作,也在珠海生活了很多年。经常用到 O2O 模式,也比较熟悉。

2. 请您谈谈对电子商务 O2O 商业模式的认识。

我用 O2O 是比较早的,最早的这种模式叫作团购。一开始还没有 O2O 这种说法,都是一些团购网站,上面可以买到一些代金券,或者一些餐饮的套餐。大约在 2012 到 2013 年,陆续出现了一些像美团、大众点评这样的平台,我个人使用得较早,下载了几个相关 APP 进行购物。那时还是以餐饮为主,而现在 O2O 模式已经深入到很多行业,比如打车、外卖、旅游,甚至是教育、美容美发,总之有很多行业都慢慢出现在 O2O 平台了。我认为,O2O 模式导致人们的消费习惯发生了一个比较大的变化,以前的传统模式是直接到店里去消费,通过 O2O 模式,也就是 Online to Offline,从线上就可以看到很多以前没有看过的东西,促使人们在网上下单以后,再到实体店去消费,一定程度上改变了人们的消费习惯。

3. 您认为消费者接受使用 O2O 是受哪些因素的影响?

现在 O2O 在我国刚刚起步,大部分消费者最看重的还是价格,我认为便宜更容易吸引人。O2O 平台这几年确实在价格方面做了很多的工作,如餐饮、打车等优惠补贴很多。像滴滴打车推出过 5 折优惠,这样就大大降低了原本的价格,很多人自己有私家车都不开,因为用滴滴打车比烧油还便宜。价格因素主要表现在优惠和补贴两种,优惠一般是以打折的方式,补贴一般是以红包抵扣和积分返利等方式。但是价格随着时间的推移会趋于平稳,补贴会越来越少,很多 O2O 平台一味补贴,而没有找到适合自己的生存道路,都相继关门。第二个方面是实用和易用性,使用 O2O 平台存在很多便利,我有时出门不用带现金,可以通过在线支付,体现了易用性的作用;还有安全性也起到很大作用,在线支付的安全性现在应该都可以得到保障。第三,大家有一个从众心理,我最早使用 O2O 平台也是看到别人在用,感觉很好用,然后我在使用的时候,别人也会了解到,比如我老婆,她现在也学会用了。

4. 请您谈谈消费者、商家与O2O平台三方之间决策博弈。

在我看来,三者之间不一定就是对立的博弈,也有可能是合作和共赢的博弈,这主要是看O2O平台的做法,平台要怎样协调好消费者和商家。消费者纯粹是从自身利益出发,能买到更实惠、更好的东西,为什么不用这个平台?商家考虑的是要入驻品牌好、流量大、商家多的平台,这样不管是广告投入还是提升销量等,都能起到很大作用,相互之间也存在制约。其次是三者之间有一种演化的概念,随着时间的推移,大家都在使用,到一定时期普遍都用这种模式的时候,自然就会形成一种健全的决策过程。

5. 请您对O2O商业模式发展提供一些建议。

不管是销售行业还是其他行业,首先要从消费者角度出发,尽量去满足消费者的需求,不能满足的话就是失败的。其次,作为O2O平台,消费者和商家对平台来说都是顾客,都在使用这个平台,通过这个平台来实现他们的利益,如果能把他们协调好,对平台的商业环境能起到十分良好的作用。再次,我认为,一些市场营销的传统战略也可以用在这个方面,虽然O2O是一个新兴的模式,但一些传统的管理学理论的应用也会起到一定作用。例如"到店付"是O2O推出的移动支付新产品,通过"到店付",用户直接输入消费金额后,系统就会自动将商户和O2O平台的双重优惠计算出来,用户只需直接在线支付优惠后的金额即可完成全部流程,将原本的多次验券流程一步搞定。"以前可能你团购了不好意思当着朋友的面说我团购了,或者出来吃饭没带钱包,有了到店付就更便捷了。"这就属于一种管理的实践。最后,有一些大数据的统计方法可以用来分析消费者的行为习惯,从消费者行为学的角度出发,用一些统计学技术对营销也能起到很大的作用。

6. 您是否还有其他内容补充?

我的理解有限,没有其他补充。

(专家学者)

访问日期:2016年9月18日　　　　起止时间:14:00~14:50
访问地点:河源职业技术学院

受访者：刘老师（副教授）　　　　联系方式：1830791 ＊＊＊＊

访谈转录内容：

1. 简单地介绍一下个人的情况。

我目前在河源职业技术学院工作，大学毕业以后一直生活在广州，广州是电子商务发展得比较早也比较快的城市，我对电子商务也有一定的认识和了解。

2. 请您谈谈对电子商务 O2O 商业模式的认识。

电子商务 O2O 是一种缩写，是指线上线下，这种模式基于现代的互联网技术搭建出一个平台，大家在这种平台模式下，进行一些商业行为。这个模式有必要性，能够适应社会需要，所以现在发展得那么快，也是有一定的道理的。我认为，O2O 模式不只现在发展得好，以后也会越来越好，现在很多专家认为 O2O 模式是未来发展的一个趋势。

3. 您认为消费者接受使用 O2O 是受哪些因素的影响？

我觉得这个问题比较复杂。从目前的社会现象来看，商家的降价措施、促销模式，以及价格因素和信息安全因素等都有影响。但我主要想从信息安全方面来分析。从消费平台看，这个平台的信息安全、信息真实及品牌效应都会产生影响；从消费者角度看，过去有没有使用过这个平台，对这一模式有没有一定认识，有没有养成这种消费习惯也是有影响的；从国家层面来看，国家对这个平台的导向和监控，有没有让它走向合理的方向，都会有影响。如果单讲消费者的话，无外乎就是需要便宜的价格、优质的商品，还有安全问题。

另外，最近我了解到，影响消费者接受使用 O2O 平台还和产品有关，比如我在网上购物，对于一个简单的商品，如一支笔、一个本子，即便造假也差不到哪里去的东西，我就可以快速决定；再比如像网上订餐，因为我订餐一般都是在附近，对附近的商家也比较了解，这种决策就很容易做，可以迅速下单。但如果是一些大的商品，比如说我要买一辆车、一套房，虽然线上也有这样的平台，如链家，但我购买这些东西更倾向于线下，这就是和产品因素有关。链家也算是 O2O 的模式，但它线下多一点，在线相对少一点，在线是参考为主。

4. 请您谈谈消费者、商家与 O2O 平台三方之间决策博弈。

三方之间的博弈很明显，而且可能不只有三方，商家和商家之间，平台和平台之间都存在，而消费者之间可能更多的是选择，他们之间不存在博弈。那么三方之间，针对某一个产品，购买某一个东西是存在博弈的。比如说从商家来看，商家这个商品卖多少钱更划算，或者说卖多少钱在平台上才更有竞争力，这就与平台之间形成一个竞争。对于平台来说也是一样，要考虑平台给商家、给消费者多少利，商家才会选择到该平台。对于消费者也是一样，我到你这个平台上来，你给我多少返利，商家给我多少返利，说白了，对于消费者来讲，主要看物美价廉。最后产品在三者之间是有一种平衡的。

5. 请您对O2O商业模式发展提供一些建议。

我觉得现在O2O的发展，有很多类似于互联网的一种效应，也就是说这个平台最后会一家独大，越大的平台优势就越明显，规模小的平台最后资金、竞争力都比不赢，就会失败，整个市场就会变成"大鱼吃小鱼"的模式。对此，国家要有一个宏观调控，否则市场上会形成垄断，不利于整个社会的发展。

对于商家之间的竞争，虽然从波特五力的竞争模型来说，价格战是非常有利的，但是这属于恶性竞争，不利于整个产业最终的发展，我觉得商家还是要把服务和品牌做好，不要只考虑短期收益。商家也好，O2O平台也好，即便暂时通过补贴把其他竞争者比下去了，但是消费者具有迁移性，比如说我之前使用"美团外卖"补贴比较多，现在发现"饿了么"补贴更多，那我就会迅速地转移。所以商家和平台不能盲目地打价格战，短期之内你是可能把别人比下去，吸引较多的消费者，但是消费者会慢慢趋于理性，最终看的还是产品和服务。所以我觉得经营者们还是要以客户为中心，要考虑客户的感受，即是否能够给消费者带来价格上的实惠和物质上的享受，这个非常重要。

另外，我觉得未来的商家在O2O平台上也有一个建立品牌的过程，所以网上报道的那些无证经营的商家应该要注意，商家应该建立一种品牌意识，这种浑水摸鱼的短期效应是不可取的。最后，中国的O2O平台发展是一个整体的氛围，需要有信誉的商家才能支撑这个平台，平台也要对商家做一些限制，信誉差、口碑不好的商家要果断剔除，不能说为了竞争就完全保留。

6. 您是否还有其他内容补充？

暂时没有了，我觉得你这个三方博弈的研究比较有创意，难度也比较大，最好从一个点去研究，否则难度就太大了。

（专家学者）

访问日期：2016年10月21日　　　　　　起止时间：11:00～11:45

访问地点：广东培正学院

受访者：张老师（副教授）　　　　　　联系方式：1536087＊＊＊＊

访谈转录内容：

1. 请您简单地介绍一下个人的情况。

我是广东培正学院的教师，从事管理学与法学的教学工作，同时也在广东迎福律师事务所从事律师职业，平时在广州居住，也经常来往珠海。

2. 请您谈谈对电子商务 O2O 商业模式的认识。

我最早接触 O2O 商业模式是使用滴滴打车 APP，现在基本每天都会用到，平时也会用到美团，在网上团购订餐等。据我了解，O2O 商业模式是 Online to Offline，电子商务中的在线到线下的模式。

3. 您认为消费者接受使用 O2O 是受哪些因素的影响？

第一，我一开始接受是因为身边的亲属和朋友在使用，受到影响后自己也开始用；第二是价格与便利因素，比如在使用滴滴打车的时候，可以提前预约，而且价格肯定比出租车便宜；第三是评价，因为 O2O 带有评价的功能，可以让产品和服务比较透明，大家都可以评价并看到别人的评价，这样也可以改变商家的服务态度；第四是从技术层面来看，O2O 模式在年轻人中比较普及，而中老年人使用得较少，应该是由于这些 APP 需要一定技术操作的原因，导致很多上了年纪的人用不了，所以操作的方式一定要简单化，或是把应用整合到微信这样普遍使用的 APP 中，可以实现一键操作、一键支付等，应该会有较好的效果，接受的人也会越来越多。

4. 请您谈谈消费者、商家与 O2O 平台三方之间决策博弈。

消费者使用 O2O 模式当然希望节省金钱、节省时间、保证质量等，对商家来说是希望多赚钱，压缩成本，那么 O2O 平台在这两者之间要起到调节的作用。因此，平台在越做越大，吸引更多商家入驻的时候，要对这些商家加强监管，同时国家相关部门要与时俱进地出台一些法律法规、规章制度，对平台和商家都能起到更好的监管作用。传统经营模式的有实体店铺的商家，工商和质检部门可以定期检查，但是这些仅在网上经营的商家，政府部门可能无法完全监管到，因此平台在自律的同时，也要起到更多的监督作用。

5. 请您对 O2O 商业模式发展提供一些建议？

第一，通过手机 APP 使用的 O2O 平台必须要做到操作便捷、灵活和大众化，因此平台要解决一个操作的技术门坎，让普通大众都能接受；第二，现在流行一个说法叫"弯道超车",虽然我国的一些传统行业已经很难超过一些发达国家,但是电子商务方面发展得比较快。我认为,国家应该力推这些产业,鼓励O2O商业模式,比如采取税收的减免、政策的扶持、财政的补助、创业的鼓励等措施配套投入,加强O2O商业模式发展;第三,一个行业的快速发展过程中,肯定会产生一些新问题,针对这些问题会出现法律法规的滞后性,为了给这些新兴模式提供一套相对完善的法律法规,立法机构应该要紧跟步伐。

6. 您是否还有其他内容补充?

以上就是我想说的全部内容,没有补充了。

(专家学者)

访问日期:2016 年 11 月 22 日　　　　　　起止时间:17:00 ~ 17:55

访问地点:中国传媒大学南广学院

受访者:齐老师(副教授)　　　　　　联系方式:1381390＊＊＊＊

访谈转录内容:

1. 请您简单地介绍一下个人的情况。

我在中国传媒大学南广学院工作,主要研究传媒经济学。

2. 请您谈谈对电子商务O2O商业模式的认识。

O2O 模式改变了我们很多消费的行为、消费的习惯等。O2O 简单来说就是在线到线下,一般分为四种模式:在线到线下,在线到在线再到线下,在线到线下再转在线等,还有一种记不太清。这四种模式都各有各的优点和缺点,如果做这方面研究的话,相关的文献必须研究好。随着互联网的发展,在淘宝普及之前,最早出现的是国外的亚马逊、易贝,从国外引进后,再与本土的互联网企业一起,根植于本土的互联网市场,开发成更符合中国人习惯的模式,然后迅速放大,就成了我们耳熟能详的淘宝、京东、苏宁易购等等,甚至发展到我们不止能买到网上的商品,还有线下的服务。

3. 您认为消费者接受使用O2O是受哪些因素的影响?

我觉得技术层面的影响比较大,对于一些中年人、老年人来说,许多APP 他们玩不转,更多是年轻人在用。比如到餐厅去吃饭,中年人、老年人一般用不来O2O模式,如果在服务员的帮助下,有的就可以接受。再从年轻人的角度来说,他们更需要便宜的价格,但 O2O 模式是不是真的要比传统的线下门店便宜,有时也说不准,比如在付款的时候,因为网络不好,那么你说按网上的情况给打折吧,一般商家也是会打折的。另外,O2O 平台上能否执行好商家的意愿,比如对于服装生意来说,单件购买是网上便宜,但是货物量大的时候,或是换季清货打折的时候,是不是线下更便宜呢? 这也是一个比较大的问题,其实还是受价格的因素影响,人们购物时会比较价格。还跟人的消费习惯有关系,有些人如果能使用现金买的话,就不会去网上购买。还跟商家有关系,商家是否允许你通过 O2O 平台去购买,如果商家没有这个意向,也很难执行。从我的角度来说,我的工资收入分为工资卡和现金两部分,现金部分也是要用出去的,而且平时购买一些东西还是需要现金交易,如买菜,所以短期内这些模式很难替换现金的交易模式。

4. 请您谈谈消费者、商家与 O2O 平台三方之间决策博弈。

我先谈谈两两博弈,如消费者与商家之间:消费者觉得越便宜,获得实惠越多,或是花了这个钱对得起相应的消费,货真价实、物有所值、物超所值;商家想更多地赚取利润,需要压低成本,那么就和物有所值、物超所值相抵触,当然物有所值是一个底线。还有,O2O 平台不光卖产品,还有服务,比如上门家政、贴膜等,这也是消费者与商家之间的博弈。再说商家与 O2O 平台的博弈:O2O 平台希望独家代理一些强势的商家,但一些强势的商家又不在乎是否要与 O2O 平台合作,本身的线下销售就比较多,或者就仅仅与一家平台合作,这方面可能会有一个博弈;商家与 O2O 平台还有关于资金流的博弈,看商家是否能快速收款,O2O 平台是希望越慢越好,资金在平台上就有利润,存在银行也有利息,对于商家当然希望越快收款越好,这就要看 O2O 平台消费结算的方式。最后,消费者与 O2O 平台也有博弈:现在很多 O2O 平台都有补贴,消费者希望平台的补贴力度越来越大,O2O 平台希望消费者多关注,增加流量,订单数多了以后,才能继续融资,来获得这种现金流和补贴力度,从而能达到平台发展扩大的目的。

5. 请您对 O2O 商业模式发展提供一些建议。

我觉得天下大势合久必分、分久必合,O2O 商业模式是一个从蓝海到红海的战略过程,O2O 之前做的是一个蓝海,迅速抢占了实体店的市场份额,快速发展壮大,但是传统消费模式会不会消失? 可能很难。O2O 商业模式想要继续经营下去,还是要优化技术,跟上技术更新的脚步,比如加入现在比较流行的 VR、AR 技术。物流的成本也很高,如何更好地利用科技对 O2O 模式的发展很重要。比如采用无人机去送货,这是京东的做法。还有农村电商方面,如何把农产品卖出去,同时帮助农民买到更便宜的化肥、农机产品,这是双向互动的过程,O2O 平台就是要打通这个管道。

6. 您是否还有其他内容补充?

O2O 的发展可能要开发新的领域,目前生活中还没有使用 O2O 平台的企业,是否能通过蓝海战略使 O2O 模式进入到这些企业? 比如去年到今年比较火的跨境电商,其他没有什么。

（O2O 平台管理人员）

访问日期:2016 年 5 月 20 日　　　　　起止时间:16:20 ~ 17:56

访问地点:珠海用心科技有限公司

受访者: 旷先生(CEO)　　　　　联系方式:1866610 ＊＊＊＊

访谈转录内容:

1. 请您简单地介绍一下个人的情况。

本人是珠海用心科技有限公司的 CEO,公司经营了 7 年左右,主要从事 ERP 等多种类型的软件开发,也从事 O2O 软件平台和其他电子商务软件平台的开发。

2. 请您谈谈对电子商务 O2O 商业模式的认识。

早期是在生活中接触到这个概念,然后到现在基本每天都在享受这个模式。我最早了解该模式是通过买水果和物业服务,还有订餐。O2O 模式即网上下订单,线下服务,Online to Offline,这种模式也是必然的趋势。以前我们经常讨论网上购书可能会替代线下购书,但现实中也没有完全替代,人们还是喜欢线下购买,这时 O2O 模式就能起到很好的作用,这种例子在生活中也很多。O2O 实际上就是建立一个平台,消费者在线上有目的地选择,在线下享受相应的服务,我大概就是这样的认识。

3. 您认为消费者接受使用 O2O 是受哪些因素的影响?

第一,我认为是真实可信,网上的商品和线下的服务有保障,也强调后期的服务:比如买家具有安装服务,后期还有维修等;再比如订餐,送过来的餐有质量保障。第二,既然是享受 O2O,价格也是一方面,但是我认为这是一个博弈的过程:线上的价格和线下的价格会慢慢趋于一致,差别不会很大,所以看这个平台的长期发展主要还是看售后和质量等方面,这也是顾客潜在需求的差距。因为顾客长期享受过低的价格后,也就觉得价格低是必然,以后就会从服务角度去选择,价格只是一个过渡的过程,一开始可能会通过价格去接受,以后价格就不一定是主要因素。现在 O2O 模式也面临这个问题,目前许多 O2O 平台都有大量补贴,相互之间的竞争都是通过打价格战,前期可能会为了积累客户量这样做,但不会长期去打价格战。第三是安全因素,比如在线支付等网络技术安全很重要。另外,人们可能更相信本地的一些 O2O,也就是区域性的 O2O 平台的使用。再就是口碑,大家可以对平台做出评价,因此人们第一次的体验很重要。

4. 请您谈谈消费者、商家与 O2O 平台三方之间决策博弈。

O2O 平台更多地是建立一个消费者与商家的中间渠道,对于平台来说,要有足够的商家入驻,要种类丰富就会去打很多广告,拉很多商家,比如给商家补贴,让商家尝到甜头;作为利益方商家来说,选择 O2O 平台,可能首先看知名度,其次是看能不能给商家带来直接的利益;对于消费者来说,要看自己的利益能不能得到保障:我从平台上买的东西出现纠纷以后,平台能不能为我处理好;能不能对商家的产品有质量保证,对商家的信誉能不能保证。比如我认为京东的商品可能更真一点,天猫好像就控制不严,因为京东平台上有京东自营,消费者在品牌的选择上会更倾向于选择平台自己经营的东西。平台的知名度越大,对商家的要求也就越高,对商家的管理也更加规范,这样就会建立一种信誉诚信制度;商家看到平台的消费者多,甚至会愿意自己出钱来与该平台合作,因为可以直接带来客流量和销量;而消费者能买到质优价廉的商品,还能得到关注,那么当然也愿意选择到该平台。

5. 请您对 O2O 商业模式发展提供一些建议。

这就要看 O2O 平台的模式,是做垂直的还是通用的。如果做垂直的,那么对这个领域、行业要非常了解,比如客户的消费习惯,目前可能会引入一些大数据分析,如推荐的引进系统时刻去关注消费者的习惯,这是一方面。再就是通用的模式,类似于经营一个超市,要把握供货的质量,也就是把这种模式做成一个通用的平台,将线下的东西放到线上,所以主要是加强对商家的管控,对行业要吃透。因为你要做到非常专业:商家到你这里来,要告诉他们如何经营、运营,告诉他们怎样给消费者提供服务;消费者到你这里来,要告诉他们众多商家中选择哪个是最合适的,也可以通过大数据来实现个性化服务。能做到这些,才能让一个平台真正起到中间作用,让消费者有更好的选择,让商家有更多的商机。例如百度糯米的大数据挖掘能力,百度平台想要做商家推荐,大数据就可以帮助他们找出最适合推荐的商家：一个用户如果经常购买粤菜的团单，就说明他可能不太喜欢吃辣的食物，系统后续就会尽量少向他推送这样的团单，甚至百度糯米的商家还可以利用百度的餐饮大数据来选址，有效定位目标人群的访问地点和流量趋势，为商户开店、选址和决策提供强有力的建议。O2O不仅仅是便宜和优惠，不仅仅是"烧钱"，其中还有很多的门道。

6. 您是否还有其他内容补充？

这方面我们公司也在学习和研究，很多还在摸索过程中，目前只有以上这些内容，以后我们多交流。

（O2O平台管理人员）

访问日期：2016年6月17日　　　　　起止时间：10：10～11：15

访问地点：百度糯米珠海分公司

受访者：杨先生（经理）　　　　　　联系方式：1363120＊＊＊＊

访谈转录内容：

1. 请您简单地介绍一下个人的情况。

我是百度糯米珠海分公司销售部门的经理，有10年以上销售团队管理及运营经验，负责分公司销售业务及日常管理，带领销售团队完成绩效目标、完成执行总公司销售策略、督促各项销售制度及流程在本公司内的有效执行等工作。

2. 请您谈谈对电子商务O2O商业模式的认识。

我之前在广州的一家电子科技公司从事销售工作，2014年9月份应聘到百度糯米珠海分公司。我认为，百度拥有的手机百度、地图等构成的多场景入口，百度在语音与图片搜索、大数据、人工智能等领域的技术积累，都有助于建立一种更为高效的人与服务连接模式。所以百度在布局其O2O以及加码本地生活服务战略时收购了糯米，亲自下场成了一个主要玩家，而不是像阿里和腾讯那样，主要通过投资来参与。我也是在这个认识过程中认为百度糯米很有发展前景，所以选择从事这个工作。

3. 您认为消费者接受使用O2O是受哪些因素的影响？

从用户角度来说，第一次被吸引来是因为折扣，可是进来之后更希望得到良好的用户体验，同时用户也希望自己能成为VIP，消费越多得到的优惠也越来多。这就是我们现在的经营出发点,在我们的平台上,航班公司、加油站、酒店等都有会员卡,通过合理的消费形成积分。甚至我们会推出金融服务,有了储值卡,有更多的钱,就可以有一些最基本的理财,获得一定的回报,这是用户黏性的关键。我们百度糯米平台一直以来也对消费者承诺做最便宜的 O2O 消费平台,优惠力度一直是领先于美团和大众点评等平台。第二吸引用户的是需求的多样性和便利,百度糯米提供美食、电影演出、酒店、外卖、休闲娱乐、机票车票、周边游等多样性的需求服务,这样能极大地丰富用户的需求和便利,也就是说,我们能提供给消费者更多、更好、更优惠的吃喝玩乐。第三对于本地生活服务这个领域,我们努力将不同时点的服务能力与使用者不同时点的不同需求匹配起来,提高整个行业的价值产出,当然要做到这点,就必须重构整个价值生产流程,这就要求介入商家的生产运营流程,百度糯米在这方面还是做得挺好的:比如说我们投资了一家叫客如云的公司,帮助商家提高转化率;KTV 领域有几家做点歌系统的公司,我们都在洽谈,我们希望通过一些合作,包括资本的合作,可以让整个转化过程更加简单高效;在电影方面,我们直接投资了院线,比如星美院线,希望跟电影院的合作能带来更深度的机会。不管是采用收购还是注资等手段,我们都希望能够更多地提升这些领域的传统信息化,提高商家的竞争力,加速 IT 化、在线化。

4. 请您谈谈消费者、商家与 O2O 平台三方之间决策博弈。

从用户角度来说,更多是因为优惠,之前我已谈过,那么对于商家来讲,也不再满足于仅靠团购拉来几个新用户,商家希望能够经营用户,能够得到优质用户的数据来指导未来的决策,包括开新店的选址等等。如果有融资的需求,商家也希望在这个体系里适当的时候可以获得融资。其实我们平台的战略就能很好调整这种关系,这就是我们"会员+"的战略,也是我们提出"会员+"概念的出发点,我们希望跟商家一起经营用户,用户作为会员存在,在我们这个体系里,消费得越多,享受的特权也越多。对于商家来说,这些用户是它的用户也是糯米的用户,数据上可以共享,通过用户数据的积累,他们也可以做更精准的营销。从这个角度来说,"会员+"的概念谈不上翻天覆地,但这种做法能改变传统团购的弊端。我们希望通过会员卡、储值卡承载的方式,让商家也好、用户也好,通过数据产生价值,让服务的质量产生飞跃。另外平台之间,我相信百度糯米肯定可以在竞争中脱颖而出,有技术能力、资金支持,以及百度强大的整合能力存在。从竞争对手来讲,如果非要说,目前我不是特别看好美团和大众点评,他们的运营效率各方面是有问题的。而且一个比较强劲的竞争对手,最大的优势是市场覆盖率非常高,下沉到三四线城市。另外一个潜在的竞争者,可能是58同城和赶集。腾讯目前似乎只是把微信作为一个入口存在,没有真正去深度经营。阿里巴巴有想法,口碑逐步建起来,但能不能做起来还有待观察,背后承载服务的特点跟商品还是有区别的。

5. 请您对O2O商业模式发展提供一些建议。

O2O的难点在于资料收集和分析,因为这需要三种资料。第一个是在线的搜索数据,就是用户之前搜索过什么或者是发表过什么言论,这个我们简称为搜索资料;第二个是在店内的行为数据,用户进行过什么触摸,比如手抬多高,走路走多远,这些很细微的人体行为数据;第三个应该会比较简单,就是购买时的数据。我们会依据经验建立一套理论数据,并通过线下实操进行验证和修正,然后再寻找一些合作方,将数据进行整合,最后跟品牌方完成一个购买数据的合作,这样的话,会达成我们最终的Store Engagement的意识形态。所以说,这确实是一个非常困难的地方。当然,我们觉得应该是可以克服这个困难的,只要跟更多客户在门店进行更多的互动合作,我们会共同开发一些有针对性的不同设计,来捕捉那些最原始的数据,慢慢地形成一些可控的数据,然后公布出来,或者是发表出来,最后告诉消费者和品牌,什么才是最好的行为习惯。

6. 您是否还有其他内容补充?

没有其他补充。

(商家)

访问日期:2016年6月2日　　　　　　起止时间:10:30~11:12
访问地点:深圳万和养生馆
受访者:郑女士　　　　　　　　　　联系方式:1857669****
访谈转录内容:

1. 请您简单地介绍一下个人的情况。

我在深圳市宝安区经营一家中医养生馆,名称为万和养生馆,主要经营业务有推拿、拔罐、刮痧、汗蒸和一些孕妇理疗养生服务,专为一些亚健康顾客恢复健康。

2. 请您谈谈对电子商务O2O商业模式的认识。

我经营的养生馆就加入了很多 O2O 平台,比如说百度糯米、美团、大众点评等,基本常用的 O2O 平台都上了。对于 O2O,我的理解是消费者线上购买,然后到线下实施真实的消费,跨越了传统消费者的地域限制,消费者在很远就可以看到有一个这样消费的店或地方,消费者再做出去与不去的决策。在传统模式中,如果你不看到这家店,你就不会知道,通过 O2O 增加了一个展示的平台。

3. 您认为消费者接受使用 O2O 是受哪些因素的影响?

首先,消费者第一次消费往往是受到网上展示的影响,如价格、距离、展示的图片和描述等,但是,消费了第一次以后,最重要的就是体验和价格了,比如第一次来我这消费的体验比较好,在经过同样的类型店家的消费体验对比后,可能还会再来我这进行第二次、第三次的消费,这就从一个线上的顾客,变成了一个真实的线下顾客,并且是一个重复消费的回头客。价格因素同样很重要,在经过第一次消费后,只要没有一个巨大的价格变化的冲击,消费者会根据享受过的经验做出一个判断。对于消费者来说,无论购买什么产品,价格都是决定消费者行为的重要因素。还有就是从方便的角度来说,使用 O2O 可以不用现金,线上就可以采用一些方法支付,相比现金会很方便,同样距离的商家大约的标价都在什么样的水平对比起来一目了然,还有从同等报价的角度来看,使用或销售数据比较多的商家可能会销售得更好,这也是一种从众的心理。

4. 请您谈谈消费者、商家与 O2O 平台三方之间决策博弈?

我觉得更多的是一种相互配合,就像医院在偶尔医患关系不好的情况下才出现博弈,更多的情况下是病人有求于医生。顾客来消费帮助了商家,商家在卖出商品和服务时也帮助了顾客;平台也帮助了商家,平台给了商家更多的展示机会,同样商家也使得平台的生意兴隆。所以我认为三方之间是一种相互帮助的关系。消费者在选择商家的时候,商家之间是一种竞争博弈的状态;商家在选择平台的时候,平台之间同样也是一种竞争博弈状态。我的理解是消费者、商家与 O2O 平台三方更多的是一种双赢博弈,而非零和博弈,但商家与商家之间、平台与平台之间更多的是一种零和博弈。

5. 请您对 O2O 商业模式发展提供一些建议。

我们在使用这些 O2O 平台的过程中,发现了一些问题:现在这些平台在推荐商家的时候,并不是特别的客观,比如说距离,消费者在搜索一个服务的时候,如推拿,推拿有很多种的,按肩可能卖得很多,那我最新推出一个按脚的服务,展示上去后没有一个成交的资料,导致消费者在搜索这个服务的时候,往往平台是按照销售数量的优先来排列推荐,那么我新推出的这个按脚的服务销售为零的话,即使离消费者距离更近,消费者也搜索不到这项服务。我认为平台太功利性了,可以针对这项优化一下。还有以养生为例,如果在平台上面,客户能查到自己最近做了什么服务、用了什么产品,这个功能也就相当于一个养生的日记,平台如果还能提醒你一些专业的保养知识,并推送服务项目和商家供你选择,那么就能更科学、更理性地对消费者负责。

6. 您是否还有其他内容补充?

没有其他补充,希望所有 O2O 平台越做越好。

(商家)

访问日期:2016 年 6 月 4 日　　　　起止时间:11:40～12:25
访问地点:广州白马服装批发市场
受访者:周先生　　　　　　　　联系方式:1387014****
访谈转录内容:

1. 请您简单地介绍一下个人的情况。

我在广州从事电子商务的生意,在淘宝、美团上面卖服装,做了很多年了,网上的店名是衣衣壹佳人。

2. 请您谈谈对电子商务 O2O 商业模式的认识。

最早知道这个模式是在美团上买东西了解到的,O2O 商业模式是在线成交,线下实际体验,我觉得这种模式以后还会越来越火,范围越来越广,而且以后会为大众所接受,因为对人们来说太方便了,自己也能得到实惠。我认为,在美团上做,比淘宝上好得多,因为淘宝看不到现实的产品,但是用美团去线下体验就不会出现不满意或买到假货的情况。

3. 您认为消费者接受使用 O2O 是受哪些因素的影响?

我觉得 O2O 模式的竞争力体现在价格和质量,如果商家不具备这些,生意很容易被其他商家挖走,我自己作为 O2O 模式的商家,又作为消费者,经常使用这种模式的一些平台:第一是价格因素,消费者很容易进行对比;第二是这种模式的安全性,O2O 模式做得非常好,因为产品都可以看得见,可以到线下去体验;第三是便利性的角度,现在有些宅男,喜欢足不出户,但是购物、点餐、看电影等都可以通过 O2O 平台来实现；第四，从距离上来讲，淘宝面对的是大部分新客户和少数老客户，而 O2O 模式还是面对距离近的客户比较多。

4. 请您谈谈消费者、商家与 O2O 平台三方之间决策博弈？

从客户来讲，客户使用 O2O 平台可以得到方便和实惠；对商家来讲，商家通过 O2O 平台可以得到更多的生意，而且也能得到更多的潜在客户；对 O2O 平台来说，客户和商家也带来了很多点击量。相互之间都有博弈在里面，但是目前电商的各种模式之间也存在很大的竞争和博弈，越来越多的微商、O2O、C2C、B2C 电子商务和传统行业之间都在相互竞争，但是总的来说电商模式都抢了传统行业的生意，我现在在淘宝上的生意也不好做，也在逐步转型。

5. 请您对 O2O 商业模式发展提供一些建议？

我认为未来电子商务模式会越来越多，客户也会越来越分散，如果要经营好一个模式，商品的质量和服务一定要做好，准确来说是先质量后服务，其他可以有一些线下关怀，线下关怀是客户消费以后，经常和客户联络，关心一下，节假日和客户的生日都送上一份祝福等。

6. 您是否还有其他内容补充？

没有其他补充，我在 O2O 平台上做得时间比较短，主要还是做淘宝。

（消费者）

访问日期：2016 年 6 月 3 日　　　　起止时间：09：30～10：10

访问地点：深圳宝安区某玩具制造公司

受访者：周女士　　　　　　　　联系方式：1530229＊＊＊＊

访谈转录内容：

1. 请您简单地介绍一下个人的情况。

我在深圳这边工作生活很多年了，从事会计工作。

2. 请您谈谈对电子商务 O2O 商业模式的认识。

最早用电子商务是在淘宝上买东西，觉得很实惠，然后这几年用到了一些如滴滴打车、美团等 O2O 平台。一开始接触是通过朋友介绍，还有电视广告，然后再通过手机下载试用，觉得不错，就一直用。

3. 您认为消费者接受使用 O2O 是受哪些因素的影响？

　　一个是优惠,一个是便捷,最主要就是这两个。比如滴滴打车,以前打车要在楼下等,现在用滴滴打车很方便,先把地址输入,下订单,司机就会联系你,告诉你多久到,然后我再下去,就不需要提前去等,特别是下雨的时候,这样就很方便。美团就便宜很多,尤其是和朋友吃饭的时候点一个套餐,菜色也不错。还有不需要去逛街,商场的衣服都很贵,还要还价,这种模式就不用还价,看到合适的就可以下单,如果买来不合适,还可以退回去。如果担心快递费用,还有运费险可以买,非常便捷。另外,大家都有从众心理,我也是看到朋友在用,他们推荐给我,所以我也开始接受这种模式。

　　4. 请您谈谈消费者、商家与O2O平台三方之间决策博弈。

　　我觉得商家需要通过平台来宣传,如果没有这个平台,我们消费者对很多商家都不知道,是通过平台才知道这些商家,才会去消费、去评价,可能这里面没有太多的博弈在里面,我不是太了解。

　　5. 请您对O2O商业模式发展提供一些建议。

　　我还是希望平台能多给消费者一些优惠和补贴,有的平台优惠很少,还有各种限制,希望价格上多给消费者实惠。

　　6. 您是否还有其他内容补充?

　　没有了,以上就是我的观点。

(消费者)

访问日期:2016年7月13日　　　　起止时间:14:20~15:00

访问地点:珠海兰埔路金钟花园

受访者:王先生　　　　　　　　联系方式:1816557****

访谈转录内容:

1. 请您简单地介绍一下个人的情况。

　　我在珠海一所医院工作,职业是外科医生,我大学毕业就在珠海工作生活,已经有十多年了。

2. 请您谈谈对电子商务O2O商业模式的认识。

　　我接触O2O应该是一次偶然的机会,几年前出差到北京,然后使用滴滴打车软件,发现还可以这样打的,后来了解到其实这是一种O2O的电子商务模式。不久之后,珠海也流行使用滴滴打车,应该是由于珠海堵车比较厉害,滴滴打车刚出来的时候,优惠比较多,那时我上班基本不开自己的车,都是使用滴滴打车,觉得即便宜又方便,还省得自己开车辛苦。后来又使用美团、百度糯米这样的团购软件,现在我感觉比较流行的是送餐软件,如美团外卖、百度外卖,还有出行旅游的平台,如阿里旅行、携程等,O2O 模式的使用其实已经方便到千家万户。

3. 您认为消费者接受使用 O2O 是受哪些因素的影响?

我觉得有几个因素,第一是便利性,因为现在 O2O 平台的出现大大方便了消费者的多种需求,以前有很多不敢想象的消费方法通过 O2O 平台就可以实现。比如外出旅游订酒店,对去一个陌生的城市旅游,仅仅是通过网络在平台订一个房间,我一开始很难认为这样就可以预定成功,直到入住以后才觉得是如此真实,而且价格也很实惠。第二是价格,同样是在外旅行,以前基本就是走到哪住到哪吃到哪,不能做一个很好的准备和计划,并且在价格上是一个被动承受的过程,因为在外旅行,不能花太多的时间去选择,而用了 O2O 平台之后就可以预先在家中做攻略,还可以挑选出价格优惠的吃住等服务。第三个方面是线下的体验,因为我本身从事医生的工作,对食品卫生方面比较注重,O2O 平台可以通过线下体验的方式让我真真切切看到食品是否卫生,不像淘宝上面买的一些食品,看不到具体是用什么做的。

4. 请您谈谈消费者、商家与 O2O 平台三方之间决策博弈。

我作为消费者,就是从以上三个方面去理解。我觉得商家在获取利润的过程中,可能会存在一些奸商为了利益而损害消费者,这其实是一种博弈吧。那么 O2O 平台就应该起到监督作用,真正把消费者的利益放在首要位置,那么这样就能很好地平衡三者之间的博弈。

5. 请您对 O2O 商业模式发展提供一些建议。

我认为 O2O 平台应该从制度层面做好相关服务,现在中央电视台曝光了很多外卖平台的商家,通过非法的形式,做一些食品卫生不合格的餐饮提供给消费者,有的商家是无牌无证、非法经营的黑作坊。既然通过 O2O 平台,那么预防和打击这种不良现象的责任就不仅仅是卫生部门的工作,O2O 平台也应该秉持着管理监督的态度,从制度层面去抵制这种现象的发生。

6. 您是否还有其他内容补充?

没有其他补充,也很荣幸能接受你的访谈。

附录3　预测问卷

消费者对 O2O 商业模式接受行为调查预测问卷

（包括个人信息与研究专题二个部分共 47 题和最后一题主观题）

尊敬的女士/先生：

您好！这是一份学术性研究问卷，目的在于调查消费者对 O2O 商业模式接受行为。O2O 商业模式（以下简称 O2O）是指线上与线下互动相结合的一种新型电子商务模式，涉及餐饮、出行、旅游等诸多领域，表现为"美团""百度糯米""大众点评""饿了么""滴滴出行""携程"等 App 应用。您所提供的资料对于本研究非常重要，问卷题目设计仅在了解实际情况，答案没有好坏对错之分，期能依照您的内心真实的观点填答。所有资料，仅供学术研究使用，匿名填写，亦不会公开个人详细资料，请安心填答。非常感谢您的热心帮助，衷心祝福您健康、快乐！

填写说明：根据您对问项的认同程度，请依次在相应的答案上打"√"。以下均是单选题。

1. 您的性别：A. 男性　　　B. 女性

2. 您的年龄：A. 18 岁以下　　B. 18～29 岁　　C. 30～44 岁

D. 45～59 岁　　E. 59 岁以上

3. 您的学历：

A. 高中、中专及以下学历　　B. 大专　　C. 本科

D. 研究生（包括硕士与博士）

4. 您目前的婚姻及家庭状况：

A. 未婚　　B. 已婚无子女　　C. 已婚有子女　　D. 其他

5. 您生活所在的地方：

A. 广州　　　B. 深圳　　　C. 佛山　　　D. 东莞　　　E. 中山

F. 珠海　　　G. 肇庆　　　H. 惠州　　　I. 江门

6. 您是住在市区还是乡镇：　　　A. 市区　　　B. 乡镇

7. 您目前的工作状况：

A. 学生　　　B. 在职　　　C. 自由职业者　　　E. 无业　　　D. 退休

8. 您的家庭年收入：

A. 低于 8 万元　　　B. 8 – 30 万元　　　C. 30 – 100 万元　　　D. 100 万元以上

9. 您接触电子商务的年限：

A. 4 年以下　　　B. 4 – 8 年　　　C. 9 – 12 年　　　D. 12 年以上

填写说明：根据您对问项的认同程度，请依次在相应的数字上打"√"。①非常不同意、②基本不同意、③有点不同意、④无所谓、⑤有点同意、⑥基本同意、⑦非常同意

编号	根据实际情况，在相应的数字上打"√"							
1	我认为使用 O2O 购物是明智的	①	②	③	④	⑤	⑥	⑦
2	我认为使用 O2O 购物是有乐趣的	①	②	③	④	⑤	⑥	⑦
3	我认为使用 O2O 购物是有价值的	①	②	③	④	⑤	⑥	⑦
4	我喜欢使用 O2O 购物	①	②	③	④	⑤	⑥	⑦
5	使用 O2O 购物令我着迷	①	②	③	④	⑤	⑥	⑦
6	我使用 O2O 购物是受到父母、配偶、兄弟姐妹等家里人的影响	①	②	③	④	⑤	⑥	⑦
7	我使用 O2O 购物是受到朋友、同学等亲朋好友的影响	①	②	③	④	⑤	⑥	⑦
8	我使用 O2O 购物是受到同事、领导、下属等工作同事的影响	①	②	③	④	⑤	⑥	⑦
9	我使用 O2O 购物是受到邻居、同乡等周边人的影响	①	②	③	④	⑤	⑥	⑦
10	我有知识和能力使用 O2O 购物	①	②	③	④	⑤	⑥	⑦
11	我有机会和资源渠道使用 O2O 购物	①	②	③	④	⑤	⑥	⑦

续表

12	使用O2O购物在我的掌控之内	①	②	③	④	⑤	⑥	⑦
13	我能熟练使用O2O购物	①	②	③	④	⑤	⑥	⑦
14	我可以随意选择任何O2O平台方式购物	①	②	③	④	⑤	⑥	⑦
15	我认为O2O操作学习起来很容易	①	②	③	④	⑤	⑥	⑦
16	我认为O2O系统平台操作过程清晰易懂	①	②	③	④	⑤	⑥	⑦
17	我认为使用O2O购物不需要花费我大量的精力和时间	①	②	③	④	⑤	⑥	⑦
18	我认为使用O2O很容易买到我想要的产品和服务	①	②	③	④	⑤	⑥	⑦
19	我认为使用O2O时与商家、O2O平台方、其他消费者互动起来很灵活	①	②	③	④	⑤	⑥	⑦
20	我认为使用O2O购物快捷便利	①	②	③	④	⑤	⑥	⑦
21	我认为使用O2O购物价格便宜,为我节省了开支	①	②	③	④	⑤	⑥	⑦
22	我认为使用O2O对我寻找合适的产品和服务起了帮助作用	①	②	③	④	⑤	⑥	⑦
23	我认为使用O2O对我购物的正确决策起到了帮助作用	①	②	③	④	⑤	⑥	⑦
24	我认为使用O2O购物提升了工作和生活的效率	①	②	③	④	⑤	⑥	⑦
25	我认为O2O的系统平台技术功能(如产品的展示、商家的定位、支付的方式)与我的需求相匹配	①	②	③	④	⑤	⑥	⑦
26	我认为O2O系统平台技术功能符合我平时消费方式	①	②	③	④	⑤	⑥	⑦
27	我已适应了使用O2O系统平台的技术功能消费购物	①	②	③	④	⑤	⑥	⑦
28	我在生活中已习惯了使用O2O系统平台的技术功能消费购物	①	②	③	④	⑤	⑥	⑦
29	我认为O2O的网上支付存在安全风险,会导致资金被盗等经济损失	①	②	③	④	⑤	⑥	⑦
30	我认为使用O2O购物时,会存在泄露个人信息的风险	①	②	③	④	⑤	⑥	⑦

续表

31	我认为使用 O2O 购买产品与服务不合适或有问题时,存在不允许退、换货的风险	①	②	③	④	⑤	⑥	⑦
32	我认为使用 O2O 购买产品与服务不合适或有问题时,退、换货的时间会很长	①	②	③	④	⑤	⑥	⑦
33	我认为使用 O2O 购物时,会发生线上购买的产品和服务与线下期望的相差甚远	①	②	③	④	⑤	⑥	⑦
34	我认为使用 O2O 购物会使他人对我有情绪、歧视、难堪等负面的评价	①	②	③	④	⑤	⑥	⑦
35	我认为使用 O2O 购买到假冒伪劣的产品时,会使心灵或身体受到伤害	①	②	③	④	⑤	⑥	⑦
36	我认为使用 O2O 比其他方式购物更优惠	①	②	③	④	⑤	⑥	⑦
37	我认为使用 O2O 的会员和积分等功能,让我购买到优惠的产品和服务	①	②	③	④	⑤	⑥	⑦
38	我认为使用 O2O 可以购买到打折的产品和服务	①	②	③	④	⑤	⑥	⑦
39	我认为用 O2O 购物时,可以使用代金券和红包等活动的方式抵扣金额	①	②	③	④	⑤	⑥	⑦
40	我会考虑使用 O2O 购物	①	②	③	④	⑤	⑥	⑦
41	我愿意学习使用 O2O 新功能	①	②	③	④	⑤	⑥	⑦
42	我认为将来会继续使用 O2O 购物	①	②	③	④	⑤	⑥	⑦
43	我会考虑将 O2O 推荐给他人使用	①	②	③	④	⑤	⑥	⑦
44	我会优先使用 O2O 购物	①	②	③	④	⑤	⑥	⑦
45	我一直在学习使用 O2O 新功能	①	②	③	④	⑤	⑥	⑦
46	我经常使用 O2O 购物	①	②	③	④	⑤	⑥	⑦
47	我推荐过他人使用 O2O 购物	①	②	③	④	⑤	⑥	⑦

你对 O2O 还有无其他意见或建议?＿＿＿＿＿＿＿＿＿(选填)

最后由衷感谢您的参与!

附录4　正式问卷

消费者对 O2O 商业模式接受行为调查问卷

（包括个人信息与研究专题二个部分共45题和最后一题主观题，其中删除了预测问卷中的24与35题，该内容不在问卷发放中出现）

尊敬的女士/先生：

您好！这是一份学术性研究问卷，目的在于调查消费者对 O2O 商业模式接受行为。O2O 商业模式（以下简称 O2O）是指线上与线下互动相结合的一种新型电子商务模式，涉及餐饮、出行、旅游等诸多领域，表现为"美团""百度糯米""大众点评""饿了么""滴滴出行""携程"等智能手机 App 应用为主。您所提供的资料对于本研究非常重要，问卷题目设计仅在了解实际情况，答案没有好坏对错之分，期能依照您的内心真实的观点填答。所有资料，仅供学术研究使用，匿名填写，亦不会公开个人详细资料，请安心填答。非常感谢您的热心帮助，衷心祝福您健康、快乐！

第一部分：个人信息

填写说明：根据您对问项的认同程度，请依次在相应的答案上打"√"。以下均是单选题。

1. 您的性别：A. 男性　　　B. 女性

2. 您的年龄：A.18 岁以下　　B.18～29 岁　　C.30～44 岁

D.45～59 岁　　　E.59 岁以上

3. 您的学历：

A. 高中、中专及以下学历　　B. 大专　　C. 本科

D. 研究生(包括硕士与博士)

4. 您目前的婚姻及家庭状况:

A. 未婚　　B. 已婚无子女　　C. 已婚有子女　　D. 其他

5. 您生活所在的地方:

A. 广州　　B. 深圳　　C. 佛山　　D. 东莞　　E. 中山　　F. 珠海

G. 肇庆　　H. 惠州　　I. 江门

6. 您是住在市区还是乡镇:　　A. 市区　　B. 乡镇

7. 您目前的工作职业状况:

A. 学生　　B. 党政机关、事业单位工作人员　　C. 公司企业职员

D. 自由职业者　　E. 农村外出务工人员　　F. 农林牧渔劳动者

G. 退休　　H. 无业(包含失业下岗)

8. 您的家庭年收入:

A. 低于8万元　　B. 8 – 30万元　　C. 30 – 100万元　　D. 100万元以上

9. 您接触电子商务的年限:

A. 4年以下　　B. 4 – 8年　　C. 9 – 12年　　D. 12年以上

第二部分:研究专题

填写说明:根据您对问项的认同程度,请依次在相应的数字上打"√"。①非常不同意、②基本不同意、③有点不同意、④不确定、⑤有点同意、⑥基本同意、⑦非常同意

编号	根据实际情况,在相应的数字上打"√"							
1	我认为使用O2O购物是明智的	①	②	③	④	⑤	⑥	⑦
2	我认为使用O2O购物是有乐趣的	①	②	③	④	⑤	⑥	⑦
3	我认为使用O2O购物是有价值的	①	②	③	④	⑤	⑥	⑦
4	我喜欢使用O2O购物	①	②	③	④	⑤	⑥	⑦
5	使用O2O购物令我着迷	①	②	③	④	⑤	⑥	⑦
6	我使用O2O购物是受到父母、配偶、兄弟姐妹等家里人的影响	①	②	③	④	⑤	⑥	⑦
7	我使用O2O购物是受到朋友、同学等亲朋好友的影响	①	②	③	④	⑤	⑥	⑦

8	我使用O2O购物是受到同事、领导、下属等工作同事的影响	①	②	③	④	⑤	⑥	⑦
9	我使用O2O购物是受到邻居、同乡等周边人的影响	①	②	③	④	⑤	⑥	⑦
10	我有知识和能力使用O2O购物	①	②	③	④	⑤	⑥	⑦
11	我有机会和资源渠道使用O2O购物	①	②	③	④	⑤	⑥	⑦
12	使用O2O购物在我的掌控之内	①	②	③	④	⑤	⑥	⑦
13	我能熟练使用O2O购物	①	②	③	④	⑤	⑥	⑦
14	我可以随意选择任何O2O平台方式购物	①	②	③	④	⑤	⑥	⑦
15	我认为O2O操作学习起来很容易	①	②	③	④	⑤	⑥	⑦
16	我认为O2O系统平台操作过程清晰易懂	①	②	③	④	⑤	⑥	⑦
17	我认为使用O2O购物不需要花费我大量的精力和时间	①	②	③	④	⑤	⑥	⑦
18	我认为使用O2O很容易买到我想要的产品和服务	①	②	③	④	⑤	⑥	⑦
19	我认为使用O2O时与商家、O2O平台方、其他消费者互动起来很灵活	①	②	③	④	⑤	⑥	⑦
20	我认为使用O2O购物快捷便利	①	②	③	④	⑤	⑥	⑦
21	我认为使用O2O购物价格便宜，为我节省了开支	①	②	③	④	⑤	⑥	⑦
22	我认为使用O2O对我寻找合适的产品和服务起了帮助作用	①	②	③	④	⑤	⑥	⑦
23	我认为使用O2O购物提升了工作和生活的效率	①	②	③	④	⑤	⑥	⑦
24	我认为O2O的系统平台技术功能（如产品的展示、商家的定位、支付的方式）与我的需求相匹配	①	②	③	④	⑤	⑥	⑦
25	我认为O2O系统平台技术功能符合我平时消费方式	①	②	③	④	⑤	⑥	⑦
26	我已适了使用O2O系统平台的技术功能消费购物	①	②	③	④	⑤	⑥	⑦

续表

27	我在生活中已习惯了使用 O2O 系统平台的技术功能消费购物	①	②	③	④	⑤	⑥	⑦
28	我认为 O2O 的网上支付存在安全风险,会导致资金被盗等经济损失	①	②	③	④	⑤	⑥	⑦
29	我认为使用 O2O 购物时,会存在泄露个人信息的风险	①	②	③	④	⑤	⑥	⑦
30	我认为使用 O2O 购买产品与服务不合适或有问题时,存在不允许退、换货的风险	①	②	③	④	⑤	⑥	⑦
31	我认为使用 O2O 购买产品与服务不合适或有问题时,退、换货的时间会很长	①	②	③	④	⑤	⑥	⑦
32	我认为使用 O2O 购物时,会发生线上购买的产品和服务与线下期望的相差甚远	①	②	③	④	⑤	⑥	⑦
33	我认为使用 O2O 购买到假冒伪劣的产品时,会使心灵或身体受到伤害	①	②	③	④	⑤	⑥	⑦
34	我认为使用 O2O 比其他方式购物更优惠	①	②	③	④	⑤	⑥	⑦
35	我认为使用 O2O 的会员和积分等功能,让我购买到优惠的产品和服务	①	②	③	④	⑤	⑥	⑦
36	我认为使用 O2O 可以购买到打折的产品和服务	①	②	③	④	⑤	⑥	⑦
37	我认为用 O2O 购物时,可以使用代金券和红包等活动的方式抵扣金额	①	②	③	④	⑤	⑥	⑦
38	我会考虑使用 O2O 购物	①	②	③	④	⑤	⑥	⑦
39	我愿意学习使用 O2O 新功能	①	②	③	④	⑤	⑥	⑦
40	我认为将来会继续使用 O2O 购物	①	②	③	④	⑤	⑥	⑦
41	我会考虑将 O2O 推荐给他人使用	①	②	③	④	⑤	⑥	⑦
42	我会优先使用 O2O 购物	①	②	③	④	⑤	⑥	⑦
43	我一直在学习使用 O2O 新功能	①	②	③	④	⑤	⑥	⑦
44	我经常使用 O2O 购物	①	②	③	④	⑤	⑥	⑦
45	我推荐过他人使用 O2O 购物	①	②	③	④	⑤	⑥	⑦

你对 O2O 还有无其他意见或建议? _____(选填)

最后由衷感谢您的参与!

后　记

　　本书几经修改，最终决定出版，再次研读书稿，虽感粗陋，但写作时光历历在目，既充实又感慨。文中的大量访谈调研、问卷调查等研究数据均是本人在读博期间收集与积累，在此基础上，于2019年申报了贺州学院博士科研启动基金课题项目《"互联网+"O2O商业模式接受行为及决策博弈研究》（项目编号HZUBS201803），在课题研究中对O2O商业模式接受行为及决策博弈进行深入研究，如是本文方得以形成。

　　回忆博士的三年学习期间，内心充满了无限的感恩与致谢。回首既往，在澳门城市大学度过人生中最宝贵的生活与学习时光，这与老师、同学和朋友的关心、支持和帮助是分不开的。

　　首先，我要感谢我的博士导师余为政老师，您悉心的指导，使我顺利完成博士论文；您亲切的关怀，给予我学习与生活上的许多帮助。在此，我向您致以十二分诚挚的谢意。

　　同时，我要感谢张曙光校长、孔繁清校长、邝婉桦院长、周家贤院长、周国强教授、萧扬辉教授、陈建新老师、娄世艳老师、王应贵老师、林德钦老师、陈为年老师、杨易淳老师、朱家伟老师、沈锦发老师、李隽乐老师，您们都在我博士学习期间给予我许多指导帮助，令我受益匪浅。

　　还有，感谢博士班同学与城大的学长学姐及学弟学妹，这份同学的友情令我终生难忘；感谢贺州学院的领导与同事，这份工作的支持令我铭记在心。

　　最后，感谢我的父母与妻子女儿，你们在背后默默地支持是我最大的动力。

　　仅在此，我向大家致以最诚挚的敬意，祝大家万事如意！

王　东

2020年4月19日于贺州学院